逃離中國

一個當代魯賓遜的故事

張伯笠　著

謹將此書獻給我的

母親、女兒和我的親人們

劫後餘生的我

（一九九六年攝於 Wheaton College, Illinois）

一九八九年五月十五日，我和文壇好友一起匯入抗議的洪流。

（左起：何群、阿吾、徐剛、陳建祖、趙瑜、蘇曉康、張伯笠、徐星、鄭義、白夢。）

我揮舞著我親手製作的北京大學作家班大旗。這杆大旗在八九民運中一直飄揚在最前列。

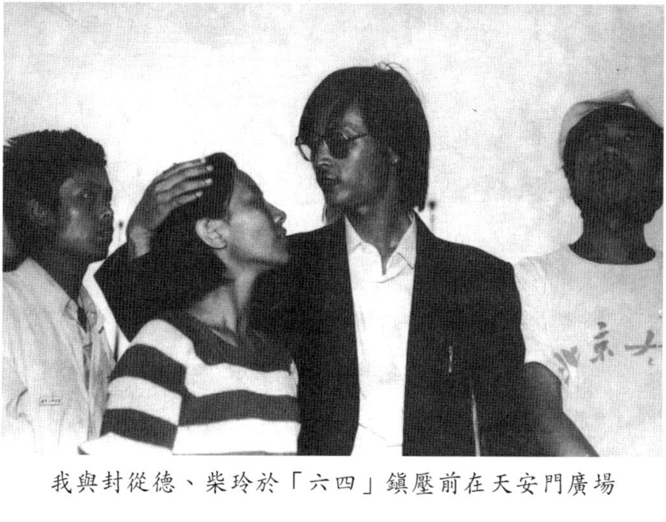

我與封從德、柴玲於「六四」鎮壓前在天安門廣場

中學畢業時我與同窗好友留影

16歲參加文藝創作班時與「作家」們合影

（第三排左二）

成都民眾看被通緝學生。
洛蘭特・柴伯曼—亞洲週刊

中國人通過電視看我的通緝令（亞洲週刊）

通緝令公布後的李雁和女兒張小雪

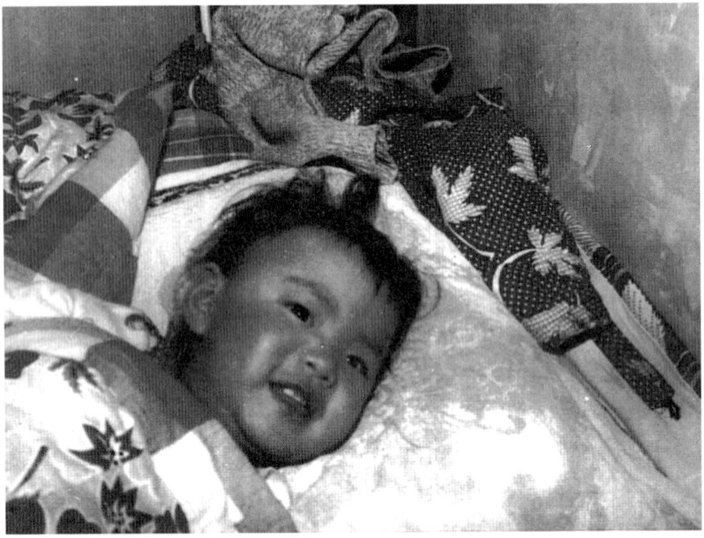

女兒這張照片伴隨了我逃亡路上的每一天

我的父母、女兒與全家合影於中國石家庄市

（一九九五年）

剛從農村被接回到爺爺奶奶家的女兒已過四歲的生日了

（一九九一年十一月廿四日）

遠在祖國的侄兒們長大了，爸爸媽媽已經老了，已做了曾祖父母。

（前排右一是張小雪）

與其他被通緝的天安門學生攝於巴黎巴士底獄紀念碑前（一九九一年八月）

與吾爾開希、沈彤、周封鎖等拜訪美國國會（一九九六年）

一群不能返國的人，我們相信自己終有一天會回去！

病重在台北榮民總醫院醫治時與蔣緯國將軍

被通緝九年後與好友王丹在美國重新聚首

與死亡擦身而過的我，被通緝八年後在美國與化學博士Jian結婚，重新建立我愛的家庭，不過那是下一部書的故事了。

我和妻子Jian與兒子Aaron的全家福，我們企盼女兒張小雪能早日來到美國與我們團聚。

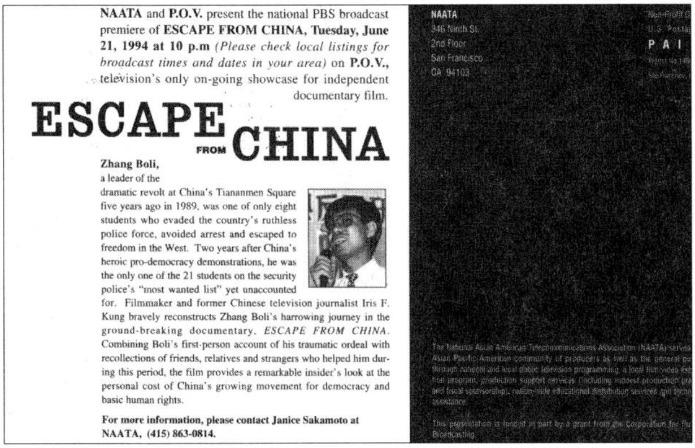

NAATA and **P.O.V.** present the national PBS broadcast premiere of **ESCAPE FROM CHINA, Tuesday, June 21, 1994 at 10 p.m** *(Please check local listings for broadcast times and dates in your area)* on **P.O.V.,** television's only on-going showcase for independent documentary film.

ESCAPE FROM CHINA

Zhang Boli, a leader of the dramatic revolt at China's Tiananmen Square five years ago in 1989, was one of only eight students who evaded the country's ruthless police force, avoided arrest and escaped to freedom in the West. Two years after China's heroic pro-democracy demonstrations, he was the only one of the 21 students on the security police's "most wanted list" yet unaccounted for. Filmmaker and former Chinese television journalist Iris F. Kung bravely reconstructs Zhang Boli's harrowing journey in the ground-breaking documentary, *ESCAPE FROM CHINA*. Combining Boli's first-person account of his traumatic ordeal with recollections of friends, relatives and strangers who helped him during this period, the film provides a remarkable insider's look at the personal cost of China's growing movement for democracy and basic human rights.

For more information, please contact Janice Sakamoto at NAATA, (415) 863-0814.

NAATA
346 Ninth St.
2nd Floor
San Francisco
CA 94103

「逃離中國」在1994年已被拍成紀錄電影，由美國公共電視播出，引起轟動。圖爲美國郵局發行的「逃離中國」紀念卡片。

部紀錄六四學運領袖張伯笠逃亡經過的影片

逃離中國 美國矚目

The New York Times

Sunday, June 6, 1993

A Fugitive's Tale Sheds Light On China Today

By RICHARD BERNSTEIN

ONE OF THE ASTONISHING facts of the Tiananmen Square protest in Beijing four years ago was that 8 of the 21 students on the security police's most-wanted list managed to evade arrest and eventually to escape to the West. It happens, moreover, that China, at least until recently, has had a security apparatus so ruthlessly efficient that escape was hardly thought of, much less attempted. And so, the question is: How did the students do it?

At least a partial answer is provided by "Escape From China," a 57-minute documentary by Iris F. Kung, the pseudonym of a Chinese television reporter now living in the United States. The film, which will be shown Friday and Saturday at the Anthology Film Archives, tells the story of 25-year-old Zhang Boli, one of the most prominent of the student leaders [illegible] longer than any other of the hunted dissidents.

Ms. Kung, who is 32, attempts to reconstruct Mr. Zhang's saga, filming what he would have seen along his route and interviewing members of his family, including his wife, who gave up hope of ever seeing him again and married another man, and, more extraordinarily, people who helped Mr. Zhang during his long concealment. In this respect, "Escape From China" makes its own historic leap forward. The film is probably the first truly independent documentary made in China — not merely without Government approval but also, because China has become vastly more difficult to control, without the knowledge of China's usually curious officialdom.

Zhang Boli, who now lives in Princeton, N.J., was among the earliest and most prominent leaders of the student movement in China. When the Army crackdown on the democracy movement came on June 4, 1989, he quite naturally feared for his safety, and he embarked on a two-year quest to evade custody. "Escape From China" traces Mr. Zhang's route to China's far Northeast, where, eventually, he took refuge in a remote village, aided by distant relatives of a friend.

He attempted in vain to walk across the frozen Amur River to the Soviet Union, and after working as an itinerant laborer in Manchuria for a year and a half, he got onto the underground railway to Hong Kong. [illegible]

of the last part of the route, revealing only that Mr. Zhang made his way by train to the southern city of Canton and then was handed off from one person to another until he was taken by a fast boat from China itself to Hong Kong.

To Mr. Zhang's displeasure, "Escape From China" dwells somewhat on the sad personal side of his story, especially his wife's decision to make a life with somebody else. "I'm a little dissatisfied because my family tragedy became the first topic," Mr. Zhang said in a recent interview in New York. Still, he allows, given the situation in China, "It was pretty difficult to make the movie, so it's good under the circumstances."

Mr. Zhang is a composed, friendly but quiet man. By contrast, Ms. Kung is voluble, spilling out the story of her movie in rapid, newly-acquired [illegible] television reporter in China before coming to the United States four years ago as a student on the West Coast. She has chosen to use a pseudonym to keep her real name a secret as long as possible so she can return to China to make more films like "Escape From China." She says she first met Mr. Zhang at a party in Princeton in February 1992.

"I didn't know who he was, but I heard his story," she said. "There was no film about how the students escaped or how they hid in China, so I immediately felt his story would make a good film, a good way to illustrate the whole group of students."

Ms. Kung arrived in China in June last year and immediately faced the obvious problem: How, in one of the most tightly controlled countries in the world could she actually make a documentary on a man who had been the target of a national dragnet?

The answer, as she described her project, was essentially twofold. First, she worked with local television journalists who were able to travel in the country, passing themselves off to any curious security police as members of the official press working on an approved project. Second, on a few occasions, Ms. Kung got crucial help from a person she describes as a "senior official," who was secretly sympathetic to her cause.

And so Mr. Zhang's and Ms. Kung's stories merge. Both his escape and her reconstruction of it were possible because China has changed, become more complicated and

部分中英文報紙對「逃離中國」電影的報導。

目錄

書寫「天安門一代」的歷史篇章

王丹

苦難是一個民族的精神財富。因而，忘記苦難就是苦難的開始。正是從這個意義出發，我選擇了歷史作為學習和研究方向，並對任何書寫歷史的行為深表關注。伯笠選擇在「六四」十周年到來之際出版他的回憶錄——「逃離中國」，在我看來，是盡到了他的義務——見證歷史，尤其是見證苦難，我認為這是一項建設性的工作。

可能更年輕一代的大學生已經不能深刻地理解我們在十年前的熱情和行為了，正如我們對「老三屆」一代在「文化大革命」中的狂熱大惑不解一樣。但我相信，時間會証明一切。我記得一九八九年五月四日，「高自聯」組織全市規模的大遊行，當我和伯笠等人率領北大隊伍走出校門時，成千上萬聞訊趕來的市民圍聚在北大南門前，報之以經久不息的掌聲和歡呼，那個時候，我相信隊伍裡的每一個人都會感到熱血沸騰。理性的反思可能會指摘感性的衝動，但它忽略了值得大書特書的一筆：真誠。歷史給我的一大教益，就是讓我知道了真誠是多麼寶貴。伯笠的這本回憶錄可能無法全面地反映八九民運的精神特質，但他通過對自己在八九民運前後經歷和心路歷程的描寫，從一個側面寫出了當時「天安門一代」的真誠，我認為這是一個貢獻。

伯笠也寫到了他經受的苦難，這也是最打動我的一部分。一九九三年我在北京看到一部地下流傳的紀錄片「我畢業了」，描寫八七級大學生（八九民運的主要參與者）畢業時生離死別般的情感痛苦。這是一種特殊歷史環境下的痛苦，是一杯特殊原料釀就的苦酒。當影片結尾，憂傷的旋律一遍遍地重複著「親愛的人，再見，再見……」時，我不禁淚流滿面。一九八九年，「天安門一代」經受了巨大的精神撞擊，從理想主義的狂歡到黑暗下的悲憤與壓抑，對一帆風順地成長起來而又年僅二十歲左右的我們來說，這種精神撞擊是刻骨銘心的，它改變了很多人的一生。在篇帙浩繁的有關八九民運的文字中，觸及這一問題的少之又少。也許，這是我們自己才能書寫的歷史篇章。現在伯笠已經書寫了其中的一部分，我希望還能有更多的「天安門一代」來寫一寫自己的精神苦難，寫一寫死亡、鎮壓、清查、坐牢、流亡對年輕學生的精神衝擊。

現在「天安門的孩子」已經長大了，我們已成為「天安門一代」。歷史的傷口已經積澱成內心的隱痛。我們終於可以再次出發了。我們的回憶絕不僅僅是一種懷舊，我們的感傷也絕不是消沉，我們只是不敢遺忘，這是對自己負責，也是對歷史負責。正如伯笠在文中所說「我不敢遺忘，因為我是這個苦難民族的一分子」。

有一天，伯笠的女兒小雪和兒子亞倫會長大，如果當他們讀到伯笠的這本回憶時感到有一些沉重，我將為伯笠，也為我們這一代天安門人感到欣慰。

一九九八、七、二十四、于哈佛大學

與死亡擦肩而過

鄭義

有人把八九民運學生領袖張伯笠稱作「當代魯賓遜」，現在擺在讀者諸君面前的這些文字，或可稱為當代的《魯賓遜漂流記》。

光陰荏苒。回想起和張伯笠的初識，已是十幾年前的往事了。憶流年，八十年代的伯笠，以報告文學在文壇嶄露頭角，正青春茂盛。在黃河岸邊那塊文學的沃土上，我們以文會友，有過許多值得追憶的交往。後來他去了北京大學作家班深造，不期然撞上八九年那場震驚世界的民主運動，命運陡然轉折。青年作家比起青年學子，閱歷豐厚卻又未老奸巨猾，伯笠和他的文友們率先揭竿而起，以詩文拉開了那場自由之戰的序幕。那時我恰在北京，常去北大與他們策劃於密室，點火於基層，於是便有了後來那一段我們共同擁有的永生難忘的血淚生涯。

當自由女神被坦克軋碎於血泊之際，一場罕見的大屠殺、大追捕、大逃亡開始了。在我挑著木匠擔子浪跡天涯時，未曾料到伯笠已在人跡罕至的黑龍江畔開墾出一片自由的田園。如果溝通音訊，如果我也去了，後來發生的，也不會是另一個故事。在中國，另一個故事是難以構造的。對自由的嚮往，毫無例外地都必然導致苦難。共產及名目繁多的種種「運動」，迫使許多黎民百姓逃進荒山莽林，並創建了自耕自食的部落，不納官稅、不服徭役、不報戶口、不問魏晉，到頭來，無論十年、二十年、三十年，這些避秦之地終被發現，自由再次失落。把伯笠的這段生涯稱為「當代魯賓遜」，依我看是浪漫了些。普天之下，莫非王土，縱然九百六十萬平方公里，何處有寸方自由之地！於是便有了偷渡黑龍江，幾凍死於俄國農夫草料棚之酸辛。曲折的逃亡之路最後指向香港，指向海峽另一邊那個自由的中國，但此時他已身患沉疴，奄奄一息。人之將死，總有一些斬不斷的牽掛，於是便有了這本留給孩子的書。類似的情境我也有過，那是在妻子入獄，而我又將躓行於生死之間時。我匆匆回顧了自己一生，特別是那場剛剛被絞殺的和平起義，給妻兒留下了十一封永遠寄不出去的信——《歷史的一部分》。逃亡之路遙迢艱險，每個路口都有橫站的長槍，死亡如影隨形，於是生命變得單純而從容，許多家常庸碌生活中不曾湧動的情愫，流水般從筆下傾瀉而出。不知伯笠作何想，對我來說，那是生命中難得純潔的日子。

比起許多堅守於「６、４」之夜的熱血青年，張伯笠還多出兩次與死亡擦肩而過的際遇。他的故事，更加戲劇性地述說了當代中國的悲慘與黑暗。當然，這很難說不是浪漫之一種，正如有些美國青年所說，八九年是一個時光隧道，你們逕直走進了美國革命和法國革命戰火紛飛的街壘，簡直太酷，太浪漫！而對於伯笠，我想，追憶這段往事，是為了告誡自己從哪裡來，自己是誰，是為了牢記人世間還有比生命更寶貴之物，不管稱之為真理還是上帝，是為了使自己在這至高者面前更加謙卑！儘管如此，我並不否認「當代魯賓遜」確有迷人的浪漫色彩。我只是說，對於作者和他的女兒，對於無法保持閱讀距離的當事者們，並不浪漫。

如果說魯賓遜代表了那個征服時代對於土地與財富的占有，那麼，「當代魯賓遜」得到了什麼？——精神財富。誰有過與死神四目對視的剎那，誰就懂得了生命的意義。這同時也是一種承擔：那些橫臥碧血的戰友已化作閃爍的寒星，正在遙遠的蒼穹上向我們默默凝望。

一九九八年夏於美國馬里蘭

第一章

逃離北京

1

一九八九年六月四日凌晨。我們被迫撤離了天安門廣場。

經過談判，軍隊同意我們在天亮前撤離，他們在天安門廣場的東南方向給我們讓出一條窄窄的通道，頭戴鋼盔的士兵把刺刀和槍口對著我們，像是在押解俘虜一樣。

「法西斯！」一個女同學憤憤地罵了一聲，立即被幾個士兵衝上來用槍托猛打，周圍的男同學趕緊把那個女同學拉進隊伍裡面。那些士兵已經殺紅了眼睛，在他們的目光中看到的只有野獸樣的凶殘。

我們剛剛走出天安門廣場，廣場內就響起了坦克高速開進的吼叫聲，我回頭望去，民主女神像被坦克推倒，那一排排整潔而漂亮的帳篷被坦克的履帶碾碎，然後像雪片似的高高揚起。同學們都淚流滿面地一步三回頭地看著在戒嚴令下堅守了十四天的廣場成了軍隊肆虐的戰場，那屈辱的感覺使人想發瘋。

我們走到六部口時，看見西長安街上仍硝煙未盡，許多軍車和客車還有坦克仍在燃燒。

我打開衣袋裡的晶體管收音機，中央人民廣播電台的新聞聯播節目正在播解放軍日報社論，把我們這場持續五十多天的民主運動定性爲「反革命暴亂」。他們用謊言欺騙全世界：北京發生了嚴重的反革命暴亂。並指責我們是陰謀推翻政府及社會主義制度。

西長安街上血跡斑斑，一個被打得渾身是血的人嘴在不斷地吐著血沫子。柴玲痛苦地捂上了眼睛：「他還活著！」

我讓同學們把那個人送到車上拉往醫院救助，但那個人還沒有等到救護車就斷氣了。隊伍唱著《國際歌》，緩緩地向北京大學的方向流動，後面傳來了坦克的轟鳴聲和催淚瓦斯的爆炸聲，我沒帶防毒口罩，被那辛辣的毒氣嗆得兩眼流淚，痛苦不堪。後邊的同學過來報告：坦克壓死了十一名同學。

李錄突然說：「站住，我們應該回廣場去，我們沒有權力把廣場丟掉！」柴玲、封從德沒有表態。人們堅決反對，也認爲這太不現實，而且中共肯定會下毒手，近百輛坦克，十幾萬軍隊守在天安門，我們回去不是送死嗎？我認爲人的生命應是最高準則，我們的責任是讓他們安全地回到學校去。

糾察隊長墨軒只能說：你們是指揮，你們說去哪我就帶隊伍去哪！結果我和柴玲、封從德帶隊伍回北大，而李錄、墨軒帶著一部分隊伍重新向廣場折回，也許他們看見跟隨他們的旗幟太少，後來又回來了，不過可以看出同學們是多麼痛苦地離開廣場。

走到動物園附近的一家大賓館時，同學們看見賓館在二十幾層樓上拉下來的巨幅對聯上寫著「堅持四項基本原則，反對資產階級自由化，旗幟鮮明地反對動亂，堅決平息反革命暴亂」的大字時，氣得衝進了賓館，把那條標語給撕毀了，我們借此坐下來休息了一下。我用高音喇叭講了一路，嗓子也有些啞了，一坐就不想再站起來。

2

中午，我們終於走到了北京大學。

從中關村到北京大學的馬路兩旁，站滿了迎接我們的老師、同學和家長。幾乎每個人都在默默地流淚，一個五十多歲的女老師問我：我的女兒呢？她回來沒有？我淚流滿面，無言以對。北大的大門口站滿了人，周圍的樓上也站滿了人，我們的隊伍坐在了校門口，被同學和老師圍得水泄不通。我接過身旁的人遞給我的高音喇叭，做了我逃離北京前的最後一場演說。

我說：親愛的母校、親愛的老師和同學們，我們回來了，我們是被那些禽獸般的士兵用坦克、機槍和催淚瓦斯殘酷地追趕撤出天安門廣場的，而還有許多同學他們永遠留在了天安門廣場，永遠留在了東西長安街。當他們離開這個他們熱愛的世界時，他們甚至不知道槍殺他們的竟是他們曾經愛過的「最可愛的人」。這究竟是爲什麼？

我說：我和柴玲、李錄、封從德等指揮部的同學都在廣場堅持到了最後，我們盡了我們的一切，不給我們的母校北京大學丟臉，不給北京大學生丟臉。

一片哭泣聲從北京大學的大門內外響起，在那悲痛的哭聲中我最後說：現在，那個年邁昏庸的獨裁者終於撕掉了他的面紗，露出了猙獰的面目，他命令軍隊向我們開槍，讓坦克從我們同學和市民的身上碾過，那些殺紅了眼的士兵連老人和孩子都不放過，他們殺人、抓人，在北京實行紅色恐怖製造暴亂，但卻把暴亂的帽子扣在我們的頭上。親愛的同學、親愛的老師和親愛的母校，這個失去理智的政府會很快逮捕我們，甚至槍殺我們，他們也會在全國進行更嚴重的政治迫害，大批的仁人志士、優秀知識分子將被審查、關押、坐牢甚至被肉體消滅，但是，我們不怕，真理在我們一邊，人民在我們一邊，世界在我們一邊，我相信，總有一天，民主自由的曙光會照耀中國大地！那一天，如果我活著，我再來看我的母校，我的師長和同學，再見了！北大，再見了！

我痛哭失聲，再也講不下去了，周圍的人都在相擁而泣。

就在這時，人群中傳出一句喊聲：「張伯笠，你不是個共產黨員嗎？」那聲音很陌生且刺耳。

我擦掉淚水，大聲地回答：「不錯，我是一個共產黨員，但當這個黨指使他的軍隊向人民開槍的那一刻起，我就發誓退出這個黨並和它鬥爭到底。我決不與這樣沒有理性沒有人性的政黨為伍！」

暴雨一樣的掌聲從四面響起，我聽見有的人在喊：對，退黨，退出這個獨裁黨、殺人黨、老人黨！

我們在數千人的簇擁下進了北大校門。北大籌委會組織的糾察隊立即封鎖了校門，準備和即將追過來的軍隊做最後的抗爭。我把跟來的幾百名外地高校的同學安排好後，到了二十八樓。

就在這時，作家班的同學找到了我，告訴我：你的妻子李雁到了北大。

天哪！我嚇了一跳，她怎麼能在這個時候來北大呢？

柴玲關切地說：快回去看看吧，反正咱們也沒什麼事了，剩下的就是逃亡了。我說：「留得青山在，不怕沒柴燒！柴玲、小封，你們要保重啊！」

柴玲說：「你也要保重，實在不行，向沿海移動。」

我說：「我不能走，我要把李雁安全送出北京。」

我們緊握著手，那一刻，我們的眼睛都蒙上了一層雨霧，我們知道，這一別也許是永不能再見。

3

北京大學四十七樓三〇一一室裡擠滿了人，那是我的宿舍，幾名女同學正在哭，見我進了屋，她們衝上來把我圍住，我感覺到同學間的友愛和溫情。我簡單地向他們介紹了天安門廣場清場情況。

就在這時，我的妻子李雁闖了進來，同學們立即給她讓出了個通道。近在咫尺，我們默默地相望，那一天她特意穿著我在結婚前從廣州給她買的漂亮的連衣裙，頭上紮著一條青色髮帶，自這個學期開學到現在，我一直沒找出時間回家看她和孩子，她來信曾告訴我：「五一國際勞動節時放假，會帶雪兒來北大住幾天。」那時，我已投入學潮，正在主辦《新聞導報》，但我仍希望她能帶雪兒來京。後來我給她們單位領導打了電話，才知道雪兒又病了，住進了醫院，那時我眞想回去看看女兒，這小傢伙生下來體質就弱，每個月都要到醫院住幾天。但當時我們和政府正是較勁兒的時候，我怎麼能離開呢？而此刻，妻子扔下了孩子，冒著槍林彈雨闖進北京！

李雁猛撲過來，緊緊地把我抱住，我輕輕地撫摸著她那瘦削的肩膀和柔軟的髮絲，感到她的身子在不停地顫抖。

全班同學全哭了，他們知道，我和妻子的這一面也許是生離死別。

我說：「李雁，親愛的妻子，妳怪我嗎？」

她搖頭。

我說：「李雁，親愛的妻子，妳不應該冒這麼大的風險來北京。」

她拼命地搖頭。

我替她擦著流在臉上的淚花，輕聲地問：「雪兒呢？我們的雪兒好嗎？」

她哭了，哭得淚花閃爍：「雪兒會叫爸爸了。」

我的心像被什麼東西刺了一下，猛然地跳動了幾下。我的女兒都會叫爸爸了，多快呀！我在開學離家時她還嘻嘻哈哈滿屋子爬，而只有幾個月的時間，她就會叫爸爸了。但是，我還能不能親耳聽到女兒那一聲爸爸的呼喚呢？

一個著名的女作家衝進了我的宿舍，她制止了那些掩面哭泣的女同學，然後對我說：「都什麼時候了還這麼兒女情長？坦克和軍隊已經快開到人大了，要不了幾個小時，他們就會把北大包圍，你快收拾一下，跟我走。」

我說：「不會這麼快吧？再說，他們還能斬盡殺絕？」

她說：「別傻了，他們會抓你們這些學生領袖的，怎麼？你想當譚嗣同怎麼著？快，跟我走，還有這個女孩」，她指著抱著我脖子不放的李雁。

「她不是女孩兒，是我妻子。」我糾正她。

她果斷地說：「好，一起走！」

全班同學都附和著她，推我和李雁走。遠處的槍聲已隱隱聽到，幾架直昇飛機在北大上空盤旋，是偵察校園裡的情況。

走吧，再遲我們就出不了北大了，她急急地催促我。

我接過同學送給我的自行車，帶上妻子，跟著她的車子，從那個古老的西門離開了北大。

一路上我們穿街過巷，那位女作家警覺地看著身後，當確認我們沒被「雷子」跟上時，她才在一個四合院的大門口下了車，她按響了門鈴。

一個青年女子把門裂開了一個縫，發現是我們，忙開了門，把我們讓進院子。

那位女作家介紹說：「這是我的乾妹妹，鐵哥們！她又指指我：他叫張伯笠，作家，也是學生領袖。」

那青年女子靦腆地朝我笑了笑，便帶我們進了客廳，並把我介紹給她的丈夫宮先生。

宮先生更老實，一說一笑，他讓我們先休息一下，然後便和妻子去了廚房。

不一會，他們弄了一桌酒菜，我什麼也吃不下，只一個勁兒喝啤酒。吃過飯後，宮先生說他要到北京市各醫院看看究竟死了多少人，他太太和那位女作家也說要回北大看看形勢，晚上再回來告訴我。宮太太手拿一些乾淨的襯衣內褲讓我換上，「洗個澡，然後睡一覺，這兩天哪也不要去，槍子不長眼睛。」

我感激地點了點頭。

他們都走了，這個獨門獨院的小院子，顯得出奇的安靜。天氣很熱，客廳裡的電風扇發出嗡嗡的響聲。

李雁準備好了洗澡水，在衛生間裡叫我。

我進衛生間，脫掉帶著腥臭氣味的衣褲，李雁拿著噴頭對著我兜頭就沖，我暢快淋漓地洗著，李雁在爲我身上打著香皀，驀地，我感覺到她趴在我的背上哭了起來，兩隻手不停地在我的背上撫摸著。

結婚兩年多了，我們是那樣的熟悉自己親愛的人，包括她的軟弱、她的任性。我把她的手拉到胸前，對她說：「李雁，如果我被捕了，妳就改嫁吧，嫁給一個安份守己的人，中共不會對我手軟的。」

她輕輕說：「不，決不。」

淚水湧出我的眼帘，我儘量不讓自已兒女情長，但想到很快就不能再和妻子在一起，不能再抱著女兒嬉戲，便心如刀絞。現實是殘酷的，解放軍正在北京殺人抓人，而我所面臨的是什麼樣的殘酷，我心裡很清楚。

我洗過澡，換過乾淨的衣服，問李雁帶了多少錢，李雁說只帶了幾百元，她拿出五百元給我，我搖搖頭，封從德曾給了我四千元逃亡費，我放在東城區一個朋友家，加上我現在身上的一千多元錢，逃出北京應不成問題。

晚上，那位女作家和宮先生宮夫人都回來了，宮先生告訴我他在復興門醫院看到百餘具屍體，光是大學的研究生就十幾個。他說傷者更多，醫院大門的那條道上已被救護車滴下的血染紅了。

大家又哭，那天心裡眞難受。

話題轉到我的處境，宮先生主張向廣州轉移，然後找機會逃到國外去，宮太太說也可以去美國或其他國家大使館申請政治庇護。我都不同意，我說：「那樣中共會造謠說我們是裡通外國，會使很多中國老百姓對我們失望，最起碼也要在中國堅持一年半年，等老百姓知道我們在國內的確很難時再出去也好。」女作家和我的想法較接近，必須先逃出北京，因爲在解放軍殺紅了眼睛的時候，留在北京生命很難保障，戒嚴部隊可以按戒嚴令在不經法庭審判的情況下隨意處決「暴亂分子」。

但怎樣逃出北京呢？火車站已被中共軍隊和警察封鎖，機場更別想，最安全的辦法是騎自行車出去。

4

入夜，天下著濛濛細雨，我和李雁穿上雨衣，騎上自行車，從宮先生家出來向北京東城駛去，我準備到朋友家把錢取走，然後騎到通縣，從通縣再騎到天津。

路過北太平庄時，發現一列列的軍車停在路旁，圍著軍車的民衆仍然很多，有的軍車正在熊熊燃燒，而那些軍人竟視若無睹。這些地區還沒有被解放軍控制，仍在老百姓手中，在北京電影製片廠門前，我看到一位和我要好的導演，正在一群民衆中講演，我沒和他打招呼，低頭騎了過去。

三個小時後，我們來到位於八里庄的朋友家，我敲敲門，沒人應，便自已掏出了鑰匙開了門，屋子裡顯得有些零亂，我打開檯燈，想開開寫字檯的抽屜，我的逃亡費就放在那裡，但我看到的是空空的抽屜，抽屜裡放了一張紙條，老朋友那漂亮的字跡躍入我眼簾，

老王：合同有變，我先走一步，貨我提走了，明天上午我會回來，你如來，請稍等。

我和李雁知道，今天不會有人來了，屋子的男女主人好像已經有好多天沒回來了，不知發生了什麼可怕的事，我眞擔心這對夫婦，他們是多麼好的人，難道他們也遭遇了不幸？我睡不著覺，便打開冰箱，拿出幾罐啤酒喝。那啤酒還是我們絕食前買的。李雁累了，先躺下休息了，一陣震耳欲聾的坦克聲和高射機槍的射擊聲把她驚醒。她像是一隻受驚的小鹿，撲進我的懷裡，嘴裡喃喃著：「不！不！我不讓你走！」

我抱緊自已的妻子，喃喃說：「別怕，親愛的，我沒有走，我不是在你身邊嗎？」

她緊緊地環抱著我，那身體像火炭一樣燃燒著我，像籐條一樣纏繞著我，我們夫妻兩載，從來沒有像那一夜那樣不顧生命地去奉獻自已。也許我們都有預感：這是我們夫妻的最後一夜？

那一夜，我們在一陣陣槍聲中，一陣陣恐懼，一陣陣悸動中度過，我們相擁著剛剛睡著，門被打開了，我的朋友果然回來了。他不顧我們還沒起床，便把我抱住。

我們互相慶祝各自還活著。

他說：這屋子的女主人在天安門廣場負了傷，由於在躲避射殺時被軍人打倒，從飛駛的自行車上摔下來，摔成了嚴重的腦震盪，她的先生現在正在醫院陪著她。據說生命已沒危險。

我長長舒了口氣，只要活著：大家就有相見的一天。

老朋友拿出我的逃亡費，我分給了他一半。他說先回去收拾一下東西，然後他們有一批人要一起離開北京。

5

我和李雁騎上自行車，於中午離開了朋友家。

公路上，到處都是市民圍堵軍車的路障。我們騎著自行車在路障中穿行，幾乎所有的商店飯館都關了門，北京就像一個剛剛淪陷在外夷侵略者手中的城市，你絕想不到那些傑作，會是執政的中央政府和所謂的人民軍隊所爲。

我們七拐八拐剛剛騎上通往通縣的公路，迎面開過來十幾輛坦克，坦克車速度驚人，發出震耳欲聾的怪叫。我和李雁以及周圍的十幾個騎自行車的市民，立即向小巷裡騎去，但已經遲了。

第一輛坦克車的高射機槍向我們開火了。子彈打在我們頭上方的一座樓角，磚屑和瓦塊飛騰起來。我立即喊了起來：「大家快下車，趴下！」

我們連滾帶爬摔在路旁，幾個騎的快的溜進了胡同。

坦克車繼續向我們射擊，「嘎嘎嘎，嘎嘎嘎」，子彈從我們頭上飛過，一個幹部模樣的人大聲罵道：「共產黨，我操你媽的，想把北京炸平怎麼著！」

坦克車隊終於過了，我拉起了驚慌失措的妻子，讓她騎上車子快跑。當我騎出幾百米後，發現李雁沒跟上來。連忙回頭找她，附近軍隊很多，衝鋒槍的點射不時傳來。李雁推著自行車一拐一拐地向我這個方向走。我忙快蹬幾步，在她的身邊下了車。

我急切地問：「妳負傷了嗎？」

她搖搖頭：「沒有，車子沒氣了。」

我一看，是車胎被子彈射穿了。我從她手裡搶過自行車扔掉，讓她坐在我的車後，她說：「最好再找輛車子，一個自行車會累死人的，我們要騎很遠的路的，對嗎？」

我重新又回到了老朋友的家，他家有輛自行車，放在院子裡。正巧，老朋友回來了，我忙問了他夫人的情況。還好，命保住了。他厲聲地訓斥我：「你怎麼還在北京？這太危險了，快走吧！」

我說我是回來取你自行車的，他二話沒說，把車子鎖頭打開了。「騎去吧，記住，到任何時候要冷靜，留有青山在，不怕沒柴燒，走吧！我回學校去組織大家退黨！」

我們把自行車補足了氣，告別了老朋友，飛快地騎上了公路。

北京，在槍聲和坦克履帶下痛苦呻吟的北京，在我們的身後越來越遠了。

郊外，看不見坦克和軍車了，也看不見死屍和鮮血了，我下了自行車，回頭久久地望著這座光榮而偉大的城市，淚水奪眶而出。

妻子默默地站在我的身邊，許久許久，她輕輕嘆了口氣：「該走了。」

我擦乾了淚水，轉身騎上了自行車，再也不忍心回頭看一下北京。

再見了，北京。總有一天，我會回來的。

第二章

夢幻少年

1

苦難和恐怖過早地闖入我的心靈。

一九六二年，中國大陸進入了最殘酷的歲月。由於毛澤東的錯誤所帶來的大饑饉使全中國人餓死了至少兩千萬。

那一年我剛剛記事兒。父親在縣城裡的政府人事局工作，母親則帶著我們五個孩子住在城郊，我是靠母親和兄長們挖野菜活下來的。那時候，我最喜歡的人是我的長兄，他當時在縣城裡中學讀書，每天學校發給他幾塊黑麵的餅干，他捨不得自己吃，全都給我留下來，星期天放假回家帶給我吃，在我上小學之前，再未吃過比黑餅干更好的點心了。

郊區村子裡幾乎每天都有餓死的人，而我們那富裕的松江平原卻是中國最著名的產糧區，當我後來成爲了報告文學作家後才知道，我所生活的地區幾乎是全中國餓死人最少的地區之一。

就在那一年夏天的一個中午，母親抱著我去參加一次批鬥大會，一個四十歲左右的漢子在批鬥會上被村幹部和民兵打死了。他的「罪行」是因爲熬不住饑餓偷了人民公社生產隊的青玉米。我永遠忘不掉他死時的樣子，他兩只眼睛大大的望著天空，一縷鮮血從額頭流到髒兮兮的臉上；而他的嘴裡塞滿了嫩嫩的玉米粒白漿，直到被打死他也不願吐出來。

我發現他的嘴偶爾抽動一下，便喊：「他沒死！」母親把我抱得緊緊的，告訴我，他死了，我感覺到母親的身子在發抖。

飢餓常常折磨我，而我卻不懂事地去折磨母親，母親的乳頭被我吮得又紅又腫，我得不到乳汁而大聲哭叫，而母親只有暗自垂淚，喃喃說我不應該來這個世界。

據姐姐回憶說我小時候最倔，而且不喜歡穿衣服，每天赤條條地和小伙伴在水溝中嬉戲，如果我要吃奶，母親來得遲了一會我絕不再吃，直到哭乾嗓子爲止。

也許是因爲我的倔強或我不該來這世界，父親十分不喜歡我，我甚至覺得他厭惡我，我五歲那年，母親帶我們搬進了城裡和父親住在一起，從此，父親的巴掌常常落在我的身上，而母親只好用孱弱的身體護著我。

做爲我挨打的補償，母親常常在我皮肉受苦後給我講故事。母親的故事很少有童話，都是眞實的歷史傳說，譬如：「蘇武牧羊」、「岳母刺字」、「包公賠情」等等。這對我人格的形成影響頗大，我從小就幻想長大以後能成爲蘇武或包公式的人物。

我是一個愛幻想且又敢做敢爲的孩子，當我上小學讀書後，不僅功課是全班最好的，在體育、音樂、繪畫上我也充分顯露才華。我是班長，這個職務從小學一直伴隨我高中畢業乃至大學畢業。

讀小學時，我的記憶力是驚人的，但遺憾的是我那時接受的全是毛式思想教育，當時中國大陸文化大革命風暴襲擊了每一個地區。從小學三年級開始，我便能把「毛主席語錄」全部默背下來，並且讀完「三國演義」、「水滸傳」、「西遊記」、「紅樓夢」、「七俠五義」等歷史小說。這些書，多數是我們從被壓封的縣圖書館中偷出來的，我們一些小伙伴常常互相借閱，以彌補無書讀之苦。那時是我較「風光」的時候，一到下午自習課時，老師開會搞大批判，各班同學便請我講故事，有時兩個班爲了爭搶我這個業餘故事員竟大打出手，製造「流血事件」。這使我的父親更不喜歡我。

父親是一個十分謙和、對功名利祿又十分淡泊的人。他不高興我過份活躍，他認爲我或早或遲要闖大禍。

記得一次語文老師朱輝給我們講毛澤東詩詞，那首詩詞是毛澤東年輕時最得意的詩詞，詞牌子是「沁園春」（長沙）。毛澤東在這首詞中體現了他的「看蒼茫大地，誰主沉浮」的遠大政治抱負，那是我少年時代最喜歡的詩詞中的一首：

獨立寒秋，湘江北去，桔子洲頭；
看萬山紅遍，層林盡染，
漫江碧透，百舸爭流，
鷹出長空，魚翔淺底……

當朱輝老師讀到「魚翔淺底」的「翔」字時，竟把這個字讀成了「翅」。於是，變成了

「魚翅淺底」。我於是舉手起立，指出了讀音的錯誤。這首詞我的二哥已經給我講過多遍，當時我不僅能深刻地領會詞中的思想，而且能倒背如流。二哥當時正在縣城的唯一高中讀書，並投身了文化大革命，和同學們一起編了一張「紅色造反報」，而那張報紙成了我常常閱讀的東西。報紙上經常登載毛澤東的詩詞或由二哥親筆撰寫的「社論」。

在我指出來老師的錯誤後，她震怒了。她把黑板擦向我的頭打來，厲聲說：「我讀翅就是翅，老師還不如你！」

我很吃驚，弄不懂為什麼她讀錯了卻要堅持說沒錯，忙解釋說：「老師當然比我有學問，不過，字典上這個字的注音也讀翔，難道字典會錯嗎？」

盛怒之下，朱老師把我趕出了教室。

那是一個多雪的冬天，室外滴水成冰，我衣服單薄，忍不住寒冷的襲擊，於是便回家了。

沒想到，放學後，朱老師帶著幾名女學生找到我家來，父親熱情地接待了她們，而朱老師向我父親匯報了我的「劣跡」。她說我「擾亂課堂」、「頂撞老師」、「逃學」。

於是，父親把我叫進屋，讓我當面向老師道歉，承認錯誤。我如果承認了「錯誤」也許不會挨打，但是我覺得有錯的不是我，而是朱老師，她不但教育有誤，而且給我的三條罪狀也是莫須有。我不服氣，不僅不承認「錯誤」，而且把真實情況講給父親聽，以便為自己洗刷罪名。朱老師惱羞成怒，一甩身走了，扔下一句話：「這個學生我不要了！」

於是，我的噩運又來了。

當老師走後，震怒的父親猛然給了我兩個耳光，並斥令我跪下，我的兩頰迅速地腫得很高，兩耳高聲鳴叫，嘴角的鮮血一滴滴掉在地板上，但是，我沒有跪下，任父親的手一次比一次重——父親把我打糊塗了，我究竟犯了什麼錯?!

我在思考：是我錯了？還是他們錯了？事實是他們錯了，那麼挨懲罰的爲什麼反而是我？母親抱住父親，讓我快跑。

我不想跑，因爲我想如果我跑反而會給父親造成是我錯了的感覺，既然我沒錯，爲什麼要跑呢？讓他打死我好了。

母親哭著喊：「小伯笠，你要把你爹氣死嗎？」

我恍然大悟，要給父親一個台階，要不然他如何下台？我痛苦地走出家門，黑色的夜空飄著鵝毛般的大雪片，朔風在雪中怒吼，我嘴角的血很快凍成了冰粒，寒冬之夜，我去哪呢？

我想起了我的小伙伴一隻大大胖胖的白鵝。夏天的時候我每天都到郊外爲牠割青草，所以牠跟我尤其親熱。我和小伙伴們玩耍時，牠也常常跟著我，昂頭挺胸，像個大將軍，我的小伙伴們常常被牠啄得四處逃竄。於是，我走到我在柴禾垛裡爲牠掏的窩，鑽進去。寒風夾著大雪灌進來，我便用柴草把洞口堵嚴實。我抱住大白鵝溫暖的身子，覺得自己不再孤獨。我和牠喃喃對話，我說：「大白鵝，你全看見了，這究竟是爲什麼？就因爲我是孩子他們是大人嗎？」我說：「大白鵝，我長大後絕不會這樣，父親和老師也有錯。」我說：「大白鵝，你要多下蛋，重病的父親吃了你的蛋身體就會健康，他就會多給我們的生活一些快樂。」我隱隱爲剛才讓父親那樣震怒而忐忑不安，父親是肝硬化，是生不得氣的……

一個十歲的男孩就這樣抱著大白鵝在風雪中進入了夢鄉。他聽到了母親和大姐玉馥在風雪中的呼喊。聽著親人那帶著哭泣的呼喊，在風雪中越傳越遠而任淚水縱橫，但是他沒有回應，他和大白鵝漸漸地進入了夢鄉……

我記得我醒來時已躺在熱烘烘的火炕上，身上蓋著溫暖的被子。大姐玉馥一面哭一面爲我青腫的臉抹藥水，母親也在不停地數落父親：「這麼狠，他才十歲呀！等小伯笠傷好了，我帶他回外婆家，他三姨沒兒子，給他三姨算了，你們不喜歡他，讓他離你們遠一點，也省著讓他活著難受……」

父親顯然已經後悔，他說：「這孩子我以後不會再管了，等他以後闖了大禍，出了大事，你們就會體會我所做了，那時後悔就遲了！」

父親的話似乎眞有預見性：二十年後我成了中國政府全國通緝的二十一名學運領袖之一。我的通緝令和照片在「人民日報」、「中央電視台」上出現，並貼在全國城市鄉村的大街小巷，中國鐵路公安局長竟命全國鐵路警察發現我可以當場擊斃。我不知道父親看到我通緝令的想法，他是否會後悔兒時放棄了對我的管教？不得而知。

我很崇拜的二哥從學校回來，問我：「爲什麼挨打？」

我回答說：「爲了一個字。」

二哥看了看父親，什麼也沒說，從印著「紅太陽」的舊書包裡拿出一本書塞進了我的被窩裡。我拿出來一看，書名：「鋼鐵是怎樣煉成的」，作者是蘇聯的奧斯特洛夫斯基。

父親放鬆了對我的要求後，從此我多了一些快樂的幻想，這個世界是神奇、殘酷、苦難、沉悶而又多變，使我目不暇給。當時的紅衛兵砸碎了所有的機關和學校，縣長和演戲的一起掛著沉重的大牌子遊街，我們這些小學生沒什麼事做，每天跟那些挨遊街的共產黨官員後面瞎起鬨或撿紅衛兵扔的傳單。而我從那時開始重新設計自已，我認爲只有自已是眞實的、可信的。老師、父親以及許多的有權威的人並不都能實事求是。所以要想掌握自已的命運只能靠自已，而掌握自已命運的鑰匙是知識。於是我把所有的時間用來讀書。文化大革命中，學校從來不給學生留作業，我樂得自由，讀自已喜歡的書。不久，我想當畫家，便背著畫夾到縣文化藝術館去畫石膏像，於是結識了和我同齡的關玉良，玉良後來創建了「關東畫派」成爲大陸很優秀的青年畫家。我的音樂天賦使學校所有的音樂老師感興趣，我是學校業餘文藝宣傳隊的重要人物，十四歲那年我主演過京劇「海港」，我飾演「海港」中的男主角高志揚，我模仿黑頭唱的那段「滿懷豪情回海港」，把縣京劇團的演員震得一愣一愣的，他們鼓勵我報考劇團小班，然而我認為我唱戲只是好玩，讓我終身唱戲，我覺得是辱沒了我。而我最大的理想是想成為一名作家，像雨果、羅曼羅蘭、海明威或魯迅那樣的作家。我寫了許多詩，有的竟然能發表在縣文化館門前的櫥窗裡。一九七五年縣文化藝術館辦了一期工農兵文藝創作訓練班。在訓練班裡我寫了一部獨幕話劇，經過幾番修改，在縣文藝演出中竟獲了獎，而且是幾個一等獎中的一個。獎品是魯迅的「吶喊」、「徬徨」以及一套「毛澤東選集」。

從此，我沿著這條路走了下去，並為此一步一步踏踏實實。

隨著對社會和家庭觀察和體會的加深，一個問題總在困擾我，家裡經常來一些鄉下親戚，但奇怪的是他們都是「地富反壞右」。父親總是要幫他們一些，因為他們都是父親的堂兄堂弟，而父親當時畢竟是一個官員。母親更為慷慨，儘管這些親戚走後，我們會幾天不能吃肉或買菜。這個問題困擾了我許多年，這是我們張家的歷史。但我不敢去問父親，而母親似乎也不願意說，我真正知道我家的歷史是我成家以後……

2

松花江有一個支流叫呼蘭河，這條河不僅因為哺育了著名女作家蕭紅而著名，更重要的是她滋潤了兩岸肥沃的土地。大約一百年前，山東省惠民縣一個農民挑著自己的兒子，帶著自已的妻子來到了這個美麗河邊。這是黑龍江的第一代移民，在呼蘭河北岸那陡峭的黃色土崖後，展現在那個山東漢子面前的是一望無垠的荒野，以及漫野奔跑的獐麅野鹿和可以飛進飯鍋的野雉。

於是，那個山東大漢住了下來，他一把火點燃了大草原。大火過後，油旺旺的黑土地散發著誘人的香氣。

那個山東大漢是我的曾祖父，而挑子中的小孩則是我的祖父。

當我的祖父娶我的祖母的時候，張家已是良田千頃，房屋百間的大地主了，而曾祖父開創基業的地方已成了繁華的水陸碼頭，人們慣稱這個地方爲「黃崖子」，官名通江鎮，隸屬黑龍江省望奎縣。

那時候的張家和所有的有錢人一樣，爲了防備胡子（土匪）的攻擊，不僅寨墻高築，而且長短槍都有，並配有「老母豬砲」。但當時的少掌櫃也就是我祖父確是一個當地著名豪爽的人，所以張家很少遭到土匪的攻擊。

祖父爲人豪爽是衆口皆碑的。他從不欺壓長工和佃戶。據說一個農活技藝很好的長工，因爲喝多了酒和爺爺吵了一架，他賭氣不再爲祖父效力，並揚言：「屙屎也不往張家地裡屙。」祖父便和他打賭，說：「如果你把屎屙到我家地裡怎麼辦？」那長工道：「我要是屙到你地裡便白給你扛一年活不要錢。」那長工一大早吃飽喝足開始上路，走到太陽西斜，實在忍不住了，便在小屯道的邊上屙了灘屎，撒了泡尿，然後去問一個佃農：「這是誰家的地？」那佃農回答：「這是黃崖子張家大院的地。」那長工二話不說，便回到爺爺家拿起鋤頭去鋤草了。當然，祖父還是給他工錢的。

祖父經管著偌大的家業，但遺憾的是奶奶卻不曾生育。我們山東人是孔夫子的鄉親，孔子曰：「不孝有三，無後為大」，沒有兒女是中國人最大的不孝。

於是，祖母鼓勵祖父再娶一房。當時，祖父和兄弟姐妹一起生活，要娶親就要從大家股上出錢，這理所當然地遭到家族的反對。祖母為了能有子孫，繼承家業，便從自己的私房中拿出五個金元寶，為爺爺娶了一個體面人家的女兒，那便是我的親奶奶。她為張家生了六個兒女，而大奶奶和她相處融洽，如手足姐妹，當我記事時，我的大奶奶還活著，她常常驕傲地告訴我們這些張家的子孫們：「你們張家這幾十口人都是我五個金元寶換來的。」

如果生活就是這樣發展下去，張家的子孫也許會是另一個樣子。但是，在爹爹四歲的時候，張家開始衰落了。

爺爺有一個最要好的磕頭弟兄（結拜兄弟）。此君天生一副反骨，爺爺給他駿馬和快槍，讓他去投軍，可他在張作霖手下當了半年連長後，卻又拉了一批弟兄跑回家鄉當了胡子（土匪）。他落草為寇，佔山為王，打家劫舍，殺富濟貧，後來被擊潰，他本人負傷入獄，被判死刑。

爺爺決心救他，發誓把他從死牢中救出來。那時，爺爺已經和弟兄們分家了。爺爺分得數千畝良田，爲了救自已的磕頭弟兄，爺爺開始賣土地，而這些土地多數被本家兄弟買去了，爺爺用兩麻袋銀元把人從死牢中買了出來，那人把家人托付給了爺爺，騎上快馬走了，從此再也沒有回來，有人說他去了蘇聯，成了蘇聯紅軍，有人說他參加了東北抗日聯軍，總之，這個使張家敗落的人永沒再回來，但誰會想到，大半個世紀後，就是這個人的後代掩護了我這個全國通緝的要犯⋯⋯

後來，爺爺英年早逝，兩個奶奶，一個管家，一個管外，帶著六個孩子生活，家道逐漸敗落，爹爹也只讀了幾年書便要爲生活辛苦了。

一九四六年東北光復，日本鬼子投降了，滿州國的皇帝也被蘇聯紅軍押到了蘇聯。讀過幾年書的爹爹便參加了共產黨所領導的土地改革工作隊。父親在讀書時被手拿戒尺的老師灌了一腦子的孔孟之道，在：修身、齊家、治國、平天下的思想裡，父親注重的是前面兩項，而治國、平天下則不去多想，否則，他不會在共產黨奪取大陸政權後急流勇退。

據父親回憶，當時的土改工作隊員的素質很低，打擊面的擴大使許多小康之家的農民被劃爲地主成份。由於父親參加了「革命」，況家道已衰敗，我家在土改時被劃爲貧農成分，而父親的叔叔們則統統劃爲地主，成了無產階級專政的對象。那時候，參加土改工作隊的人多數是流氓無產者和青年農民，他們不僅大吃大喝，還姦宿地主家的姑娘媳婦。而動刑殺人則視兒戲一般。一個土改工作隊員問一個地主婆坐沒坐過火車，那地主婆連汽車都沒看過更沒看過火車，於是，那共產黨員便把鐵爐子繞紅，然後把地主婆放在爐子上，讓她坐「火車」。

還有一次，一個共產黨的土改工作隊員把一個地主用繩子吊在樹杈上。

土改隊員：「看到蔣介石沒有？」

地主：「沒看到。」

於是，那土改工作隊員把繩子往下拉，被繩子吊起的地主又升高了幾尺。

土改隊員：「這回看到蔣介石沒有？」

地主：「沒……看……到」

土改隊員又拉繩子，地主又升高幾公尺。

土改隊員：「這回看到了吧？」

那地主被繩子吊得吃不住勁了，只好回答：「看到了。」

那土改工作隊員冷笑一聲：「去找蔣介石去吧！」

於是把繩子一鬆，那地主便從十幾米的高空中摔在地上，腦漿迸裂，在土改工作隊員的笑聲中死去了。

3

父親最懂得政治的殘酷，這也許是他反對我太介入政治的原因。

父親當時還算是一個文化人，在由農民組成的土改工作隊裡顯得很突出。他很快成為第二行政區主要負責人，但後來發生在他所在行政區的「河口事件」改變了他的命運。

我的家鄉有一家姓鄭的地主，鄭家有一個男孩十幾歲便到北京讀書，從此再無音訊，誰會料到，二十幾年後他成了共產黨的大人物。

他叫林楓，日本投降後任共產黨東北局副主席（主席是高崗，中共建國以後，林楓曾擔任全國人大副委員長兼中共中央黨校校長），這個林楓在坐上東北第二把金交椅的寶座後，便想起要光宗耀祖。我們的鄰縣綏化縣當時還有日本人修的機場，而從綏化縣到望奎縣還有五十公里的路程。呼蘭河從兩縣交界處流過，湍急的河流上沒有橋樑，來往的車輛行人要靠渡船，交通十分不便。

林楓的座機在綏化機場降落後，他們從安全方面考量，沒有到望奎縣，而是讓共產黨望奎縣委把他的父親送到綏化與兒子見面。

鄭老爺子在縣委書記馮耕夫和一個連解放軍的護送下，到綏化見到了兒子，然而在他返回望奎縣行到呼蘭河時，他們遭到了「土匪」的襲擊。

就在三輛汽車開上渡船時，埋伏在樹叢中的「政治土匪」開火了。船上的汽車被機槍封鎖了，「土匪」們喊話，要他們交出林楓，繳槍投降。

被困在車上的望奎縣大隊政委胡再白建議：既然林楓不在車上，車上又有林楓的父親和妹妹，是否應該和土匪談判，以便保全生命。但縣委書記馮耕夫堅決不同意，他向戰士下達了命令，決不投降，直到戰鬥到最後一個人。

解放軍開始還擊，然而寡不敵衆。

遭到抵抗的「土匪」惱羞成怒，把子彈和砲彈像秋風般潑向三條渡船。

只短短五分鐘，三輛汽車上一百多人全部遇難，鮮血染紅了呼蘭河水……

這就是當時震驚東北的「河口事件」。

當駐紮在望奎縣城裡的解放軍騎兵團趕到呼蘭河時，「土匪」早已無影無蹤，留在河面上的是一百多具屍體和仍在燃燒的木船、汽車……

據說：剛從綏化飛回瀋陽的林楓聽此噩耗大怒，立即給在哈爾濱的林彪打電話，要林彪動用野戰軍爲他復仇。於是，一個師的四野部隊開進了我的家鄉剿匪，短短一個星期，他們抓到了兩千多名「土匪」，並在埋葬鄭老太爺的縣城東北角的「花園」開了殺戒。兩千多「土匪」（其實大多是無辜的農民）被分期分批處決。行刑者使用的不是子彈，而是大刀或鍘刀。他們殺一批埋上一層土，再砍一批，再埋一層土，後來，土堆高了，形成了一座很大的土山，在這土山裡，埋著兩千多幽魂；在土山的前面不遠處，是三座高高的紀念碑，刻著馮耕夫等三個縣委領導人的事蹟，在紀念碑的後面，是一百多座白色的小墳墓，每個墳墓中安葬著一個爲保衛鄭老爺子而獻身的解放軍戰士。

我在九歲那年的清明節，在那濛濛細雨中，面對著這三座紀念碑舉起了稚嫩的手臂，當老師把紅領巾繫在我的脖頸上，並告訴我那是革命烈士鮮血染紅的紅旗之一角時，我是噙著熱淚高呼著：「準備著，時刻準備著！」加入中國少年先鋒隊的，我的心裡充滿了對敵人的仇恨。

我那時候絕對恨埋在土山裡的「土匪」。那時候，解放軍戰士常常在土山後打靶，靶子就豎在山角下，我和小伙伴常常去挖子彈，但挖出來的都是白骨。伙伴們常常嚇得跑掉，而我卻不怕，常常拿著人的頭骨發呆，心想：爲什麼這些人沒有墳墓也沒有紀念碑呢？

回家問父親，父親瞪我。問母親，母親說：「那是土匪。」

讀高中時常去縣文化藝術館，那裡有幾個文人在寫縣志，聽他們講，才知道林楓的父親是這樣死的。當時想：這個老頭死的也眞是驚天動地，竟要兩千多人殉葬。後來，文化大革命中，林楓老爸的墳被紅衛兵給撅了，棺木也給燒了。據說：林楓在北京對此耿耿於懷，並發誓再不回家鄉去。不過，這一點他是做到了。

父親見不了這樣血腥的場面，要求去讀書，縣委同意了，這樣年輕，又有文化，將來建設社會主義需要。於是讓父親去延安。

父親很高興，這樣可以不必看這腥風血雨了，於是回家向兩個媽媽辭行。

我的親奶奶堅決反對：「父母在，不遠遊，你要走就是不孝。」

我的大奶奶更是反對，父親已經訂了親，女方是鄰縣一個姓宮的地主的女兒，宮家老爺子在土地改革中死掉了，據說是被土改工作隊打死的，大奶奶的意見是：趕快成家，救那宮家女兒於水火。後來，這個宮姓地主的女兒成了我的母親，她是影響我最深的女人。

在縣委派人找父親出發時，奶奶把父親藏在了柴禾垛裡。

從此，我父親脫離了革命，不過，兩年後他不得不又到縣政府工作，但他從不再要求加入共產黨。而成爲了一個「革命」一生的非共產黨幹部。

四十年後，當我被中共全國通緝，逃離北京大學後，林楓的兒子林言志進北京大學主政，在他的主持下，我被開除了學籍和黨籍。

4

我的童年和少年時代，除了苦難和恐懼外，看得最多的是人性的扭曲。當文化大革命的烈火燒得課堂裡擺不下一張平靜的書桌時，人與人之間的信任和愛心也隨之消失了。好多同學和自己出身不好或被專政的父母劃清界限，人們用一個小小的「毛主席語錄」包裹住自己的思想和靈魂。不過，那個時候我也常常忘記外邊的世界，最值得回憶的便是讀書的幸福。我常常和鄰家的小伙伴到縣圖書館去偷書，或到紅衛兵燒書的現場去搶書。慢慢的，書給我展現了一個個陌生而新奇的世界。我那時候讀書讀上了癮，一天不讀書就感覺是一種人生的浪費，當時讀書的感覺就像是賺錢，一本本地讀，一分一角地賺。上中學以後，我開始讀歐美作家的作品，雨果、莫泊桑、屠格涅夫、托爾斯泰、海明威……還有日本的川端康成、印度的泰戈爾。記得一次被「沉船」迷住了，竟拿到課堂去讀，被老師叫到講台前去出醜。

書讀多了不免愛胡思亂想，並把自己的所感記在日記上，不過，我記日記常常間斷。當時只不過是幻想能成爲一個對國家和民族有意義的人。

書讀多了也開始幻想愛情，但我在愛情上是一個懦夫，同班的女同學有那麼幾個喜歡於我的，我也看得出來，但當時的男女生是不說話的，談戀愛也會被視爲是一種丟人的事。我在高中時曾暗戀一個女同學，她人長得美，小巧玲瓏，但我卻從不敢向她表露我的感情，相反，卻和她最要好的女伴表現得親熱大方。她對我其實也是一往情深，但一看到我和她的女友大方地談話，她就很傷心，這都是十幾年以後她才告訴我的感受。

讀高中時我似乎很有魅力，這不僅僅指對女同學，更主要的是對男同學，我的身邊經常聚著十幾個小哥們，他們很聽命於我，如果我的哥們大鬧課堂而老師無可奈何時，只要我說一聲：好了，好好聽課吧！課堂立即鴉雀無聲。

所有的老師都知道我在同學中的威信，而這個威信的代價，是我關心這些哥們的事要超過對自己的關心，這其中包括在考試時把自己的考卷多寫一份傳給他們抄。

一九七四年，我高中畢業了，那時候，毛澤東的上山下鄉運動方興未艾，很多同學都像躲瘟疫一樣躲避街道辦事處的人，這些人動員你到鄉下「插隊落戶」的功夫會讓你是鐵也變成豆腐。而大多數人不願到農村去受苦。

當時我是少數主動要求到農村去的人之一，我已滿十五歲，新生活對我有較大的誘惑力。前面的路漫長崎嶇卻又是未知，而我卻躍躍欲試，我當時覺得毛澤東說的有道理：「不了解農民，便不了解革命」，中國百分之八十以上的人口是農民，而這些農民究竟生活得怎麼樣，以及他們有什麼樣的訴求和希望，這是我急切想知道的。

於是我在學校第一個報名要求上山下鄉。

此舉驚動了縣廣播電台，派個記者訪問了我，搞了一個錄音專訪。我當時對記者說的都是「豪言壯語」：「我們也有兩隻手，不在城裡吃閒飯；扎根農村幹革命，一生交給黨安排」。我告訴記者，我的同學百分之九十九和我一起到廣闊天地去「煉紅心」

當記者問我：你們到農村後生活會比城裡苦一些，離父母遠一些，你能克服嗎？

記得我當時當著記者和老師、同學們的面說了這樣一番話：「我們到農村後離父母是遠了一點，但我們離毛主席的革命路線更近了，生活是苦一點，但卻能鍛鍊我們的堅強意志。我們城市青年上山下鄉就是要以實際行動粉碎帝國主義預言家們（杜勒斯）把和平演變的希望寄托在我們這一代身上的預言，以保證我們無產階級的紅色江山千秋萬代永不變色。」

我的講話使我的老師和同學都激動得流了淚。

當這個採訪錄音在全縣有線廣播播出後，街坊鄰居都來道賀，說我將來一定有出息。母親很高興，只要我下鄉，比我大三歲的哥哥張偉便可在城裡找到工作，那時三哥已學會了木匠手藝，他心靈手巧，又很體貼父母的難處，對家的幫助很大，而老么的我卻是什麼也不會，只會讀書。母親說：「下鄉也好，可以學點活計做，庄稼活只要肯吃苦就能學會。」父親則不置可否，好像大家在說一件與他無關的事兒。

記得那天晚上母親特意多燒了幾個菜，過去我是從來不上桌吃飯的，而明天我就要走向新的生活了，開始自食其力。父親說：「這是大事，應該慶賀一下。」父親讓我坐在他身邊，破例給我倒了一杯酒。

那天父親喝了很多酒，給我講了許多他們當年「打土豪分田地」的故事。他說那時候他可以喝一斤多酒。他告訴我酒要少喝，喝多了不僅對身體不好，還容易誤事。但他讓我把杯中的酒喝掉，說有話對我說。

父親說：他有七個子女，三個女孩不說了，將來都結了婚找個好丈夫，不挨罵不挨打，餓不著凍不著就行了。父親說：他這四個兒子誰見誰誇。老大張彬是軍官，共產黨員；老二張翹在北京鐵道部三局二處當科長，也是黨員；老三張偉學得木匠手藝，又聰明又能幹，將來也準有出息。父親說：他最不放心的就是我，他說我倔得出奇，這些年腦子裡又裝了些怪裡怪氣的東西。他說：他總是擔心我早晚會闖大禍。最後，他告訴我三句話，讓我記住：

不要把功名看得太重

不要把金錢看得太重

不要把女人看得太重

他讓我切記。這三句真言對我以後的人生影響很大。

第二天，我扛起行李到了學校。

一部敲鑼打鼓的汽車把我送進了「廣闊天地」裡。

第三章

理想與青春

1

不知道爲什麼，我與農村有一種天然的感情。我很容易適應農村的生活和環境，這對當時的知識青年來說並不是很多。也許是因爲我生在農村，雖然長在城市，但與土地那種近乎於血緣一樣的關係依然存在。

我當時插隊的農村是一個叫正白后二的自然屯，隸屬於望奎縣紅星人民公社，這裡滿族人很多，村名也按照八旗起的。如正黃旗，正白旗，正藍旗和正紅旗，還有鑲黃鑲白鑲藍鑲紅旗。我們插隊的正白后二大隊有四個生產小隊，一千多人口，滿族人占百分之三十．其餘是漢人。滿族人以洪姓爲主，他們熱情好客．而且還保持著種種舊規矩，對這個村的風氣影響很大。

我們的知識青年集體戶就建在村子的正南，與小學校有一牆之隔。不久，我被選爲戶長。成了四十多男女知青的頭兒，其實，我當時只有十五歲，還未完全成年，而集體戶的知識青年有一半比我年齡還大一些。

在這些青年人中，我的「領導才能」很快就顯露了出來：沒有糧食吃，我會到生產隊借來足夠的糧食，至於以後怎麼還那是另一回事；那年夏天很長一段時間沒有油吃，每天清水煮茄子，吃得大家胃酸，我便套上一輛馬車，帶上本城服務系統下鄉的知青到自己父母工作的飯店，酒店去拿。飯店的領導知道是自己的子女來「揩油」也只能苦笑。生產隊撥給我們一些土地，讓我們種蔬菜，我便帶著青年義務勞動，種了許多番茄、黃瓜、茄子、大蔥、馬鈴薯等蔬菜，不僅夠自己吃，知青們回城裡還可以帶一些讓父母品嘗我們的勞動成果。

在集體裡生活你要人們尊敬你，那你必須「一事當前先替別人著想。要把方便留給別人，把困難留給自己」。

到農村時間一長，勞動不再是浪漫的事，繁重的農活使知識青年們叫苦不迭。秋天臨近，快開鐮了，而我們四十多男女知識青年都沒割過庄稼，於是我就和各生產小隊協商，把看護庄稼的工作要了過來。這工作在農村謂「看青」。活很翹，你只要拿著步槍保護成熟的庄稼不被偷，不被牲畜踐踏就可以了。由於需要不了那麼多人，我主動把這活讓給別人，自己拿起鐮刀和農民一起割地。由於不得要領，鐮刀常常割到手和腿，右手也被刀把磨出一片片水泡。一個多月的秋割下來，我已經可以和農民比賽誰割得更快，不僅得到了知識青年們的尊敬，而且也得到了當地農民的誇贊。不到一年，我學會了鋤地、割地、刨糞、打繩、騎馬、趕車、扶犁、砍樹等多項農活，這不僅使我和農民們的感情更為貼近，而對十幾年後我在槍口下的兩年逃亡生活有很大益處，由於我對農民和農活的熟知，使我在兩年逃亡農村的生活裡如魚得水。

那時候我們這些知識青年最大的願望是能返回城市和家人團聚。每個人都想方設法找門路或走後門為自己回城創造條件。而我與他們不同的是，我要上大學。當時全國各大學都在招收「工農兵學員」，而工農兵學員的入學條件是「政治標準第一」，需要經過貧下中農推荐，所謂貧下中農推荐其實就是農村共產黨的組織用此來作交易，兩年多的知青生活使我對貧下中農這個階級有了更深刻的了解，這是目光短淺而又不甘心為統治階級效力的集體農民，他們同樣沒有什麼權利，而所謂的當家做主是由他們這個階級中產生的共產黨大小官僚。

下鄉一年以後，我被選為出席縣的知識青年勞動模範，這是兩手老繭換來的。會議一結束，我沒能順路回家看望父母，而是立即回到農村，放下背包便拿起鋤頭參加勞動。

在中國農村，你必須首先學會處理人際關係，這是中國農業社會中最難掌握的一門學問，你不能顯得比他們有知識，那樣他們會認為你不謙虛，你也不能顯得比他們沒知識，那樣他們會瞧不起你。尤其在處理和農村幹部的關係上更複雜多了，因為他們可以決定你早幾年回城或永遠回不了城。

記得有一次為了迎接公社檢查春耕的工作組，大隊長老董讓我幫忙把大隊辦公室佈置一下，我用紅彩紙寫了一幅毛澤東語錄「思想上政治上的路線正確與否是決定一切的」。每個字都像整張紙那樣大，貼在大隊部的正面牆上顯得很有思想性。大隊的幹部都說不錯。董大隊長是土改時打地主入的黨，算是老幹部了。此人不僅說話結巴，而且一字不識，他讓我給他讀一遍，我唸過後他突然把眼睛一瞪說錯了。他說政治第一，政治應該放前面，應該是「政治上思想上的路線正確與否是決定一切的」。我拿出《毛主席語錄》給他看，他愣不看，因為看不懂，他說我不謙虛，不尊重貧下中農，不服從「再教育」，當時屋子裡有許多大隊幹部和知識青年，他們都知道大隊長錯了，而我是對的，但沒有一個肯爲我辯白。因爲他是大隊長，是這個村的土皇帝，那時候人都是多一事不如少一事，誰也不想得罪他。

而我絕對不能按照他的意思去改，這不僅是一個是與非的問題，更可怕的是在那個年代你不能把「最高指示」搞錯，由於毛澤東講話「一句頂一萬句」，所以，你寫錯了輕則說你政治思想差，重則說你篡改領袖語錄那就罪惡滔天了。我不敢拿毛澤東開玩笑，但我可以揶揄一下大隊長。我把這十九個字塊都揭了下來，又重新釘在牆上，其實，還是原來的樣子，只不過是重複了一次勞動而已。

大隊長讓我再給他唸一遍。

我大聲唸給他聽：「政治上思想上的路線正確與否是決定一切的。」

他拍拍我的肩笑了：「這就對了，年輕人要謙虛，我革命這麼多年了，政治水平還能沒你高嗎？」

靈活的妥協給我帶來許多好處，儘管在妥協的時候心情不那麼舒服。但事後證明，暫時的委屈會使你以後少很多麻煩。

2

一九七六年四月，發生在北京天安門廣場的「四五運動」被鎮壓後，天安門「詩抄」迅速傳遍全國各地，青年集體戶是「詩抄」流傳的據點，我們每個人都偷偷在日記本裡抄錄那些令人熱血沸騰的詩歌，那些詩對我的影響很大，我開始關心政治，思考國家的命運，儘管當時我已經塡寫了入黨志願書，但對共產主義已經不很虔誠了，況且我以爲共產黨已經得了重病，那就是對「四五運動」的鎮壓。

我無時不在關心時局的變化，兩報一刊上充斥了梁效、羅思鼎的文章，攻擊的矛頭指向主持國務院工作的鄧小平。殺氣騰騰，使你感到中國要有大事發生。而那一年的中國眞夠我這個十幾歲的青年眼花撩亂的了。

就在這時，大隊黨支部推荐我參加了公社的「上大學學習班」。每天除了學習四個小時的文化課外，其餘的時間是學政治，被推荐的三十多男女知青每天眉開眼笑，對於我們這些人來說，參加這個學習班就已經是離開農村第一步了。

我是學習班裡年齡最小，學習最好的一位，那些比我大許多的知青大姐姐們總愛找我輔導她們功課。公社管文教的黨委書記對我也不錯，常常笑咪咪地找我們聊天。文化課考試結束後，學習班解散了，我們回到各自的集體戶裡等通知。而我報的學校是北京大學中文系。

不久，鄧小平第二次被打倒。

又隔不久，毛澤東逝世。

就在此期間，上大學的名額公佈了，我居然榜上無名。這對我的打擊很大，集體戶的青年都爲我鳴不平。我爲此也找過公社的領導，他們給我的答覆是：年輕人應該經受住黨的考驗。而那些學習成績和勞動表現都不如我的人都不需要經過黨的考驗上了大學。而當體檢的醫生告訴我這次上大學的五個女知青有兩個懷了孕，而五個人都失去了貞操後，我便緘默了。這就是貧下中農給我們知識青年的再教育？我爲我們的姐妹悲哀，那一些不滿也隨之消失了。

那年十月，華國鋒和葉劍英發動了宮庭政變，逮捕了王洪文、張春橋、江青和姚文元，結束了長達十年的大浩劫。

當「英明領袖華主席」拿著「你辦事，我放心」的聖旨抓綱治國時，我們黑龍江省的百萬知識青年開始大批返城，我們集體戶比生產建設兵團的知青返城溫和一些，雖然人人可以辦理返城手續，但當時只能是以「病返」回城。大隊部會計把大隊革命委員會的印章掛在牆上，誰要返城自己蓋印。

知青都走光了，十幾間的集體戶只剩我一個人，我不想就這樣匆忙地「病返」。況且我沒病。我要好好理一理自己的思想，而我當時絕對沒把返回城市當成最高人生目標，我想讀書。

哪怕是一個不很有名的學校。我自幼喜歡文學，嚮往能成爲北京大學中文系的學生，因爲我喜歡的人都曾在這所大學生活過，魯迅、蔡元培、李大釗、胡適等，我想再勞動一年，在農村等待第二年招生，我有充分的耐力等待。於是我一個人生活，每天除勞動外，要自己動手燒三頓飯，還要餵豬餵雞，十幾間大屋空蕩蕩的，晚上躺在空空的大炕上感受著孤獨和寂寞，而往日的吵鬧和笑罵聲都遠離了我。

3

那年秋天，我參加了高考，我報了黑龍江的一所師範院校，這所學校對我實在沒什麼誘惑力，但是可以離開農村。

我居然考中了，而且名列全縣第一名。

離開生活了兩年的農村時心情是複雜的。幾名和我要好的知青特意從城裡回到知青戶爲我送行。我們殺了一頭豬，那是集體戶最後一頭豬，那頭豬因爲一個月沒能好好餵養瘦得就如同一只大狗，那天早晨起床就開始忙碌。煮肉、灌血腸、買酒、烙油餅、我們把大隊幹部和平時比較要好的農民請來一起喝酒，從中午喝到深夜。不管怎樣，我們在這裡生活了兩年，而這兩年又是在人生春天的季節裡。

當我飲盡最後一大碗老白乾後，我流淚了。

鄰居大娘的一小碗醬黃瓜的溫情，使我們可以多吃幾碗玉米稀粥的香甜；逢年過節我們都是老鄉家裡的座上賓，盡情地品賞他們的烹飪手藝，儘管不如城裡的花樣多，但大碗肉大碗酒令人暢快淋漓；風雪交加的黑夜裡，農民大嫂們炒一鍋香噴噴的玉米花和葵花籽倒在知青戶的大炕上，幾十個青年搶著吃，然後比賽誰放屁響亮……這兩年我們哭過、笑過、打鬧過、埋怨過、企盼過、憧憬過也失望過，然而一旦離開了，才知道那段生活是多麼令人不平靜。

那天我喝醉了，也說了許多心裡話，沒能去讀北京大學的委屈在心裡堵得慌，喝些酒，說一說，心裡似乎亮堂了許多。

生產大隊的黨支部書記劉文祥覺得很抱歉。未能去成北京大學而考了一個師範，我還能說什麼？兩年的農村生活使我從一個高中學生懂得了社會上許多我不懂的東西，尤其使我懂得了中國的農民，這些財富有許多是我此生受用不盡的。

我應該滿足才對。

十年後我曾回到當年插隊落戶的村子一次。我只在村裡住了一夜。當年的娃子已經結婚了許多，而當年我們栽的「扎根樹」也已經茁壯成林了。

由於「四人幫」被粉碎帶來的變化，我們推遲在十一月初才到開學，報到那一天下著小雪，世界潔白如銀。吳曉杰老師和一個很有氣質的女同學幫助我把行李安置在寒冷且又髒又亂的宿舍，吳老師給我介紹了這個女同學，她叫郭秀莊，是行署教育局局長郭德昌的最小的女兒，後來我與秀莊相愛，但遺憾沒成眷屬。

無論如何，離開校園兩年後又重新回到學校讀書是令人興奮的。我計劃用這幾年的時光多讀一些歷史，哲學和文學方面的書。那是我讀書最多的一段時光，有時候把《資本論》拿到課堂去讀，使講課的老師大為光火，但她又知道那是馬克思的著作，只好看著我搖頭嘆氣。

有很多書籍是郭秀莊從她爸爸的藏書中偷出來的，後來，她成了我們班的班長，我擔任了團支部書記。

當時學校的聲樂老師都對我寄預厚望，他們認為我是難得的男中音，他們想把我培養成普契尼或什麼歌劇大師，而我也經常參加市和地區舉辦的文藝演出，還經常得個獎什麼的，或讓那暴風雨般的掌聲滿足一下年輕的虛榮心。但我不想成為歌唱家，我的理想是成為一個政治家或文學家。用我的思想去改變中國人的生活以及觀念。為了實現自己的遠大抱負，我廣交有同樣志向的朋友，數學系一位姓陳的同學曾和我一起在同學放假回家度春節時，留在學校，我們每天用冷水洗澡，每晨背一首唐詩，一起研讀《資本論》、《哥達綱領批判》、《實踐論》、《矛盾論》，也一起到學校附近的工廠和農村搞社會調查。他的想法是畢業後回到農村去，從村長、鄉長、縣長幹起，他想改變一個縣或一個鄉，而我則主張應去北京發展，我認為要想改變中國人的命運，必須要能影響最高決策人物和決策機構才行。現在想來當時是還很幼稚，但畢竟是「指點江山激揚文字糞土當年萬戶侯」的年齡。

4

就在那個時候，愛情闖進了我的心田。在共同的學習生活中，我愛上了大我三歲的同班同學郭秀莊，她是我們班的班長，又是黨小組長，那種特有的成熟和氣質使我對她傾心，而當時追求我的女孩的確不少，包括一位大我不多的女老師。

在我下鄉插隊的時候，父母親曾給我訂過一次婚約，她是一個小我一歲的姑娘，叫姚克力，是醫院的護士。他的父母是我父母的老朋友。我們又幾乎青梅竹馬，但我們訂婚後我發現她愛的不是我而是她在中學時的一個同班同學，而她的父母則堅決選擇我，因爲自己沒有兒子，所以把我當自己的親兒子對待，可以說，他們對我的愛超過了對自己女兒的愛。儘管這愛有時表現得有些自私。但後來我和姚克力的感情愈發平淡，她對我說，她和我在一起時有的只是和哥哥一樣的依賴感和安全感，而和那位同學在一起時心跳就加快，就有一種說不出感覺的衝動。我告訴她「這就是愛情」。她想了想，點頭說：「也許是吧，但我爸我媽不會同意。」於是，我鼓勵她大膽按自己想要做的去做。我會永遠把她當成妹妹看待。後來，她眞成了我的「妹妹」，而她那個同班同學也眞成了她的丈夫。爲此，她的父母和我的父母都遷怒於我，認爲我沒有盡全力讓她愛我。其實我倒覺得這結果蠻好的。

後來，我畢業後不願留在黑龍江的家鄉做教師工作，堅決要去闖天下，二哥在鐵道部三局二處任宣傳科科長，他爲我辦好的調動手續。爲此，我和秀莊發生了爭執，我選擇了事業。秀莊再不理我，連她後來結婚也沒能給我一封信。

當愛情闖入你心中時，你會覺得世界變得很美。兩次挫折使我把精力更多地投入到了我鍾愛的文學上。我在山西省歌舞劇院唱了半年歌劇後調入「鐵路工程報」工作，與此同時，我和通信兩年多的戴曉慧確立了「戀愛關係」。也許，這種柏拉圖式的愛更適合於我。兩年多，我們沒見過一面。她在江西九江，我在山西太原。阻隔著長江黃河，遙遙數千里。但在面對著信紙傾訴自己的情感時，我會覺得幸福在心中膨脹，像鼓滿風的船帆。戴曉慧是我妹妹的同學，她和我讀的是一個小學，一個中學，一個師範，只不過低我幾年。她的哥哥戴海力是我的好朋友，那是常常爬進教室把課桌當乒乓球臺打的小伙伴。我們常常偷他爸爸的煙抽，他爸爸文革前曾是江西一個縣的縣長，調回黑龍江後在我們家鄉望奎縣政府任辦公室主任，常會分配一些高級香煙。我們偷煙抽是不瞞曉慧的，她那時剛讀中學，是父母的掌上明珠，但從來不向父親告密。她文靜、聰穎、有一種清麗的風韻，她的散文寫的很好，頗有獨到的韻味，每當報上發表她的散文時，她都會寄給我，讓我指正。其實，讓我寫恐怕寫不那麼好。

這種柏拉圖式的戀愛使我們在事業上都取得了長足的進步。每月除鴻雁傳書外，我們都住在工作的單位。這樣可以把大部分精力用於讀書和工作。不久，她被提拔為九江市共青團的宣傳部長，而我也因為工作突出受到了嘉獎。我也發表了一些小說和詩作，我們那時真像是早晨八九點鐘的太陽，朝氣蓬勃。對我們來說「工作著是幸福的」。我對共產黨的改革開放充滿了信心，並且向報社的黨組織寫了思想匯報，重新談對黨的認識。

當時我們報社的總編輯是一個左的可愛的老新聞工作者，他對青年人要求極為嚴格，報社的幾個青年記者都因為談女朋友「不慎重」受到他的批判，他可以開社務大會批判你的資產階級思想，使你覺得他仍生活在五十年代。但後來他被迫提前退休。原因是他堅持新聞記者的良心報導了一個列車段副段長以專車接親的醜聞。那篇報導在報上發表後，當時任副總理的萬里親筆在報上批示：用專車接親，是鐵路史上絕無僅有的，以權謀私竟達到這種程度，鐵道部能視若罔聞嗎？要嚴處，要大張旗鼓的教育！《人民日報》轉發了我們報發表的以「張副段長好不威風，接親列車一路綠燈」的調查報告並連續三天發表評論。我們都很興奮，因為胡耀邦總書記提出要每天報導一個壞典型，這對只能寫好不能寫壞的新聞工作者是一個莫大的鼓舞。但後來，採寫這篇報導的記者，編輯都受到很大的壓力，而一手拋出這個新聞的始作俑者老總編輯卻在沒到年齡下提前離休，當時同意報導的政治部主任劉景印也同樣遭到整肅，提前離休。那是我第一次目睹極左派的實力，那是一種潛在的而處處讓你莫名其妙的束縛，他會使你還沒找到進攻的對象就已遍體傷痕。我覺得活得很累，想做一個新聞工作者不容易，想做一個有良知講眞話的新聞工作者尤其不容易。於是我在心情抑鬱的時候想到了結婚。

我應該有個家，父母很贊成我的想法，我是他們最小的兒子，我的婚事一直是他們的心病。於是我寫信給曉慧，徵求她的意見並要求她在春節時和我一起回家鄉。但是她拒絕了我的要求，她以爲我們應該「事業有成」再考慮婚姻大事。而當時我已經對中國的新聞工作失望已極，對這「事業有成」極端反感。

我們開始各自不讓步，我一個人孤獨地回到家鄉和父母過春節。家人和朋友都來問曉慧爲什麼沒一起回來，我無言以對，每天以酒澆愁，索性給她寫了一封信：「我此生很難事業有成，不如我們恢復那種兄妹般的關係吧……」後來她給我寫了回信，但信寄到了報社，而我則在遠在幾千里之外的黑龍江。

一個多月的休假結束後，我回到了報社，鐵道部給了我一次學習的機會，於是我離開了令人心煩的環境，到蘇州鐵道師範學院學藝術美學。半年後，在學習期間，我去了一次九江，見到了曉慧，也見到了一個不錯的小伙子。

當我乘坐客輪離開九江時，我的愛情也隨著江水流走了，江鷗在船舷旁翻飛雀躍，九江在隱隱退去，廬山在隱隱退去，我想起了一句古詩：「不識廬山眞面目，只緣身在此山中。」那一刻我感概萬千。

愛情像是趕渡輪，遲到一步或錯過一站這渡輪就開走了，你只好乘坐下一班次，而下一班次是什麼樣？她能將你安全送到彼岸嗎？誰也回答不了這個問題，因爲它是未知的。

兩年以後，我結婚了，妻子叫李雁，她小我六歲，美麗且溫柔，我們是經朋友介紹認識的，她那時是個待業青年，而我找的是妻子，對學歷、事業、思想、一概不挑。後來我送她到鐵路職工技術學校去學烹飪，她會燒一手好菜。我也覺得妻子不錯，沒什麼不滿足的。一年以後，我的女兒降生到了這個世界。妻子生產那天是一九八七年十一月二十四日，農曆是小雪，正巧那天太原下了入冬後的第一場雪，滿世界變得潔白如玉，於是我爲我的女兒起了「張小雪」這個名字。小雪的外婆說這個名子不好，太清冷，怕孩子以後的命不好。我則希望女兒像白雪一樣純潔清新，還有一層含意，我和女兒的名字出於同一句詩：「江上簑笠翁，獨釣寒江雪。」同時，也寄托著我對家鄉的懷念，我的童年裡，冬天的白雪永遠是我的好伙伴。沒想到，雪兒外婆的話還眞不幸而言中，雪兒剛剛十幾個月時，我就被中共通緝追捕，後來，雪兒的媽媽和一個男人在一起，不方便帶她，從此，她過了兩年飄泊動蕩的生活，直到後來她母親登報和我離婚，法庭將她判給了爺爺奶奶，她才過上安定的生活，但她只能從照片上看著爸爸和媽媽了。

第四章

領略太行山風

1

我如果不寫「成功者說」就不會結識劉小雁，如果不結識劉小雁就不會結識劉賓雁，不結識劉賓雁就不會被他的道德力量所感染而那樣眞誠的投入對民主自由的追求，那麼，我的生活也許是另一個樣子。

一九八一年，我成了一名新聞記者。每年可持一張國務院鐵道部簽發的鐵路通票。這張票可以使你不必排隊買票便可以乘坐火車到你想去的地方，並可享受些許特殊照顧。比如可以到列車上再補臥鋪票之類的，這在交通和經濟落後的中國是很多人可望而不可及的好事。從那一年開始，我用這張不用錢的免票跑遍了中國大陸許多地區，平均每年要有三分之二的時間是在列車上和採訪中度過的，這使我能廣泛地接觸中國社會各個階層，正所謂「讀萬卷書莫如行萬里路」。由於大量地接觸中國的工業、農業、交通等領域，深刻地體會到三十多年來所阻礙沉淤的問題，而寫的新聞報導只要不符合領導的口味，全被槍斃後鎖進了檔案室，於是我開始寫報告文學。利用文學的形式去反映新聞事件或社會問題，這是中國八十年代出現的特殊現象。

自一九八三年到一九八五年我在報紙和雜誌上發表了許多報告文學和新聞通訊，但卻沒有一篇引起社會轟動效應以及在文壇引起關注，這並不是說當時沒有令社會轟動事件，而是你寫了這樣干預生活的作品不僅發表不了，而且要常常遭到有關部門的警告。

由於劉賓雁《人妖之間》的問世在中國的軒然大波使我更堅定認為作家不能坐在書齋裡每天不聞窗外事。《人妖之間》寫了黑龍江省賓縣一個叫王守信的共產黨老太太是如何利用手中的權力貪得四十多萬元人民幣並如何編織撕不開打不破的「關係網」的。這篇作品在人民中廣泛傳播，盡管共產黨黑龍江省委組織了一系列批判文章，但發表這篇作品的《人民文學》卻迅速增高其發行量。按老百姓的語言說：那篇報告文學讀起來「解渴」。

我也想寫出這樣「解渴」的報告文學。但這並非易事，除不具備賓雁先生那深刻的思想和洞察力外，更重要的是缺乏賓雁先生的道德力量，當時他被中國民間稱為「劉青天」，是一個為民請命的形像。

一九八五年春我有了一次學習的機會，帶職到蘇州鐵道師範學院學習「文藝美學」。在蘇州學習期間，我在蘇州和上海兩次採訪了當時獲中國電影「金雞獎」和「百花獎」的影帝呂曉禾，他在謝晉導演的電影《高山下的花環》中扮演了一個解放軍連長梁三喜，一舉連得了兩個中國最權威電影獎的最佳男主角的殊榮。巧的很，他也是東北人。所以在採訪中我們談得很隨便，很深入。採訪結束後，我寫了這篇《成功者說》。最初寄給了上海《文匯月刊》，但如泥牛入海。後寄給北京的《報告文學》雜誌。十幾天過後，我收到了《報告文學》雜誌的信，屬名是編輯劉小雁。她認為「這篇報告文學寫得非常感人，是近年來寫電影和體育明星中少見的好作品，我們將近期刊用此文。」她同時讓我到北京去一趟，把呂曉禾和我本人的照片儘快送到編輯部。鐵路記者的免票幫了我的忙，我從上海跑到瀋陽見到了影帝的妻子趙糺拿了照片後又趕到北京。當時《報告文學》雜誌（六四事件後被迫停刊）編輯部在《人民日報》大院裡，而人民日報歷來是軍人守備，我不得其入，只好給劉小雁打電話，她約我在公主墳地鐵門口見，她的家住在海軍大院，因為他的先生李東江是海軍軍官。我們互不相識，約好我手裡拿一本《十月》雜誌，這讓人想起地下黨的連絡暗號。

劉小雁準時出現在地鐵門口，她個子很高很像她的爸爸劉賓雁，兩個小時前我和《報告文學》的編輯部主任傅溪鵬通電話時，他告訴我的。

小雁和我談到她讀完《成功者說》的感受。她說一個編輯發現一個好作品就像是地質學家發現了新的礦藏。她還給我講了一個關於這篇稿子和她爸爸的故事：《成功者說》她是在地鐵上讀的，編輯部的稿子太多，約來的稿子常常都排不上，而成百上千的自然來稿只好帶到家中偷時間看，但能利用的微乎其微。她說她那天在地鐵上被《成功者說》吸引了，讀到激動的時候竟淚流滿面。人們好奇的目光使她感到自己的失態便急忙下車，但她帶給父親的煤氣罐管子卻忘記在車上，到家後，父親問她，她才想起來，她說她發現了一篇好稿子，作者並不是名作家，但寫得十分感人，劉賓雁看過她遞過的《成功者說》後點頭讚嘆：你是一個好編輯，但你不是一個合格的女兒，看來我們今天只好吃泡麵了……

當我又一次去北京時，小雁已和東江搬到人民日報住宅區和賓雁一起住了，那時賓雁正被第二次開除黨籍，又被安全人員全天候監視。一個星期天的下午，我被小雁邀到家中吃飯，在小雁和朱洪準備晚餐時，我和賓雁卻在談論中國的局勢。我談了民間的看法，我對未來充滿信心，賓雁說：我給他帶來了新鮮的空氣。後來，我成了他家的常客，我和賓雁成爲了很好的朋友，他從不以長者自居，非常耐心地聽取我們的意見並和我們一起討論中國的未來。那時，我已經是一個「不錯的共產黨員」了。但從和賓雁的友誼不斷加深後，我發現他比我們優秀的太多，其中還存在著古樸的忠臣意識，而共產黨卻將這樣優秀的人開除黨籍，卻讓投機鑽營的人留在重要位置上，我感嘆：媽的，共產黨快完蛋了！

就在劉賓雁被開除黨籍的時候，我的另一篇報告文學引起了轟動，那是一篇寫中國勞務輸出的報告文學，文中充滿了強烈的愛國主義情緒，但對中國勞務輸出也進行了「有限度的反思」。那篇報告文學的題目爲《哈木哈木》，《人民日報》在一九八六年十二月就把八七年一月號《報告文學》雜誌的目錄登出來了，除我的《哈木哈木》外，還有蘇曉康的《自由備忘錄》，但由於八六年的學潮，胡耀邦被迫辭職，以及劉賓雁、方勵之、王若望被開除黨籍，曉康的《自由備忘錄》被臨時抽掉，換上了胡思昇一篇寫氣功師的報告文學，不過，《哈木哈木》幸運的被保留下來，逃過了被「槍斃」的噩運，也許是文中強烈的民族情緒使中國人能「揚眉吐氣」的緣故。後來《新華文摘》很快轉載了《哈木哈木》。中央廣播電台在「午間半小時」

和「文學之窗」節目中配樂朗誦了這篇報告文學，我也接到來自國內和國外的讀者來信，後來，這篇報告文學獲了《報告文學》一九八六年至一九八七年獎。山西省作家協會得知我家住太原，開始注意到我，作協黨組書記，作家焦祖堯在黨組會上檢查自己：我們的工作漏洞很大，像張伯笠這樣年輕又有實力的作家在我們山西而我們卻不知道。不久，我加入了作家協會，並結識鄭義、柯雲路、李銳、趙瑜、麥天樞、張石山、韓石山、珊泉等新一代作家，成爲了晉軍中的一員。

山西是出文人的地方，也許是由於太行山脈的雄奇和俊俏，黃河水的野性和渾厚，山西出現了一批三、四十歲的青年作家，掀起了「晉軍突起」的轟動效應。其代表作品有鄭義的《老井》、《遠村》，柯雲路的《新星》，李銳的《厚土》以及趙瑜、麥天樞和我的報告文學。過去三十多年來，山西文壇是山葯蛋作家群的天下，現在以趙樹理、馬鋒、西戍、孫謙爲代表的山葯蛋派作家的一統天下，被鄭義、柯雲路等新一代作家的作品所打破。

我們常常在一起聚會，但卻很少談論文學本身。我發現，山西的作家都有著強烈的使命感和現實政治的批判意識。而在這個群星閃爍的作家群中此意識最強，與我個人關係最爲密切的當屬鄭義，他不僅是山西也是中國尋根文學的主要代表作家之一。他是我的兄長，是一個值得信賴的硬漢子。我常常和他飲酒長談，有時也把他母親和孩子接到我家聚一聚。鄭義是一個頗有才華的作家，但他大部分時間用在了爲山西的青年作家作保護人的糾纏中。山西省老一代作家不僅左而且左得令人氣憤，他們常常自己出馬或唆使一些出賣靈魂的評論家對敢於向「禁區挺進」的作家進行批判或人身攻擊。而鄭義卻總在關鍵時候挺身而出，替那些青年作家擋住射來的冷箭。他的這個性格使他成了這批作家和青年文學愛好者的核心。八九民運時，他正在北京參加電影金雞獎的評選工作，他每天到北京大學幫我和王丹等出謀劃策，「絕食」鬥爭是他最早提出的設想，後來，我們也發生了意見分歧。但不可否認，他在八九民運中所做的一切是用生命去投入的。屠殺後他也被通緝追捕，在大陸逃亡了近三年的時間，後來才透過通道逃離大陸。

2

一九八七年元旦我結婚後的整整一年我沒有外出採訪和寫作，一是當時妻子懷孕需要照顧，另外報社把我安排到編輯部工作壓力很大，我每期要編十幾篇稿件，還要親手畫版樣，或跑到印刷廠糾正排版出現的錯誤，後來還是省作家協會給我所在的單位來函，替我請了半年的「創作假」，我才脫離苦海。

那半年時間我採訪了廣東、湖南、湖北、河南、河北、山西、天津、北京、黑龍江、吉林、遼寧、江西和上海等十幾個省市，爲《報告文學》和《黃河》兩家期刊來寫報告文學。

那時國家科學技術委員會搞了個「星火計劃」，即把科學技術運用到農村去，發展新的項目和推廣新的生產工藝。在採訪中我發現這是一個很有遠見的計劃，很簡單的科學成果一旦被落後地區的農民所掌握就會產生非常大的經濟效益。在河北太行山地區，我白天和農民一起下田或上山，那裡的農民非常保守，經濟也十分落後，有的村莊人均收入每年才七十幾元人民幣，滿山遍野的大棗樹和核桃樹就是不結果，河北農業大學的教授帶著學生幫他們爲果樹剪枝竟遭到農民的圍攻。後來還是教授拿出「押金錢」才得以爲病樹剪枝，到秋後，每棵果樹的產量增加了十幾倍或幾十倍，品質也大大提高，並開始出口創匯。我從最窮困的地區向東南沿海移動，感覺熱浪迎面撲來，廣東的發展令人驚嘆，尤其是珠江三角洲的順德、新會縣和佛山等地，就在這些地區人均收入已超過一千美元的「小康」水平時，江西老區和太行山老區的一些地區的人民每年不得不用草籽、地瓜干等來彌補糧食的不足。而江西是紅軍的搖籃，太行山又是八路軍的故鄉！

那幾個月的採訪給我最強烈的感受是：愈是紅色的地方愈窮——紅色和貧窮就如人和影子的關係！用共產黨可以接受的話來表述則是愈是左的地方越窮。那些貧困地區的共產黨幹部仍舊停留在「寧要共產主義草，不要資本主義苗」的階段。教育的落後也影響了他們擺脫貧窮的進度，河南一個村子不僅有百分之九十九以上的文盲，由於婚姻多爲交換，人種也在衰退，這個村子的村長被當選的原因就是他能數清全村有多少人頭。而中央和地方大批扶貧款項，包括教育款項大多被各級政府和官僚挪用。河南省在鄭州開了一次全省「扶貧」工作會議，但參加會議各貧困縣的父母官乘做的全是高級豪華轎車，而一部超豪華皇冠價值五十萬人民幣，夠給一個貧困鄉蓋幾所小學了。

在漫長的採訪中我發現了一個奇異的現象：

那些太行山老區和井崗山老區瀏陽老區雖然房屋破舊，但紀念碑卻修建得巍峨雄偉，而且四處可見。在夕陽西下的時候，我常常佇立在那些英雄紀念碑下沉思：這些沉睡在地下的先烈們如果知道他們的子孫仍在吃草籽和地瓜乾，而他們流血犧牲趕走的「國民黨反動派」卻使另一部分中國人享受著高度的精神和物質生活時會作何感想呢？他們一定會問：他們流血犧牲換來的不應該是這樣專制和貧窮呀！但歷史卻同他們開了這麼大的玩笑。

在萬里採訪途中，我常常倚在車窗口看著漫長鐵道線兩旁那貧脊的山巒和不毛的黃土地，那會令你心隱隱作痛，而鐵路邊常常閃過用白布搭起的靈堂，醒目的大字分明寫著：「冤向何處伸！」或「請爲孤兒寡母作主！」那白布黑字堵在你的心裡，令你感到窒息。那次採訪結束後，我再也沒有寫過什麼作品，本來正處於創作巔峰狀態的我突然從文學創作中走出來，開始思考中國老百姓的命運，許多迷惘的東西一古腦堵在腦海裡，想不透，理不清。對現行制度的批判以及對共產主義理想的破滅，又使我陷入痛苦的矛盾中不能自拔。

值得安慰的是妻子爲我生了個漂亮的女兒。小雪越發可愛，我完全被她征服了。無論我如何苦悶，只要一見到女兒的笑靨，就覺得心中春風蕩漾。雪兒那樣弱小，也許正因爲她弱小我才覺出做父親有保護她的責任。她的出世使我對這個世界的責任增強了，我不能允許這個世界這樣墮落下去，我不想我的女兒和她同代的兒童們長大再過和我的童年一樣的生活。爲了她們這一代，我們這一代應該甘願去做清潔工，把世界清理得乾淨一些。鄭義、趙瑜等朋友到家做客，常發現我抱著女兒走來晃去，甚至有時把她抱到餐桌上，讓她兩只小手忙來忙去，搶爸爸手中的酒杯或允許她啊啊喊叫參加我們的「討論」。妻子有時也抱怨，認爲她自己在我心中的位置已全讓雪兒取代了，媽媽開始妒忌女兒了。不過，鄭義和趙瑜還是理解我的，這不僅因爲我們當時都陷入苦悶與思考中，還有我們三人的孩子都是女兒，而我們這些做父親的又很少和女兒在一起。

3

一九八八年夏天，持續了兩三年的文化熱現象仍方興未艾。中央電視台推出了蘇曉康、王魯湘等人的電視政論片《河殤》。此片一出立即在中國引起了極大的爭論，叫好者有之，詛咒者有之，連那些不關心文化討論的市民階層也放棄了電視連續劇，在黃金時間內感受《河殤》裡那說不出道理但卻能受到強烈震撼的情緒。

《河殤》首播那天我正在臨汾市採訪一位被中央紀律檢查委員會關進牢房一年多剛剛釋放回家的前市委書記。當鄭義一本正經出現在電視中談黃河文化和古老的親鄉情結時，我結束了採訪，和那位前市委書記一起被《河殤》所震撼。記得後來在北京大學的一次關於《河殤》討論會上，王魯湘和謝選俊遭到一些學生的質疑，當王魯湘在離開北大問我的意見時，我曾說：現在對於那些理論處於混沌狀態的人民大衆來說，情緒比理論更爲重要。《河殤》是中國第一個利用電視傳媒進行文化傳揚的嘗試，人民從那裡接受了一個這樣的信號：中國有被開除球籍的危險，如不加快改革，古老的文化會成爲包袱，它救不了它的子孫。

《河殤》播出不久，王震在寧夏發表講話。共產黨寧夏的機關報紙刊登了講話的內容。講話殺氣騰騰，認爲《河殤》是反動透頂東西。不僅僅是王震一個人，鄧立群，賀敬之還有其他左王也一起討伐，恨不得把蘇曉康殺掉才解心頭之恨。後來胡啓立出來講話了，他說：所有的關於《河殤》的講話只能代表個人意見，不能代表中央。聽到這個講話我們都很興奮，也爲曉康他們鬆了口氣。

春節過後我去了一次大慶市，採訪了大慶林泉煉油廠，在那裡我結識一位年輕有爲的企業家，他思想深邃，管理卓越，很受工人擁戴，他曾利用他在工人中的威信對工廠中的腐敗和貪污現象進行清理，但遭到了頑強的抵抗，他受到威脅，有時夜裡出門不得不帶上手槍，煉油廠的公安局長不得不陪他夜間辦公。在我要返回北京大學參加期末考試時，他親自送我到大慶車站。在飛馳的轎車上他還充滿信心認爲他能挺住，聽說他動用工廠的錢在工人的公園裡蓋了一座觀士音廟，已被上級批評。他對我說：現在這些工人已經不信仰共產主義了，我們搞了一個調查，信佛教的比信仰共產主義的多，那爲什麼不能給他們提供一個燒香拜佛的場地！

但一個共產黨的高級幹部，一個大型工廠的廠長這樣做我還是第一次看到。他告訴我他不久要和大慶市張立中市長訪問美國，我把劉賓雁在美的地址給了他，問他敢不敢去看劉賓雁，他說：有什麼不敢？那是最優秀的共產黨員。後來他眞的去看了劉賓雁，並帶回了賓雁給我的信和兩枝金筆。但一年以後，他在強大的阻力面前逃避了，他沒有妥協，也沒有和惡勢力同流合污，而是選擇了出家——丟下妻子孩子和政治前途，獨自上了五台山。北京的安全部和中國石化總公司立即通知各個機場嚴格檢查每一個出境旅客，因他手裡有有效出國護照，安全部怕他逃到國外去。

我記得他要出家做五台山的和尚是一九八九年的春節。我在北大寫了一部七集電視劇，是以林泉煉油廠爲原型的，片名是《酋長和他和部落》，我和北京電影製片廠的張澤宇導演（六四後被捕入獄）在林泉已把外景選好，演員也組了，那些天他天天以地主身份陪著我們，沒想到我前腳離開林泉他後腳也邁出了林泉，而且這一步將邁進空門。這個世界上也許只有我理解他的苦衷。從林泉去五台山必須經由太原，而他沒到我家。但中共安全部的人和中石化總公司的人卻先到了我家。他們在詢問我的時候曾不停地觀看我的陽台和衛生間，這使我很惱火。最後和我很熟的林泉煉油廠的劉副廠長和公安局長趕到太原後我才幫他們分析——他可能去了五台山。因爲我有預感，他反腐敗反到了鄧朴方的頭上，鄧樸方到大慶市爲「殘廢人」拿走了二千多萬人民幣。林泉煉油廠應該給三百萬，而他卻一分沒給，更使他難堪的是查出的那些貪污公款或利用手中職權撈取大量物資金錢的人都是他老朋友老部下。按刑律，這些人都要坐牢，但想到那些人的妻子孩子，他手軟了。當他和我談到這些時，表情是痛苦的，他三次提出辭職，不想親手傷害這些建廠時就跟隨他的老部下，於是他選擇了出家。用當時中國石化總公司總經理陳景華的話說：他把自己的政治前途毀了……？

他的選擇決不是頭腦一熱，誤入歧途，儘管後來五台山沒有收留他，他被找回來後仍舊當了半年的廠長，因爲他在北京被審查時，有一萬多工人的林泉煉油廠部分工人罷工了，堅決要求他繼續回廠主政。這是我從未見到的共產黨的廠長。後來石化總公司讓我來勸他，我陪他從太原到西安，又從西安飛回北京，只同他談了一個想法：你認爲你正直，爲什麼不留在權力中心呢？如果換一個與你相反的人做廠長，那情況將會更糟。當我把他介紹給北京文學界的朋友時，作家們都把他當成奇人看待。蘇曉康讓我帶他到他家做客，而曉康那時正忙著寫另一部關於五四運動反思的電視片，他放下手頭的稿子，和一個要出家的共產黨企業家談得十分投機。

在一九八八年像他這樣苦悶的共產黨員很多很多，他只不過是其中的一個代表而已。

4

一九八八年的盛夏，山西省作協在太行山區搞了一個「太行山筆會」，想通過這次筆會使山西作家群中能再出一批優秀報告文學作品。被邀請的人除蘇曉康、趙瑜、麥天樞和我之外，還從北京請來了《當代》、《人民文學》、《報告文學》等雜誌的編輯和報告文學評論家，劉小雁早想來山西看看，正巧成行。山西省作協黨組書記作協副主席焦祖堯主持了這個筆會。鄭義帶著夫人北明去了廣西採訪，未能參加筆會，使朋友們覺得缺少了點什麼。曉康從北京帶來了《河殤》的複製帶，也帶來了黨內和上層鬥爭的大量信息。由於趙紫陽肯定《河殤》，北京的知識界又活躍起來，反對資產階級自由化的狂風也消了，《人民文學》、《新現察》、《解放軍文藝》、《當代》等百家期刊又聯合搞了一個「中國潮」報告文學徵文大獎賽，儘管有些流於形式，但全國一百家期刊一起去觸摸時代畢竟是一件難得的好事。（後來由於解放軍文藝操縱評獎，這事被列入中國文壇八八年十大醜聞。）

那次太行山筆會我們參觀了一些太行山區的貧困縣，晉東南地委和行署十分熱情，聽說蘇曉康也來參加筆會，地委和行署的官員們在地委小會議室和我們一起觀看了《河殤》，看過後他們甚至很興奮，紛紛表示很佩服蘇曉康的勇氣和見解，並設宴請我們。曉康一高興把那部《河殤》錄像帶贈送給了他們。

我們還參觀了黃崖洞。那是當年八路軍兵工廠的所在地，鄭義曾在他的小說《遠村》中描述過。在那雄奇的群峰中，壁立如刃的山中央有一個巨大的山洞，當年八路軍在山洞裡生產過抗日寇的槍枝彈藥。後來由於漢奸告密，被日寇從後山突襲，許多人死在了這裡。我們去參觀時，洞口已懸了鐵梯，供參觀者攀援，我和趙瑜爬了上去，還要背著曉康的愛子蘇單，曉康則坐在洞下一支接一支地吸煙。當我們站在太行山上，領略太行山風時，我感到一種民族的情緒和渾厚的力量注入血管，就像是那太行山的山脈，雖不秀美，但卻粗獷蒼勁。

筆會結束時，《太原日報》副刊部主任陳建祖（詩人，我在北京大學作家班的同學）約蘇曉康、趙瑜，麥天樞和我每人寫一篇《關於報告文學的感想》之類的文章，《太原日報》給了一個專版，我寫的那篇文章的題目是《我所面臨的困惑》，那是我告別過去的宣言。那個把文學當成是跳板滿足虛榮心理或現實利益的青年苦悶而又痛苦地坦誠：「我曾用熱情洋溢的筆歌頌過許多混蛋的東西。」「一個理想的破滅給一個青年帶來了苦苦的思考。我們究竟是麻木還是膽怯？」

那篇文章刊出後，我接到了一些友人的電話。一位做報紙編輯的友人打電話告訴我，她是含著淚讀完我那篇文章的，她說：「看你挺開朗的，怎麼心裡那麼多痛苦？後來理解了，其實你說了我還沒有理出頭緒的話。這種感受我同樣有。」而妻子則抱著孩子茫然地看著我：張伯笠，你想把這個家毀掉嗎？

其實，我是一個家庭觀念極強的人。我沒有想到我由一個共產主義者向自由主義者轉變會給家庭帶來什麼後果。妻子是不具備這些主義的，她對我的要求也並不多，我當時的家境已經好起來，每月除我們倆人的工資外，還可有一筆稿費，儘管大陸的稿費不高，但對消費水平也不高的中國老百姓來說，我的收入已算不錯。報社對我很不錯，我還未結婚就分給了我一套兩屋一廳的房子，這是很多年輕人夢寐以求的，好多結婚多年孩子已經很大的職工當時還分不到像我住的那樣單元公寓，妻子對此很滿足，在別人面前提起丈夫也很有面子，但我卻選擇了另一條充滿危險和荊棘的道路，這是她所不能理解的。

也許命運就是這樣安排的。北京大學第二屆作家班開始在全國招生，各省作家協會都按招生條件選出到北京參加考試的青年作家，我當時正在南方幾省採訪，就在北京大學限定報名的最後幾天，我回到了太原，作協的負責這次招生的池秀清是我的朋友，她早就知道我想歇一段筆讀讀書的想法，讓我去找焦祖堯和西戍兩位主要領導。西戍倒很爽快，聽說我要讀書去還鼓勵了我幾句，無非是如能考上就要好好讀書了，要給山西作協爭光了。並認眞地在我的申報表上簽了字，他當時還是作協主席，並想在下屆作家代表大會和焦祖堯競爭，繼續留任。支持他的老作家很多。馬烽、西戍等人在山西影響非常大，除文革十年外，山西文藝界是他們的一統天下，但是代表中青年力量的焦祖堯已是下屆作家代表大會上呼聲最高的作協主席人選。焦祖堯對我們這些青年人不像西戍那樣隨和，他有時很嚴厲，甚至不近情理，不過，我們還是親切地叫他老焦。當我到他家徵求他的意見時，他沉默良久後問我：非得要去上學嗎？你不是有文憑嗎？我說主要想去讀讀書，這幾年腦袋亂亂的，想整理一下。老焦總想把我調到作協去，那時作協辦了一本報告文學期刊，鄭義曾告訴我：老焦想讓我去負責，如調過去，級別和工資都會提昇。但我仍選擇繼續求學，主要原因那是我童年的夢：北京大學。對我來說，這是最後一次機會了，爲什麼不去考一考呢？如果考不上，從此也就死心了。老焦見我意已決，終於同意我考考試試，考不上回來安心工作。

考試競爭很激烈，二百多各省推荐來的青年作家被北京大學考得焦頭爛額。考完試那天，這些作家們聚到未名湖的湖心島上，有些戀戀不捨，好像自己都在被淘汰之列，而北京那幾位頗有名氣的青年作家則志得意滿，騎上自行車回家了。

第五章

精神的魅力

1

北京大學——中國民主科學的象徵。

一九八七年九月十日，我終於跨進了這所著名學府的大門，實現了我兒時的夢想。放下行李，我便約了陳建祖，非默和何香久，到校園裡漫步。一路指點江山，詩興大發。那三位都是青年詩人，又是多年的文壇好友，這次又從不同省份考入北京大學成爲同班同學，更是高興。我們走過一幢幢綠樹掩映的古代建築，那是我們的教室；我們走過綠茵草坪，走過蔡元培、李大釗等人的銅像，銅像下不知是誰放的野花仍在散發著芬芳，最後我們來到了未名湖畔的湖心島上。寶塔映在藍色的湖面上，晚風習習送來體育場的歡笑聲，彷彿把我拉回了十年前的大學生活。我有一種新奇的感覺，在這所奇特的校園裡，我常常覺得歷史的躁動，未名湖水注入我的血管，使我有了新的活力和新的思想。

開學沒幾天，中文系主任嚴家炎教授就給我們班開了個會。嚴教授是一個文藝理論家，著作甚豐。他戴著深度近視鏡，不苟言笑。他首先要求我們必須放下作家的架子，他說：你們現在是北京大學的學生，和其他同學沒什麼兩樣，要先學會吃飯，上圖書館，找教室，要遵守學校的各項規定。大家不以爲然，其實我倒覺得嚴先生講的很中肯，我們班這三十八人中除一些專業作家和編輯外，還有一些是不大不小的文化官員，我到北大一個月後才學會換飯票，每天在「燕春園」吃畢竟消費太高。

我們的班主任是北大中文系最年輕的副教授，他叫曹文軒，是一個相當不錯的兒童文學作家和文藝批評家，他比我們大不了幾歲，我的同學中有幾個還比他年紀大。曹先生一表人才，才華橫溢，贏得了全班同學的尊敬。

我們第一學期開的課有樂黛雲教授的「比較文學」、錢理群教授的「周作人研究」，張鐘教授的「八十年代中國小說」，以及嚴紹盪教授的「中國文化史」等等。

由於給我們班開課的都是中文系的一流教授，來聽課的本科學生和外國留學生很多，這使我有條件和他們成爲朋友，了解他們的思想和感受。作家班的同學上課總是遲到，必修課也是如此，而我總是最早一批到教室的學生。常常不得已爲同學們佔個座，因爲旁聽的同學太多，儘管是我們班的課，但來晚了照樣要站在後邊聽。

我最喜歡聽的課是錢理群教授的「周作人研究」，這是北京大學中文系四十年破天荒的一件事，周作人曾是北京大學中文系的教授，他不僅是魯迅的弟弟，更是五四新文化運動的一員主將，由於他後來和日本侵略者合作，成了中國最大的漢奸文人，研究他或開他的課在共產黨的國家是過去想都不敢想，但進入八十年代中期，湖南省岳麓出版社已經出版了周作人的系列，主要是他的散文，雖然這在他浩如煙海的著作中是很小的一部份，但卻標誌著禁區的打破。我在北京大學書店中就買到了周作人的《雨天的書》等散文集，周作人寫過非常好的文章，他的文采遠遠的勝過了魯迅。

第一次上錢先生的課就成了游擊課，本來以爲這課專門性很強，作家班三十八人，再加幾個旁聽的，五十人的小教室足夠了，但沒想到開課那天小小的教室擠了二百多人，錢先生被擠到緊貼著黑板，連氣都喘不過來，更別說講課了。後來忙聯繫換教室。下課後，被擠得滿頭大汗的錢先生邊擦著大腦門的汗珠邊風趣地說：眞沒想到，講周作人有這麼多人來聽，可是講魯迅卻少得可憐。

這是一個了不起的進步。

在中國的大學裡，每一個歷史人物或作家都被帶有強烈的意識形態色彩，都被打上階級的烙印。魯迅是共產黨建國四十年來惟一被推崇的作家。我兒時沒少讀他的書，那時書店裡除了他和毛澤東的書再也沒有別人的書了，北大中文系能開周作人研究一課說明是把一個學者和政治分開來，我們不是把他當成漢奸來批鬥的，而是當學者和作家來研究的。起碼，研究他五四新文化運動前後的作品和思想對我們重新認識五四運動頗有益處。

2

北京大學的學生思想非常活躍，一個圍墻把北京大學和外面的世界隔開了。在北大課堂上講的同樣話在校園以外的場合去講大概不被逮捕也會被跟蹤。而北大的學術空氣很濃。老師和學生像朋友一樣。當然也有愛說教的老師。不過聽他課的人會少的可以讓他坐下來講。同學們都在選擇自己愛聽的課。

我像那些本科生一樣，騎著自行車，背著舊書包四處去尋找我自已愛聽的課。除必修課和選修課外，我常去國際政治系去聽課，陳鼓應教授的「道法儒墨」我也常去聽，後來，我們成了要好朋友。八九民運因爲他被我聘請爲民主大學的名譽教授，被中共審查了一年不許他開課。陳鼓應教授是一個典型的書生，他一直被台灣拒絕入境，因爲他當年曾反對過國民黨的一黨專制。我逃到美國後的第一個春節他從北京回到伯克萊曾和我通了一次電話，他說那兩年他最擔心的就是我，一直不知死活，後來在美國之音和ＢＢＣ訪談我時才知道我逃到了美國。他聽說我要去台灣訪問，便告訴我不要和國民黨搞的太近，他們和共產黨一樣專制，他說他的岳母已經八十多歲的高齡了，他想回台灣看看都不許他入境。

每當夜晚到來，北大的學術氣氛更濃了，各種講座的海報早在一兩天前就會貼在三角地帶。讓你根據自己的興趣和愛好去選擇，不過，到一九八八年底關於國家命運和改革前途的講座卻越來越多了。有的講座的聽衆達到幾千人，可見當時北大學生對政治的濃厚興趣。在這些講座中，我除友人來講尋根文學聽一聽外，多選擇了和政局發展及改革命運有關的去聽，那裡有許多新的觀點和數據使你對形勢的發展更心中有數。當時人民的情緒隨著物價上揚通貨膨脹而膨脹，對李鵬政府以及對鄧小平的陰陽怪氣，老人幫的專權都強烈不滿。這些著名學者和教授的講座會讓你的不滿找到理論根據上昇到理論高度——共產主義運動在中國應該終結。

作家班是北京大學的新貴族。我們都有工資，還有可觀的稿酬，比一般的大學老師收入都多，一個教授的最低工資是一百三十五，按當時的市場價格，可以買三百斤大白菜，學生也一樣，每個月的生活費最低要七、八十元人民幣，這對大學生的家長來說是一筆不小的負擔，不過，考入北大的學生都是全國各地的佼佼者，他們的父母無論怎樣艱苦都想方設法讓自己的孩子得到滿足。

開學不久，我們班就訂了個計劃，給班級搞點班費，每人寫一篇企業家的報告文學，然後集結出版。後來這部書出版與否我已經不得而知了，但八九民運前我們就有了一筆相當大的數目的班費了。有的企業家一出手就上萬元，這筆錢大多經我用在遊行的標語製作上。

由於對前途的苦悶和對民族的無望，使北大的學生消極灰退的也占很大的比例。當時流行的有托派（考托福去留學）、痲派（打痲將）、舞派、純情派和逍遙派，盡管他們以各種方式宣泄自己的不滿和無望，但內心那片對祖國和民族的眞誠並未泯滅，這從後來的八九民運中得到了驗證。

作家班沒有托派、痲派，但喜歡跳舞和交女朋友的卻不在少數，北大的女孩子非常可愛，那些優秀的女大學生不僅有學識，新奇又大膽的追求愛情的勇氣和精神使你不能不爲之心動，除非你是不食人間煙火的怪人。每當周末，同學們便和女朋友們去了舞廳或到塞萬提斯草坪去彈琴唱歌。這樣的活動我參加不多，因爲周末我大多是坐上火車回家看望妻子和女兒。那時，母親爲了讓我安心讀書和父親一起從石家莊到了太原，幫助我帶雪兒，他們原來在石家莊有一個店，收入頗豐，但母親心疼兒媳和孫女，執意把店讓了，每當周末我從北京回到家時，母親和妻子都會準備一桌酒菜，我和父親喝幾杯山西老白汾，然後全家一起給雪兒洗澡，看著雪兒在嬉水，那是我最快樂的時刻。

總去我們宿舍聊天的幾個小女同學一到周末就看到我回家很不理解：「女兒就那麼重要嗎？」我說：「當然。」他們仍不解地問：「爲什麼？」我說：「因爲她弱小。」

後來這些女同學給我起了個綽號叫：「雪兒她爹。」不久，連作家班的男同學也同時這樣稱喚我。我很高興他們這樣稱呼我，有時覺得挺驕傲的。

3

那時，歷史系的王丹，楊濤同學搞的「民主沙龍」已經從室內搬到了室外的塞萬提斯銅像前的草坪上。塞萬提斯是世界名著《唐·吉柯德》的作者，西班牙政府把這個勇於向傳統和邪惡挑戰的塞萬提斯製成銅像贈送給了北京大學。我們習慣於把這塊草坪稱做「塞萬提斯草坪」。

塞萬提斯草坪離我住的研究生樓很近，我每天吃過晚飯都要到那裡散步，即使和同學們去網球場也經過那兒，那是北京大學除三角地之外最敏感的地方，中共的秘密警察常常在那裡活動。

我參加民主沙龍的活動是以一個普通學生或聽衆的身分，那時我還是共產黨員，還要和民主沙龍那些小男孩保持一段距離，這對他們本身也有好處。王丹活動能力很強，人又勤快，他曾請來了美國駐華大使洛德和夫人包泊綺到北大講演。也請方勵之夫人李淑嫻到民主沙龍講演，最後一次活動是請被中共「勸退黨」的劇作家吳祖光來講演。

吳祖光來講演那次北京的政治氣氛已經很緊張了，中央鬥爭已經十分激烈，保守派正大舉向改革派反撲並已佔了上風，據傳趙紫陽總書記的位子也坐不多久了，北京大學歷來是中國政治變化的晴雨表溫度計，且進入一九八九年新學期後北大就醞釀著一種「山雨欲來風滿樓」的氣氛，同學們私下議論：今年是五四運動七十周年，中華人民共和國建國四十周年，法國大革命二百周年，弄不好要出點事兒。

吳祖光來那天我第一次感到秘密警察的可惡，我們原訂下午二時民主沙龍活動開始，當我和作家班其他同學來到塞萬提斯草坪時，草坪上已經三三兩兩坐滿了同學，外國留學生也來了許多，我的好友，德國留學生埃德娜高興地和我打招呼，並拉我坐在她們的圈裡，讓我給她們介紹吳祖光其人，在我介紹吳祖光是怎樣被「喬木同志」勸退時，一個青年人躲在樹叢中偷偷地爲我們拍照，那個人就住在我的樓上，公開身分是法律系在職進修的學生。我不露聲色地把臉轉了過來，給了他一個後腦勺。

十幾分鐘後，幾個工人打扮的人帶著水龍頭來了，他們接上水源，開始噴水，同學們氣憤地和他們理論：你們這不是存心搗蛋嗎？

那些人倒是好脾氣，任你怎樣指責，就是一聲不吭，水柱一點一點向四外延伸，草坪被淋得水淋淋的，甚至石徑以外的草坪也不得幸免。我們被迫撤到幾十米以外的荷花塘邊，在一片掌聲中，吳祖光先生在王丹和楊濤的陪同下來了。幾百名同學忽啦啦地把吳先生和王丹圍在中間，聆聽吳先生講演。

吳祖光很小的個子，頭髮已經斑白。他主要講了被「勸退」出黨的經過，講了中國共產黨「不盡人意」的地方，語氣平靜，也沒什麼太過激動的語言，他總是笑咪咪地重複這樣一句話：中國問題太多，靠一兩個人說說不解決問題，敢出來說話的人多了就好了，大家都說就好了……。

有的同學問到新鳳霞：「吳先生，您來北大講演您太太新鳳霞阿姨不擔心嗎？」

吳先生風趣的說：「她不擔心，因爲她不知道我來北大（笑聲），她要是知道我來北大就會病情加重（笑聲），這不是正常現象，北洋軍閥和國民黨統治時期，北京大學也沒這麼敏感呢！怎麼回到人民懷抱後反而怕人民來這所大學講講心裡話呢？這不正常……

吳先生被掌聲包圍了。有的同學甚至大聲喊：講的好！

後來，王丹代表吳先生宣讀了他給人大常委會的書面發言，具體內容我已經不記得了。

那次民主沙龍活動結束以後，在大家圍著吳祖望簽字的當兒，我提醒王丹：今後要注意安全。王丹笑了笑：不怕！

除參加「民間」的沙龍活動外，我也經常被請去參加「官方」的沙龍，那是官方研究生會主辦的活動，我就是在這種官方研究生會的沙龍活動中認識李進進的。他當時是北大研究生會主席。「官方沙龍」活動的條件比王丹的民主沙龍好多了，研究生會有活動場所，還提供飲料，有曼妙的音樂可以跳跳舞輕鬆輕鬆，但討論時這些博士生碩士生比吳祖光這些持不同政見者還要尖銳，在那裡你會聽到很多新鮮的見解，有的甚至對共產黨大加鞭撻，你一問他，他竟然也是共產黨員。當時同學們中盛行這樣一句話：「我雖然是共產黨員，但是我是好人。」這個關聯詞組常令學校黨的幹部哭笑不得。

李進進是一個很優秀的人，他是北京大學僅有的一個研究憲法的博士生。他是湖北武漢人，中等個子，精力充沛，頭腦清楚、反應敏捷，口才也極佳，他在講話的時候顯得比實際年齡還要成熟。

經常組織研究生會活動的還有程文超等博士生，文超是謝冕教授的博士研究生，他的官方職務是研會的學術部長。

後來，我們都成了好朋友。

4

我的宿舍——研究生四十七樓三〇一一室，也是人們愛聚的地方，剛開始討論的是文學，但後來討論政治了，常來宿舍的有謝冕教授的女弟子張玞，她正在攻讀博士學位，她的先生駱一禾也是北京大學畢業的學生，在《十月》編輯部做詩歌編輯。畢業前，他已經是北京大學「未名詩社」的一員大將，發表了大量的新詩。

張玞爽朗直率，她先生駱一禾則相反，他話不多，總是微笑著看妻子高談闊論。由於張玞住在學校裡，她幾乎每天晚上都和我們在一起，而駱一禾則常來看妻子，只要他一來北大，必定要到我的宿舍坐一坐，笑咪咪地品嘗我從山西帶來的「老白汾酒」。沒想到，幾個月後，他在我們絕食的第一天不幸去世。

一九八九年第一學期開學不久，一位羅小姐開始每周給我送王軍濤、羅點點等人辦的《經濟學周報》，羅小姐說那是北京的「世界經濟導報」。主辦者王軍濤、陳子明等人多數參加過四五運動和西單民主墻運動，一直都是中共內控的對象，不過《經濟學周報》辦得還不錯，理論文章很多，有些觀點是中共所不能接受的。

還有一張報紙，是北大校報，那張報紙除幾條動態新聞外，實在沒什麼好看的，我那時就有一個設想，用我們的班費和作家班那雄厚的寫作力量，辦一張校園報紙，那種想法令我激動不已，但沒有官方同意，即使辦了報也是非法的。在沒有新聞自由的中國，民間辦報幾乎是不可能的，儘管憲法寫有言論、結社、出版等自由，可中國人都明白，那是寫給外國人看的。

有傳言方勵之先生要來北大賣書，是一本物理知識方面的小冊子。賣書地點設在離三角地很近的二十七樓前面，北大的學生聽說方先生要來爲買書的人簽名留念。都去排隊買書，其實，賣書並不重要，重要的是方先生敢來北大校園，自劉賓雁到美國作訪問研究離開北京後，方勵之是中共最頭疼的人物。他在知識界和大學生中有相當大的影響，大學生稱他爲中國的沙哈洛夫，在那個敏感的八九年春季，不僅中共秘密警察嚴密地監視他的一舉一動，北京大學的學生也密切注意他的舉動。

賣書的地點又出現一些拿著照像機的人，他們的公開身分也許是研究生或進修生。我等到下午一時看方勵之沒有來便回宿舍去了。方先生來不來已不重要了，重要的是北大的學生都知道方先生要來。

三角地的廣告欄不知不覺發生了變化，過去賣雲南煙，辦講座的廣告逐漸被要求校園民主的小字報所代替。一天中午我從學生餐廳買飯出來，看到廣告欄上貼著幾張鉛印的傳單，已有好多學生圍著觀看，我擠進去一看，是方勵之、李淑嫻的《中國的失望和希望》。由於字太小，只有前排的幾個同學能看清，我放下飯盒，開始大聲朗讀。每讀一段，身後一片叫好聲和掌聲，讀完了，身後又喊：「我們剛到，再讀一遍！」

一個女同學接替了我，我擠出人群，看見作家班的十幾名同學也圍在外面。看到我擠出人群，同學們都很興奮。女詩人蒼月對我說：「讀得不錯，像朗誦徐志摩的詩一樣。」我說：「是方先生和李老師寫得好。」

她邊跟我走邊問：「你不害怕嗎？」我誠實地回答：「現在有點。」

她說：「不錯，你很勇敢，我喜歡這刺激的場面。」

「刺激的場面」在我們走後就發生了，校方派人把方先生的《中國的失望和希望》全蓋上了。

同學們還沒學會抗議，只能小聲表示「失望」。

三月，美國總統布希訪華，在他訪問結束即將返國時在北京昆崙飯店舉行了答謝酒會，布希請了許多中國著名的知識分子，也請了蘇曉康、方勵之等人。而偏偏方勵之夫婦沒有吃成布希的西洋大餐。於是方先生又把赴宴經過訴諸文字貼在了北大三角地。

當我和幾名同學聽到消息趕到三角地時，那傳單早已被秘密警察撕掉，慘淡的燈光下三角地顯得很冷清。香久罵道：媽的，可惡的雷子！建祖拉著他就走：小聲點，想不想要畢業證了?香久越發神氣:媽的,老子不怕!

回到宿舍,我趕緊找那幾個碰巧看到方先生親筆寫的赴宴經過的同學。那個寫小說的東北作家給我們描述了一番:

方勵之和夫人李淑賢在美國普林斯頓大學著名漢學家林培瑞陪同下,乘坐美國大使館轎車前去赴宴,他們的轎車行駛到離昆崙飯店不遠的地方時,被十幾名警察攔住。警察說汽車違章了,讓他們開到路旁。

林培瑞教授說:車內坐著我們總統請的客人,我們要趕去昆崙飯店參加總統的酒會,遲到很不好,能不能讓我們先把客人送去,然後再接受「違章」處罰。

警官問:「客人是誰?」

林教授答:「是方勵之先生和夫人。」

那警官笑道:「你們違章的原因就在這。」

警察打開車門,由一男一女兩個身強力壯的便衣把方先生和李老師架出轎車。方先生抗議,警察不理睬。

那位負責警官對林培瑞教授說:「方勵之是中華人民共和國公民,你們總統請中國公民吃飯沒有經過中國政府,這是沒禮貌的表現,所以我們奉命不讓方勵之去,你可以走了。」

當美國大使館的車開走後,方勵之和夫人被「鬆了綁」。

兒了。

方先生問警察：「我們怎麼辦？」

警察說：「回家去！」

方勵之和夫人走到公共汽車站牌下，準備乘公車或搭計程車去赴宴，他們和警察較上勁站牌附近立即被警察站滿了，所有經過的車輛均不許停車，一輛輛的公車和計程車在警察的指揮棒下呼嘯而過，誰敢惹麻煩？司機寧可挨乘客罵也不敢惹警察的。

方勵之氣得險些昏過去。多虧有夫人在旁替他消火。沒車坐，那麼就走！方先生和夫人緊挽著手臂向昆崙飯店方向走去。其時，總統的宴會已經開始，布希和楊尙昆的酒杯已碰出了曼妙的聲音。

警察們散去了，顯然他們已經圓滿地勝利地完成了這艱巨而光榮的阻截任務。而被氣昏了頭的方勵之教授和夫人則繼續不屈不撓地向昆崙飯店進發。

後來一輛加拿大使館的車經過他們身邊時，那位加拿大使館官員認出了方勵之，便請他們夫婦上了車。顯然，在酒會開到一半時再去已經不太適宜了，方先生到了加拿大使館後給兒子打了個電話，告訴他爸爸媽媽是安全的，然後在加拿大朋友的幫助下，於午夜在昆崙飯店舉行了記者會，把剛剛發生的被無理阻撓的事實眞相公布於世。

美國政府爲此事表示了強烈不滿。

中國政府也在《人民日報》上發表文章，表示遺憾，並希望不要因爲某個人而影響中國與美國政府之間的「友好關係」。

說實話，儘管同學們在談論此事時不免加幾句調侃的語言，但我的胸膛已被氣憤憋得快要爆炸了，這不是法西斯是什麼？共產黨竟然這樣卑鄙！

同學們開始分析事態的發展，方勵之的小字報貼在北大是有目的的，顯然他要利用學生對他的支持來和執政者對抗。同學們有的提出寫一個聲援方先生譴責當局的大字報貼在三角地，我不太同意，我認爲時機不成熟，況且弄不好會幫方先生的倒忙。我的觀點是，要和共產黨對抗，你必須以愛護黨的作法和維護黨的形象爲出發點，使他無法給你定罪，讓他狗咬刺蝟無從下口才能既達到鬥爭目的又能保護自己。所以和方先生保持一段距離是對的，同樣的一件事和方先生扯在一起就會變得嚴重得多。

5

那些天我已經沒有心情去跑圖書館了，每天坐在未名湖邊看著藍藍的湖水發呆。我有預感，一場大風暴要來臨了，這場風暴也許會使中國這個遠離世界主航道的大船渡進人類前進的大潮中，也許會把這艘大船吹得離世界主流更遠。前者當然是我所希望的，後者是誰也不想看到的。七十年前的五四新文化運動就是北京大學領導和發起的，五四運動雖然衝擊中國的傳統文化，但卻使共產主義在中國可以迅速傳播，並使中國人狂熱了半個世紀，爲此這個民族付出了高昂的代價。

那麼這一次呢？北京大學該扮演什麼角色？以什麼方式出現？會有怎樣的結果？我該怎樣做？

未名湖水深邃而幽藍，寶塔的倒影懸在湖中，曼妙的立體聲音樂從遠處傳來，成雙捉對的青年男女在湖邊漫步，這大風暴來臨前夕的寧靜給我留下的印象太深刻了。

我默默地對未名湖說：我不會辜負你！因爲我的血管裡流著你的血，因爲我是北大人！

那天回到宿舍，看到了妻子寄來的信和雪兒的照片。雪兒粉紅的小臉笑得像燦爛的杜鵑花。不禁吻了她一口，暗想，不能讓她們這一代再像文革一樣生活在精神的痛苦和物質的貧窮中。

那些天常常莫名其妙的煩躁，因爲心不順還和同室的同班同學打了一架。義大利留學生勞拉小姐過生日請我去，在生日舞會上見到了老木，老木神聊了一通方勵之給鄧小平的信和首都知識界寫給鄧小平的公開信的經過。

一個月前，我們就知道方勵之寫給鄧小平一封信，信中說：「今年是建國四十周年，五四運動七十周年，法國大革命二百周年。在這樣的日子裡，我請求您從人道主義出發，對魏京生等政治犯實行大赦。」後來北島等人在陳軍家開會，又聯絡了三十幾位知識份子聯名寫信給鄧小平，支持方勵之。中共的《人民日報》爲此發表了北京公安局負責人的談話，說：魏京生不是政治犯，他是出賣國家機密的刑事犯罪份子之類的鬼都不相信的話。老木是簽名信的參與者，說起來倒是繪聲繪影，我很佩服他們的勇氣，這在幾年前是不敢想像的。

6

幾天以後，馬原從西藏到了北京，一九八七年他曾去過太原，我和他有一面之交，一下午在宿舍裡和他討論文學，討論馬原小說，也討論了西藏的「暴亂」，晚上和另一位同學騎車帶他去未秀園張鍾教授家去看張鍾，張鍾教授是我們班的講小說的老師，他最近正在研究馬原現象。馬原是條東北大漢，他不像個作家，倒像個運動員，從張鍾教授家裡回到宿舍已經夜裡九點多鐘。同班同學非默拿著一張紙找我，讓我捐款。我問他什麼內容，他幽幽地說：海子死了……

「海子死了？」這怎麼可能！

同宿舍的「教練」（小說家何群的綽號）說：「今天是愚人節，不必當眞。」

「海子眞的死了。」非默又幽幽地說。

我火了：「媽的，玩笑也開得太大了！」

非默什麼也沒說，轉身走了。

我和「教練」對視了一下，覺得事情不像是開玩笑，非默是一個不太開玩笑的人。

我連忙去找陳建祖，他是作家班的班長，和海子的關係也不錯。

海子眞的死了，是臥軌自殺。

海子是北京大學法律系的學生。是北大未名詩社的創始人之一，他是中國第三代詩人中的健將級人物，畢業後分配到北京政法大學當老師，他的詩和他的人一樣充滿了苦悶和奇特的聯想，在青年中廣爲流傳。詩人在苦悶中徘徊而無法解脫，尋求死亡去解脫自己——他靜靜地趴在鐵軌上，讓鋼鐵的巨輪把他的身體切爲兩斷。

他的遺書是一個巨大的問號「？」。

我哭了，作家班所有的朋友都哭了，海子多年輕啊，他只有二十四歲。

我在那個年齡沒他痛苦。

但是，海子解脫痛苦了嗎？一個生病的父親，一個堅強的媽媽，三四個正在讀書的弟弟妹妹在安徽農村艱難地生活，海子不僅是他家的驕傲，也是全村和全鄉的驕傲！他是北京大學中學習最優秀而生活最清貧的學生。剛剛當了老師，可以每個月接濟一下父母和弟弟妹妹了，他卻這樣痛苦而慘烈的走了，他能解脫嗎？

懦夫！

那些執政的劊子手不怕你死，你死的越多他們會越高興，因爲你從此不再寫詩了。你的詩即使算不上號角，但讓他們聽來也是十分不舒服的。而海子選擇了逃避，他是太累了？太孤獨了？他爲什麼不看一看人民的覺醒，他爲什麼不再繼續奮戰？

我的心情是沉重的。

那種心情就如魯迅所形容的：忍看朋輩成新鬼，怒向刀叢覓小詩，吟罷低眉無寫處，月光如水照緇衣！

我們默默地把全班捐的幾千元錢寄給了海子的母親，儘管這無法減輕她心中的悲苦之萬一。我和中文系的同學們還在各學生餐廳門口賣海子的詩集，和爲海子的親人募捐，買飯的同學們默默地把錢捐進我們的紙箱內，沒有帶現金的同學都捐的是飯票，那一毛一分，一斤一兩表達了北大同學們的心情，那心情是複雜的，有些同命相連的意味。而我則有著兔死狐悲的感覺，中國的知識分子，你的出路在哪兒？

第二天的晚飯後，我們在民主科學雕塑廣場舉行了海子詩歌朗誦會，那其實是北大的朋友們爲海子舉行的追悼會。幾千名同學參加了，主辦者是未名詩社的幾名校園詩人。

那天北大當局如臨大敵，所有的黨群幹部都到會，還有數不清的秘密警察，北京市公安局也緊急動作，防備北大的學生衝出校門，自一九八六年北大學潮到現在這三年中，這是非官方組織的學生集會人數最多，情緒最不穩定的一次。

海子的詩友們一個又一個地登上民主科學雕塑的底座，朗誦著海子的遺作。錄音機裡傳出了哀傷的音樂。像在爲海子招魂。

駱一禾戴著一朵小白花，在同學們的注視和秘密警察閃光燈下沉痛地走上最高處，他把長長的頭髮甩在腦後，昂起了頭。我發現兩行淚水從他的眼睛裡流出，緩緩地在臉頰上爬行，海子是他的同期同學，又是最好的詩友，他朗誦了他爲海子編的還未出版的詩劇中的一段，那是我聽到的最爲打動人心的詩，這不僅僅因爲駱一禾朗誦的出色。晚霞照著他臉上金子般的淚珠，他的聲音和長髮在晚風中飄浮……

一個月後，駱一禾也死在天安門廣場。

第六章

長歌當哭

1

公元一九八九年四月十五日，被譽爲青年導師，知識分子朋友的前中共總書記胡耀邦病逝。

入夜，那不幸的消息隨著淅淅瀝瀝的小雨進入了北京大學校園。

人們驚呆了，前幾天朝野都在盛傳胡耀邦要復出的消息，說鄧小平有意讓他來收拾當前的混亂局面，後來說他在政治局會議上被李鵬等人氣病了，怎麼突然就死了？

北京大學的學生永遠也不會忘記一九八六年那次學潮。當時身爲總書記的胡耀邦就因爲肯定了北大學生的愛國熱情，保護方勵之、劉賓雁等優秀的知識分子能留在共產黨內，在沒經過合法程序的情況下，被那些杖著拐杖的政治老人踢下了總書記的位子。其後是反對資產階級自由化運動。方勵之、劉賓雁、王若望被鄧小平點名開除了黨籍，一大批優秀的知識分子遭到整肅，而北京大學的學生卻沒敢有任何舉動，這永遠成了北大同學心中解不開的情結，他們覺得對不起下台的耀邦，也對不起北大人的良心。

我和作家班的幾個同學騎上車子到三角地，那裡的學生三五成群議論著耀邦的逝世，但沒有講演的，也沒有悼念的標語出現。我和幾個要好的同學商量了一下，立即回到宿舍。

文人們拿起了筆，第一次感受到手中的筆是那樣沈重。

我含著淚水，望著屋外的夜雨，提起毛筆寫了一首詩詞：

長相思

雨夜送耀邦

風一程，
雨一程，
長歌當哭送君行，
赤縣淚無聲。

呼一更，
喚一更，
聒碎民心志未成，
夜深望明燈……

詩詞寫好了，我卻沒有勇氣把自己的名字寫在大字抄寫的白紙上，爲了保護自己，同學們統一在自己寫的詩詞下面落上「北大作家班」。

北大作家班的悼念禱文最先蓋住了三角地廣告欄上那些紅紅綠綠的舊廣告：

該死的沒有死，
不該死的卻死了，
這世界爲什麼這樣不公平！

作家班同學貼出的這批悼文立即被數不清的同學包圍，同學們流著淚水在雨中抄著，有的用錄音機把悼文錄下來，一個同學始終站在雨中，用手電照著我寫的那首詩，讓更多的人看得更清楚。細雨淋濕了她的頭髮，使她那本來就瘦削的身體顯得像春的柳枝一樣的俏麗，我脫掉衣服披在她的身上，我認識她，她是法律系的本科生，叫小羊，小羊問我：「這首詞是誰寫的？」我說：「是我寫的。」她說：「你很勇敢。」我說：「我不勇敢，連名字都不敢寫。」她說：「別自責了，你現在寫名字不是冒傻氣嗎？」

晚上，作家班班委會召開了一次非正式會議，討論了當前的局勢和作家班所扮演的角色，我認爲：「自一九八六年到一九八九年所存在的通貨膨脹、官倒橫行、貪污腐敗及中央的非程序的權力接替等積壓在人的心中的怒火，會利用胡耀邦逝世的機會宣洩出來，很可能演變成比一九八六年規模大得多的學潮。學潮的結果有兩個：一個是眞的給胡耀邦出了氣，給改革派打了氣，並取到有限的校園民主和新聞自由，並逼迫中共中央繼續沿改革開放的路走下去，那我們作家班的全體同學都是受益者；另一個結局就像三年前一樣，學潮被鎭壓，趙紫陽和胡耀邦一樣被踢下台，中國回到相當於蘇聯的勃列日涅夫時代，那我們這些作家是最大的受害者。」所以我主張積極介入，推波助瀾，聯繫各界，當好參謀。大多數同學都贊成我的觀點。

2

翌日，小羊陪我去圓明園，同宿舍的趙殿雲和楊雙奇也一起去了，我們站在被八國聯軍燒毀的西洋館前心情無法平靜。中國不能再這樣繼續下去，如果再落後下去，火燒圓明園的歷史就會重演！我撫摸著那曾被侵略者大火燒紅過的巨大石柱，彷彿仍感受到它炙人的灼熱，每次來圓明園散步我都輕鬆不起來，因爲我感到自己的腳正踏在祖國的疼痛處……

一連兩天，小羊都陪我去天安門廣場去觀察形勢，廣場的紀念碑下已出現了悼念胡公的花圈。幾個秘密警察站立紀念碑底座上，用步話機和無線電話把花圈挽聯上的字讀給總部，那情景使我想起了十三年前的「四五運動」，那次悼念周公的活動前幾天也是這樣的。政法大學、社科院都有學生送來了花圈，我和小羊在人群中擠來擠去，耳邊常常聽到這樣的議論：「怎麼北大沒來。」「北大是不是八六年那次嚇破膽了！」

我和小羊相視而笑，她拉著我的胳膊調侃地說：「北大是嚇破膽了嗎？」

我說：「當然不是！」

然而，北京大學除三角地的大學報鋪天蓋地之外，還沒有走出校園的跡象。

我到王丹宿舍去找他，宿舍無人，楊濤的宿舍也沒有人，民主沙龍的幾個主要成員都不見了。晚上九點鐘，我又來到了三角地。三角地有三兩百人圍成幾圈在議論著這兩天的局勢，還有一些學生趁著燈光在抄錄大字報。一位和我十分要好的博士生騎單車經過三角地發現了我，他跳下車對我說：「這附近秘密警察很多，我認識幾個，他們和我住一棟樓，」他又說：「你別攪和進去，你應該幹更重要的事，咱們應該立即著手寫胡耀邦傳記，咱倆合作，要快！」該分手時，他握著我的手：「把握住自己，別把自己賠進去，中國政治的殘酷你比我清楚，千萬保重。」

我們剛分手，靠近三角地的二十八樓響起了敲擊盒盆的聲音和嬉笑怒罵聲，和二十八樓對面的女生宿舍樓更是熱鬧，每個窗口都伸出幾個小腦袋和二十八樓對吵。我跑過去一看，原來兩個男女宿舍樓不知什麼原因吵起來了。

我身邊一個結實的小伙子憤憤地說：「眞他媽的，還有這種閒情逸致！」

我隨手送給他一支香煙說：「同學們心裡都不好受，發泄一下也好，要不然憋出毛病了。」

他點燃煙，猛吸了一口說：「這個民族要完蛋了！」

我們倆作了自我介紹，他叫郭海峰，是國際政治系碩士研究生，住在四十六樓，和我是鄰居。他也是北大民主沙龍的主要參加者。我們邊走邊談，我發現他很爽直，敢於發表自己的見解，他說現在全北京都在說北京大學死了，他心裡很難過，北大一萬多名優秀學子難道死光了？

我說：王丹！王丹會的。因爲王丹在同學中已有影響，他的校園民主沙龍在北大頗有影響。

我們談的很投機，不知不覺又走回了三角地，由於兩個男女宿舍樓的「戰爭」，使很多原本已睡下的同學睡意皆無，於是都聚在三角地。

這時已近午夜，三角地醞釀著一場新的雷雨。

3

王丹出現了。

王丹在噪雜的議論中被推到三角地的廣告欄前，他備受指責，同學們認爲民主沙龍應挑起歷史的重擔，「現在全北京所有的大學都敢去獻花圈，北大呢？北大人死了嗎？」

王丹說：「校方已經同意在學校給耀邦設靈堂，讓大家去悼念。」

同學們更憤怒了，「難道給耀邦設了靈堂就討回公道了嗎？」

王丹被擠在廣告欄旁，我和郭海峰也被擠在王丹的身邊，王丹拉著廣告欄上的雨達，站得高一點，對著數百名憤怒的同學說：「同學們，咱們都是北大人，咱們有權決定自己的行爲，你們說怎麼辦？」

人們靜了下來，極短的思考後突然爆發出震耳欲聾的喊聲：「遊行！遊行！在校園遊行！」

我站了出來，大聲說：「同學們，中華人民共和國的憲法明確規定，公民有言論、結社、遊行的自由，我們遊行是爲了表達我們對已故耀邦同志的哀悼，而人民英雄紀念碑在天安門廣場，我們應該到那裡去！」

「去廣場！」嘩——人馬響起了熱烈的掌聲。

就在這時，二十八樓三樓的窗口「刷」地垂下一巨幅輓帳，一丈寬幾十米長的白布上寫著三個巨大的簡體字：中國魂。上方寫著：永遠懷念耀邦同志。下方寫著：北京大學師生暨校友敬輓。

人們湧向「中國魂」。樓上的同學向我們伸出V字手勢，我和郭海峰一人拉住「中國魂」的一角，我對他說：「拉下來，正巧我們遊行沒有旗幟。」我和海峰一用力，「中國魂」被拉了下來，上面的同學有些不滿，吵了幾句，但很快被歡呼的人聲淹沒了。

我和郭海峰、王丹、丁小平、白夢等人拉起「中國魂」，帶著同學們在校園遊行一圈，把各宿舍的同學們全吵起來了。同學們紛紛穿上衣服溶入遊行隊伍。女生宿舍一到夜十一點半就鎖大門，那些女同學把窗子打開，向遊行的男同學們喊：「兄弟們，救救姐妹吧！我們也要民主！」一些男同學便跑過去，敲開了大門，有的守大門的「嬤嬤」（北大女生給管宿舍的女職工起的綽號）看形勢不妙，趕緊開開大門，「放羊出檻」。

一九八九年四月十八日凌晨，北京大學校園那股數千人的洪流，在雄壯的國際歌聲中衝出了北大校園。

那是中華人民共和國建國四十年來第一次大規模的遊行示威。

「滿腔的熱血已經沸騰，要爲眞理而鬥爭！」

我和郭海峰、白夢拉著「中國魂」走在最前面，王丹、丁小平等同學徒手走在我們身旁，除徒步行走的幾千人之外，遊行隊伍的兩側被騎自行車的人擠滿了。外國新聞機構眞的嗅覺很敏感；採訪車不知從什麼地方鑽了出來，跟著隊伍拍照的人很多，有記者、有大學生，也有中共特務，隊伍行到人民大學門前時，曾跑步前進並高喊：「人大—下來，人大—下來！」結果有少數人民大學的學生也參加了遊行。

這時，北大教授張炳九先生伸著雙手攔住了遊行隊伍，他是北京大學黨委辦公室主任，新權威的代表人物之一。他顯然很激動，讓人覺得他有些氣急敗壞，張先生說：「你們不能再向前走了，如果你們到了天安門，事情就會變得複雜，趙紫陽總書記就有下台的危險，保守派就會掌握主動，我勸你們立即回學校！」

「你是誰？在為誰講話？」

不認識張先生的同學不耐煩地喊。

張先生說：「我是張炳九，在北大黨委辦公工作。」

「滾開，走狗！」隊伍中一陣罵聲。

張炳九先生臉上的肌肉在抽動，兩眼淚水，流了下來，他忽然張開兩手，向同學們跪下了，我趕緊上前一步把他扶起來。我說：「張先生，您別這樣。」一邊說，一邊把他拉出遊行隊伍。

張先生哽咽著：「同學們，聽我一句話吧，同學們，我求你們了……」

不知是哪位同學踢他一腳，我的左腿上替他挨了一腳。

那一腳把張先生踢愣了，他呆呆地看著隊伍喝著雄壯的國際歌，從他身邊走過。

後來在我們絕食的時候，張炳九先生參加了教師聲援團，「六．四」鎮壓後他也被中共通緝，逃了一段時間，他那天的觀點最後都得到了驗証，那是我們所不希望的。但當時壓抑在同學心中的無名怒火不是一兩個精英所能左右的，最後燒得那些精英也跟著熱起來了。

張炳九的阻攔給了我一個提示：以往的學潮失敗的原因是因為沒有提出明確的訴求，那我們的訴求是什麼？

我快走幾步趕上王丹，跟他說：「王丹，開弓沒有回頭箭，天亮之前如沒有警察阻撓，我們就會到天安門廣場。問題是我們到了廣場後幹什麼？」

王丹說：「你看呢？你不說我還眞沒想起來。」

我說：「咱們應該提出幾條要求，這要求能代表民意，然後送交給人大常委會，要把爲耀邦伸冤放在最前面。」

王丹說：「你是作家班的，正好，你先整理出幾條，咱們再研究。」

於是，我從同班的趙殿雲同學手裡接過自行車，把舉中國魂的一角交給了他。

我騎車前行，遠遠超過了遊行隊伍。凌晨，街道上沒有行人，一陣涼風吹來，使你覺出北京春天的寒氣。我想出了幾條：一、公正評論耀邦同志功過；二、允許民間辦報；三、查處官倒，懲治腐敗；四、爲一九八七年反自由化中蒙受不白之冤的知識分子平反等。

行到三里河和阜成門交界路口時，全副裝備的警察出現了，大約一百多名警察把往釣魚台的路封住，我忙上前和他們交涉，我說：「我們是去天安門廣場悼念耀邦同志的。」他們沒有回答我，而是通過無線電對講機向上級匯報，然後一位警察告訴我他沒有接到阻止的命令。但前面是釣魚台國賓館，爲了不影響外賓休息，希望我們不要走國賓館門前的路。

我回頭指示同學們沿外大街向東走，遊行隊伍從警察的隊伍前經過，那些警察面色和樂，有的還和學生揮揮手打著招呼。我想，中共高層也許還沒有反應過來，所以警察也只好眼睜睜地看著遊行隊伍揚長而過。

再未受到阻撓。凌晨四時許，我們順利到達天安門廣場，聚集在人民英雄紀念碑的北側。

郭海峰靈活地爬上紀念碑，還有一個同學也爬了上去，他叫張志勇，是北京大學研究生，兩個人把「中國魂」巨幅輓帳懸掛在紀念碑上。

同學們走累了，很有秩序地圍成一圈坐了下來，我把整理出來的幾條要求送給在紀念碑上的郭海峰，讓他利用他的「高度」徵求同學們的意見。

郭海峰說：「現在有個同學提出要給中共中央、國務院、人大常委會提幾條要求，同學們討論一下。」他一條條讀，下面的同學有的在文字上或法律上提出自己的見解，最後我重新整理出這樣七條。

一、重新評價胡耀邦同志的是非功過，肯定其民主、自由寬鬆的觀點。二、儘快公布新聞法，允許民間辦報，確定新聞自由。三、查處官倒，國家領導人應公開本人及家屬財產收入情況。四、要求有關國家領導人就教育政策的失誤檢討，並追究責任，增加教育經費提高教師待遇。五、重新評價「反對資產階級自由化」運動，並爲在其間蒙受不白之冤的公民徹底平反。六、取消北京政府關於遊行示威的十條規定。七、新聞媒體如實報導本次遊行。

同學們都說這七條提的不錯，應該選代表送給人大常委會。於是推出了站在紀念碑上的郭海峰、張志勇和王丹。

4

早六時，太陽從東方昇起來了，幾名武警戰士正步從天安門走出，中間的士兵肩上扛著中華人民共和國的五星紅旗。每天一次的昇旗儀式開始了。同學們雖然生活在北京，但眞正看過昇旗儀式的並不多。大家都去看昇旗了，看過昇旗後，大部分騎上自行車或者公共汽車回學校上課去了，還剩下二三百名學生從紀念碑下移到了人民大會堂門前坐了下來，等待上班後遞上我們的「七條」。

圍觀的人越來越多，有的群衆買來汽水、麵包扔給已經又睏又餓的北大同學。

我發現多數同學已經返校，便和王丹商量，我提議應立即給學校打電話，讓修課的同學來聲援，否則，人太少會出現一九八六年被警察驅散和逮捕的危險。

王丹說，他只有李淑嫻老師的電話，但怕涉及到方勵之。我說：「不管了，李老師會巧妙處理的。」

電話好不容易打過了，李淑嫻老師說會把廣場的情況通知北大同學的。

李進進趕來了，於是大家也推他代表同學們。一個人大信訪辦公室的副主任出來勸大家回校，被同學們轟了回去，後來，他們讓學生代表王丹、郭海峰、李進進和張志勇進了人民大會堂。

數十分鐘後，王丹等人出來了。王丹告訴大家，人大常委會信訪局答應把我們請願的七條送交中央、國務院和人大常委會有關領導。北京大學黨委書記王樹貞也被通知來到天安門廣場，勸同學們回校。但是一些同學沒有回學校，卻移到中共中央辦公地——新華門前坐了下來。

下午，我和幾名同學回到北大，一進宿舍，「教練」（小作家何群綽號）告訴我：「鄭義來了，正在找你。」

我知道他找不到我就會去建祖宿舍，果然他和北明都在。他的到來使我非常高興。我們熱烈地討論這兩天的形勢。鄭義說：「你們在前面衝鋒陷陣，我去給你們發動知識分子助陣，這次非得給耀邦討回個公道，也爲知識分子討回個公道。」他這次來京本來是參加中國電影權威獎「金雞獎」的評選工作。他的「老井」在日本獲國際電影大獎後，他被選爲山西電影家協會主席。我問他評獎忙不忙，他說再忙也要來北大，聽到我們遊行和七條的提出，他很興奮。吃過飯，他帶上照像機和北明一起去了新華門。

從四月二十八日夜開始，過去神秘肅穆的新華門便被北大等學校學生圍住了正大門，一排排軍人站在毛澤東手寫字體的「爲人民服務」標語前，守護著那個象徵著封建和權威的大門。

學生們的要求仍是答覆北京大學同學們提出的七條請願。

沒有一個人出來和學生談。

外國和港台的新聞記者是最活躍的一群人，他們顯得興奮、敏感。新聞嗅覺使他們已經嗅到這裡每時每刻都有發生震驚世界的重大新聞的可能，普立茲獎正在向他們招手。在一位德國留學生朋友的介紹下，我接受了ＢＢＣ廣播公司的採訪，不過我沒有說我的名字。

兩天過去了，中南海沒有任何動作。四月十九日晚，鄭義和北明又來到我的宿舍找我。鄭義建議：「實在不行就絕食，這是非暴力鬥爭最有效的武器。」我趕緊從書架上找出《甘地傳》，研究甘地是怎麼絕食的。

鄭義說，應該先寫個絕食的標語，但商店已經下班了，買白布也來不及了。我把我床上的白床單拿下來，鋪在地上，兩大瓶墨汁倒在飯盒裡，鄭義蹶在地上，像寫他的「老井」那樣認眞寫著「絕食」兩個大黑體字，同學們都誇他字寫得好。他笑道：「文化大革命時練的。」

當我把「絕食」的床單帶到新華門前時，已是四月二十九日午夜了。幾個北大的同學把床單鋪在新華門前，北大數學系的一位同學很認眞地徵集簽名，那些守門的警察毫無表情地看著他。

就在幾十分鐘前，青年學生們曾試圖衝擊過守新華門的警察，一個在東城區公安局工作朋友告訴我快離開返校，他說那衝新華門的「學生」他認識其中的兩個，是市局五處的「雷子」。這是政府想把你們推到「暴力」上，然後動手收拾你們。

我相信他說的話，但我沒有走，和那麼多同學在一起並不感到害怕。

5

凌晨兩點左右，數千名軍警從新華門裡和人民大會堂等地衝出來，向靜坐在新華門前的學生襲擊。學生被驅至長安街上，分割成兩部分。還有二百多名靜坐的同學寧死不走被圈在包圍圈內，而大多數學生坐在南池子街口的長安街上。

軍警暫停攻擊。一輛北京市公安局的宣傳車在新華門前慢慢來回移動，勸大家不要受壞人蒙蔽，趕快回學校，宣傳車警告說：「以悼念胡耀邦同志為藉口而製造動亂，衝擊新華門，攻擊黨和國家領導人的行為是絕對不允許的。」

一個穿黃軍衣的青年學生在指揮學生坐下後，開始鼓勵大家堅持下去。他揮動拳頭，面對軍警，毫無懼色。他說：「我是北師大的吾爾開希，我是吾爾開希，同學們一定要堅持下去等李鵬出來，給我們提出的請願七條以答覆！」

那是我第一次見到吾爾開希。他的勇敢給我留下了深刻的印象。

一個小時後，軍警顯然接到「攻擊的命令」，他們跑步向學生衝來。靜坐的人大亂，吾爾開希站在一輛三輪車上，呼籲大家撤到紀念碑下。我推著自行車，車子在人群中走不快，被追上來的軍警一皮帶打在背上。一個女同學被擠在路邊挨了兩皮帶，嚇壞了，她喊：「打倒共產黨！」幾名男同學冒著雨點似的皮帶把她拉跑了。

我騎車跑到紀念碑下時，數百名軍警迅速而飛快地跑過來，皮鞋和膠鞋踏在地上的啪啪聲在這淩晨顯得格外恐怖。我和最後的幾十名同學趕緊跑到前門東側，軍警並未追過來，但東西長安街和天安門廣場卻三步一崗，五步一哨被軍警控制著。

我一看身邊的幾十人多數是北大的。天已朦朦亮了，校徽上的字更清楚了，大家說，回去吧，睡一覺，明天再來，但長安街已封鎖，同學們只好騎上自行車向西繞道回北大。

我惦著新華門前那二百多人，又看見長安街上偶爾有一兩個騎車的人上早班，警察只是看看証件便放行了。我把學生証藏好，把校徽摘下放進黃書包，書包裡有一個紀錄每天學運發展情況的日記本，兩個麵包和一瓶喝剩的汽水。我決定闖一闖，因爲我手裡有鐵路記者証。鐵道部在木樨地，我可以說我是上早班的值班記者編輯。

我鼓起勇氣騎上單車從前門向天安門駛去，當騎到長安街時，我才發現，東西長安街除大批軍警外無一個行人，這個世界最寬的大街在黎明前顯得空曠和恐怖，但我已無退路，路兩邊的軍警好奇地看著我，我如果一回頭，他們會立即撲上來逮捕我。我只好硬著頭皮往前騎，嘴裡哼著：「妹妹你大膽地往前走」，給自己壯膽。

騎到天安門的金水橋時，碰到了警察的指揮車，幾十名警察正在那議論著什麼，我旁若無人地繼續向前騎，兩個警察從後邊衝上來把我拉下了車：「沒看見我們嗎！」

我假裝不解地問：「幹什麼？蹲坑兒呢？」

一個警察說：「你是真不知道還是假不知道？裝傻呀？」

我說：「裝什麼傻呢？發生了什麼事？」

警察說：「少廢話，你証件拿出來看看！」

我把記者証給了他。他一邊看一邊問：「這麼早幹什麼去？」

「上早班。」

這時我聽見天安門城樓門洞裡一群警察在打一個學生，那學生不時發出慘叫聲和哀求聲。

我以攻為守：「哎，你們怎麼能隨便打人呢？他們犯了什麼罪？」

一個警察說：「妨害社會治安！我看你也欠打！」

拿我工作証的警官把記者証還給了我：「走吧，回單位就說什麼也沒看見！」

我忙騎上車子，剛走幾步，後邊一聲吆喝：「站住！」

我停下來，問：「還有什麼事兒？」

那警察說：「把你的書包拿來檢查一下。」

我心裡格登一下：「你有什麼權力隨便搜查我！」我大聲抗議。

那警官說：「算了，讓他走吧，別誤了他上班。」

那要檢查我背包的警察仍不死心，他在我的書包外摸著，摸到了汽水和麵包，他懷疑地：「這是什麼？」

「上班帶的早餐！」我平靜地說。

「我看是夜餐吧?!」他陰陽怪氣。

老警察不耐煩了：「讓他走吧！還有正經事呢！」

那警察不開心地鬆開我，指著我的鼻子說：「告訴你，別跟那些大學生瞎起鬨，沒有好下場！」

我騎車趕緊向西行，到南池子後我發現大批軍警把長安街切爲兩段，更看不到新華門前發生了什麼。一個交通警察示意我停止前進，並讓我從大會堂西側的路繞道過去，我只好快速繞過軍警，向南疾駛，直到復興門才鬆了一口氣。

當我騎到中關村時，兩輛大客車飛馳而過，車上傳來了口號聲：「警察打人，警察施暴！」新華門的同學被押送回來了。

我幾乎和他們同時進北大校門，立即向他們詢問新華門前的情況，一個滿臉絡腮鬍子的叫彭嶸的同學介紹說，警察對他們拳打腳踢，把他們一個個扔到車上，他拿著一塊玻璃，上面都是鮮血。

我完全相信彭嶸的見証，我建議大家先別散開，在宿舍樓區走一圈，把凌晨發生的事實眞相告訴全校同學。

於是我給他們擬了幾句口號，大家一起呼喊：「警察施暴，學生流血，通電全國，罷課抗爭！」

所有宿舍樓的窗子都打開了，學生們從床上爬起來，看見自己的同學流血了，憤怒地一起呼喊口號。

6

我沒吃早餐就去了二十八樓，途中遇到了郭海峰，我建議應該組織新的遊行，以抗議警察的暴行，郭海峰給我介紹了一個叫趙體國的同學，我們組織了一個糾察隊，用以維護遊行秩序。由於報名者踴躍，很快形成了一個兩百多人的學生糾察隊。那是八九民運的第一個糾察隊。

遊行隊伍在圖書館東門集結好後，我們向清華大學出發。還沒到清華西門，大雨劈頭淋下，遊行的同學多數沒帶雨傘，所以加快腳步向清華西門跑去，我們想先借清華的教室避避雨。

但清華的大鐵門緊鎖著，一輛廣播車緊對著西大門，廣播車上一個學校幹部模樣的男人一遍又一遍地重複著：「北大同學，請你們回自己的學校去鬧，不要影響清華的同學……北大的同學們，請你們回自己學校去鬧……」北大的同學們氣憤地直跺腳，就是進不了校園，有些騎自行車的乾脆冒雨騎回學校了。我建議取消這次遊行，這幾天同學們已經精疲力盡了，如果淋了雨，會大批病倒，但籌委會其他同學堅持要冒雨遊行。我也只好少數服從多數。

雨小了一些後，我們整隊出發，人已剩一少半了。途經政法大學時，遊行的同學來到學校的教室休息，政法大學的老師和同學為我們送來麵包和熱茶，加上院裡的「向北大學習」的標語和熱情洋溢的笑臉，與清華大學形成了鮮明的對照，使我們心裡暖融融的。

吃飽喝足，遊行隊伍離開政法大學向天安門廣場前進，糾察隊的同學拉起了手把遊行的同學圈起來，市民一路鼓掌給學生鼓勵，學生則把傳單散發給他們，一個知識分子模樣的人下班經過遊行隊伍時，激動地跳下車，帶領學生喊起了口號。他給我的印象極為深刻，那時除高校的師生之外，這樣大膽的人還不多見。後來他曾到北大講演，也曾到我宿舍商量工作，在廣場幫助絕食團做了許多工作，因為他總批評李祿，強調他身分不明，遇到柴玲等人的反對。不過，我以為他在這場運動中表現的了中國知識分子最優秀的一切，他叫陳明遠，一個數學家，也是詩人。是耀邦十分欣賞的人。

晚上七點鐘，遊行隊伍進入了廣場，在紀念碑前圍成了一個很大的圈。這時，雨更大了，很多人就這樣站在雨水中。張志勇拿著手提喇叭講了許久，連在圈內的我都聽不清他在講些什麼，我替他著急，幾千名學生有些不耐煩，雨又越下越大，這使我忘記了自己「推波助瀾，聯繫各界」做幕後「黑手」的底線。走進中央，從張志勇手裡把話筒要了過來。我大聲說：「我們今天遊行的目的是爲了抗議今晨警察在新華門和東西長安街對和平請願的大學生施暴！」

一個北大學生跑進來爲我撐著傘，我輕輕把他推開了。在這種場合如果有一個人沒有傘，那就應該是我才對。這是我走進社會後最深刻的體會，你會從中得到你是想不到的效果。果然，學生們激動地爲我鼓掌，掌聲壓過了雷雨聲，中外記者把那可怕的鏡頭對準了我。

我說：我們強烈要求中央政府：一、就今天凌晨發生的野蠻暴行向被害者和大學生道歉。二、追究下令施暴的北京市公安局有關負責人的責任。三、認眞和我們對話，就北京大學同學提出的「七條請願」要求給予圓滿答覆！

在一片熱烈的掌聲中我顯得也有些激動，我接著說：「如果政府仍舊採取用警察和皮帶對待我們的態度，我們將通電全國，無限期罷課，直到取得鬥爭的勝利爲止！」

掌聲雷動，幾千人發出齊聲怒吼：「通電全國，無限期罷課！接受七條，懲辦凶手！」

我最後說：「今後鬥爭會更加複雜多變，爲了有效地領導我們的和平請願，我建議北京各高校在學校學生自治會的基礎上成立一個全市的學生組織，也可以稱爲『團結學聯』或『北京高校團結自治會』來統一協調各高校行動，做到有理有節，有條不紊。」

在同學們熱烈的響應下，各高校的同學聚到圈內開始協商。我建議：我們今天來廣場的目的已經達到，不能讓同學們這樣在雨中淋著，楊濤和張志勇他們說要留下來研究成立聯合會的事，我說：「一個學校有一個代表就可以了，要不然，我帶隊伍回校吧。」他們同意了。

隊伍在糾察隊同學的組織下，有秩序地經過新華門向西遊行。一路上給我們送飲料和麵包的個體戶很多，這讓我們很感動。經過新華門後，我把隊伍停下來，楊濤和趙體國給北大打電話，讓學校派校車把學生接回去。但學校沒人敢負這個責任。雨中凍得發抖的同學開始罵人了。我靈機一動找到執勤的警察，讓他幫助攔公共汽車送我們回北大。我跟他講：如果不儘快送我們回校，我們就進中南海避雨去，人民政府總不能眼看著人民被大雨淋吧？

那警察用對話機同上級報告後立即幫我們攔了兩輛大客車，司機不願拉我們，被警察逼著又沒辦法，只好眼睜睜地看著學生擠滿了車廂，但那司機卻把我們拉到一路汽車的終點—公主墳，下車回家了。他說他沒有領導的命令不敢送我們，因為他負不起這個責任。有些同學氣憤地要揍他，有的要砸汽車。我忙攔住大家。我說我是作家班的學生，請大家相信我，同學們在車上先避雨，我去找調度交涉，一定讓他們儘快送我們回北大。

我跳下車冒著大雨向調度室走去。一位年輕的教師也尾隨我跳下車進了調度室，那位年輕的調度聽了我們的要求後立即把總經理從睡夢中喚醒了，兩個人在電話裡吵了好長時間，那調度放下電話後面有難色地說，總經理說：「即使他同意，也沒有司機。」我說：「還是總經理不同意，如果他同意就會有司機。」那年輕調度又撥通了總經理的電話，然後把聽筒交給了我，那總經理一副爲難的樣子，我向他講了我們的處境，請他伸出手來援助一下，如果上面追究可把責任推給我們，我這樣一說，他才有鬆動，他讓我們等他，他馬上就來。

半個小時後，一輛轎車開來了，那位總經理跳下車和我握握手，然後說：「司機他也帶來了，只是要我把我的學生証押在汽車站，如果公安局追查可以讓他有個交代，另外，最好交點錢，只不過是個象徵。」中國政治的恐怖使這些人變得很聰明，不過我承認他是一個好人。

我略微猶豫了一下，說心裡話，幾千個人在一起怎樣喊口號都不怕，但如把証據放在他們手裡，他們隨時可以逮捕組織者或把我的情況通知北大組織部門，而我當時是共產黨員，還是快要上任的黨支部書記。但一想到車上那凍得直打哆嗦的同學們，我立即把學生証交給了那位總經理，並在一張紙條上簽了字，我說我沒帶那麼多錢，幾天後我拿錢來換紙條，紙條上寫著：「北大車費，壹佰元整。」下面是我的簽名。

當我們在北大門前下車時已是凌晨三點鐘了，雨也停了。同學們疲憊地下了公車。

那位總經理在車下等我，見我下來後，他說他很爲學生的精神感動，也爲我的負責精神感動。他把我的學生証還給了我，說：「如果有人追究就追究我好了，總不能讓孩子們在大雨中過夜的？」

我握著他的手，眞有些激動了。

7

四月二十一日下午，郭海峰通知我到二十八樓參加「籌委會」會議，在一個男生宿舍的門外，我被一個小巧清秀、梳著短髮的女學生攔住，她問我是誰、找誰。我問她是誰，是幹什麼的。她說她叫柴玲，是籌委會（北京大學生自治會籌備委員會的簡稱）秘書處的，現在籌委會正在開會，有什麼事跟她說也可以，她負責轉達。當郭海峰出來告訴我是參加會的時，她有些不好意思。說現在很亂，什麼人都有，請我原諒，就這樣我們認識了，她那認眞的工作精神和處理問題的幹勁當時給我留下了深刻的印象。

參加會議的有王丹、郭海峰、封從德、楊濤、熊炎、楊丹濤、趙體國、常勁、歐陽、謝健、蔡健和我。主持會議的是郭海峰，主要議題有：一、總結分析這幾天形勢，二、研究如何參加耀邦追悼大會，三、選出籌委會執行委員並詳細分工，各司其責。我首先聲明，我不參選，於是同學們選我當顧問，先設一個資詢委員會，由我和封從德負責，加強和社會各界的密切聯繫。謝健和趙體國也表示不參選，於是大家委任趙體國仍然負責糾察隊，謝健和我做調解人。會議決定，罷課三天，明天全校出動並通知北京市其他有關學校協調行動，在天安門廣場戒嚴前進入廣場，參加在人民大會堂舉行的耀邦同志追悼會。

晚上，王丹、熊炎、郭海峰等人來到我的宿舍，商量籌備北高聯的事。鄭義和夫人北明也參加了。鄭義對形勢做了精辟的分析，他以爲這是一場偉大的民主運動，從這幾天發展的情況可以看到大學生的成熟和穩健。他告訴我們他這幾天四處奔走，已開始徵集名知識分子簽名，他們將以公開信的形式上書中共中央、國務院和人大常委會，要求他們能認眞聽取同學們的意見，鄭義還就遊行、靜坐、罷課或絕食等步驟提出建議，給我們參考。後來，大家推舉王丹去聯繫其他各校負責同學，準備成立各校自治團結聯合會，郭海峰仍做爲北京大學籌委會召集人。

憑心而論，我們誰也沒有推翻共產黨的想法，我們想藉此推進中國的民主進程，推進改革開放。我們甚至十分謹愼地提出我們的訴求，尤其注意不把鄧小平推到對立面去，但鄧小平結怨太深，我們控制不到校園的大字報很難說沒有對他的批評和諷刺。那些別有用心的人匯報上去，說學生是針對鄧的、鄧便發病了，他不允任何人向他的權威挑戰。

《人民日報》發了個評論員文章，開始對我們威脅恫嚇：「破壞安定團結者要受到法律制裁。」「誤認政府的容忍爲示弱者要自食其果。」據說何東昌也說要抓長胡子的黑手，他說：「參加遊行的同學百分之九十九點九是上當受蒙蔽的，但對那零點一的壞人決不能手軟。」王丹聽後一分析，北京大學一萬多學生，抓零點一正好是十幾個人，那正是籌委會委員的數字。

王丹說：「這何東昌算的還挺準。北京市公安局的朋友們通知我們，四月二十二日凌晨三點鐘，天安門廣場和東西長安街全部戒嚴，以「保證胡耀邦追悼會的順利進行。」我們於是決定，在二十二日零點之前進入廣場。

作家班的同學買來大批的白布、竹杆、毛筆和墨汁，開始為北大各系的同學寫標語，負責此項工作的同學買了一面大紅旗，全班同學一起做了一個班旗、旗上寫著「北京大學——作家班」。後來，這面旗在首都北京的遊行中多次衝在最前面，成了知識分子集合的標誌。

天安門廣場人山人海，各大學有秩序的隊伍陸續進入廣場。北大的隊伍更為壯觀，各系以班級為單位列隊進入廣場，廣場的人都為北大的陣容鼓掌歡呼。

零點前，二十多萬大學生都按指定時間進入廣場，在指定的地方坐下。有兩個耀邦治喪辦公室的官員找到我們，他們要求我們退後二十米，因為天亮要有許多官員來參加追悼會，要給他們留出停車的位置。

二十多萬人退後二十米，談何容易?!但我用擴音喇叭把情況向同學們講了後，疲憊的同學們非常配合，在我的調度下，一個學校一個學校向後退，只用了一個半小時，二十萬大學生形成扇形對著人民大會堂。

8

那個黎明來得好慢好慢，廣場寂靜無聲，同學們都進入了夢鄉。北京的天氣乍暖還寒，料峭的春風使同學們不得不靠得緊緊的。我一夜不曾合眼，開了一夜的會。太陽剛剛昇起來時，鄭義送來了一個驚人的好消息，四十幾名知識分子已聯名上書中共中央、國務院和人大常委會，要求迅速與學生對話，肯定學生的愛國運動，而置之不理或採取壓制的作法都是不明智的。

我當衆宣讀了這封公開信，廣場數十萬學生歡聲雷動。我讀的每個人都是同學們敬佩和熟知的；嚴家其、包遵信、蘇曉康、鄭義、李洪林、于浩成、吳祖湘、戴晴……我每讀一個名字都有長時間的掌聲和歡呼聲。

這封信給同學們的鼓舞太大了。同學們深深地感到我們不是孤獨的，有那麼多知識精英和我們在一起。寒意全消，睏意全消。遠處沒有聽到我宣讀這封公開信的學校派人來找我，讓我到他們那邊去宣讀。這是知識分子的第一封公開信，從此，北京的知識精英開始介入學運。不僅推波助瀾，而且衝鋒陷陣。

上午十時，胡耀邦的追悼會開始了，趙紫陽總書記致悼詞，全國下半旗致哀。在一片哭聲中，同學們都胸戴白花，肅然站立，每個人的眼睛都湧著哀痛的淚水。一副十幾米長的輓帳道出了大學生們的心聲：讓我們再送耀邦一程，讓我們再看耀邦一眼。

大批軍警組成十幾米寬，幾千米長的人牆把我們和人民大會堂隔開。

同學們一致要求李鵬出來，但無論大家怎樣千呼萬喚，那個「人民的總理」就是不出來。

吾爾開希主張全體同學衝進大會堂去。我不同意，我說：「我們不能給政府以口實，在美國那樣民主的國家也不可以衝進國會，況且今天又是耀邦的追悼大會。」

開希說：「那怎麼辦？難道就這樣收場？你們心甘情願？」

沒有一個心甘情願的，人們都有一種屈辱的感覺。

我說：「把我們的請願書遞上去，如他們不接，那就面對國徽長跪不起，把這個政府釘在歷史的恥辱柱上！」

吾爾開希：「我不同意，我們不能給統治者下跪！」

我說：「我們什麼時候站起來過？四十年了，哪一個中國人堂堂正正地站起來過！」淚水從我的臉上流下，那種感覺只是痛苦的悲鳴。我哽咽著，再也說不出話來。

封從德手裡拿著用大白紙抄好的請願書，猶豫著。

幾十萬人的廣場驀地彷彿凝固了。

郭海峰伸手從封從德手中搶過請願書，和周勇軍、張志勇兩個同學一起衝過軍警的人牆，步上人民大會堂正面的台階，在那碩大的中華人民共和國國徽面前跪下了！

天安門廣場二十多萬大學生驚呆了！

淚水，屈辱的淚水從每個人的臉頰流下，廣場在嗚咽！

五分鐘、十分鐘、二十分鐘……陳明遠從大會堂裡走出來看到這個場景，立刻衝上去抱住了郭海峰，一起跪下。

郭海峰他們整整跪了四十五分鐘，沒有一個人敢接過郭海峰手中的請願書，彷彿郭海峰舉的是一團燃燒的烈焰。

那四十五分鐘，停留在中華民族的歷史上。

第七章

新聞導報

1

新聞自由一直是我們在八九民運中的政治訴求之一。從學潮一開始，我就想在北京大學辦一張眞正屬於自己的報紙。

封從德曾向我建議，請香港報界知名人士徐四民來北大幫助我們辦報，由他出任顧問，後來條件不成熟，徐四民也沒來成，據說，徐四民先生早有辦一張民間報紙的想法。

四月二十二日耀邦同志追悼會後，官方報紙很令人失望。《人民日報》、《光明日報》等報紙根本沒有報導二十萬大學生參加追悼會的情景，以及郭海峰等三名同學長跪四十五分鐘請願的情景，只有《科技日報》、《北京青年報》對追悼會外面的情況做了報導。我記得當時《科技日報》的長篇通訊題目是我的詞句「風一程，雨一程，長歌當哭送君行」。那篇通訊如實描述了三十萬大學生參加耀邦追悼會的情景，讀來令人感動，但《科技日報》也未敢深入報導學生請願的要求以及郭海峰跪求民主的事實。

在二十三日的籌委會諮詢委員會上，我提出必須儘快地辦自己的報紙，以迅速、即時、準確地報導學運的發展。對於這一點，大家沒有異議，但當時大家提出許多技術問題，如是鉛印還是油印？採用電腦排版是否可行？去那裡搞電腦？另外，要不要向新聞出版署申請報刊登記號？資金從哪出？等等……

我強調：重要的應先成立一個編輯委員會，吸收一些有熱心的同學參加工作；另外，先用電腦排版，因爲北大的一些研究所都有電腦，學生可以利用夜裡或自己寫論文時間幫助我們排版；三、印刷可採用油印，然後待報紙出來再拿報紙出去募捐，待有條件再考慮鉛印或擴大發行。關於申請報刊登記號可不去考慮，因爲新聞出版署不可能給，退一萬步說，就是給他們也要拖你半年或一年，那時學運早已結束，情況很難預料。

於是，同學們分頭準備，我負責稿件編輯，另外幾個同學負責排版、印刷。我們想儘快地把這張紙辦起來，用它來眞實記錄這場迅猛發展的學潮。

籌委會開會，決定以罷課抗爭。二十三日夜郭海峰來我宿舍，並帶來了他的女朋友。大家閒聊一會兒，我和郭海峰走出我的宿舍，研究第二天的北京大學誓師大會，海峰當時是北京大學學生自治聯合會籌備委員會的召集人，他當時對籌委會的成員丁小平、張志勇等不滿。認爲兩人過去都是官方學生會的幹部，在工作上不僅不能配合而且處處不合作，籌委會已經開會將丁小平、張志勇選掉了。我從他的談話中知道了籌委會的矛盾，王丹當時極想聯繫其他高校籌備成立「團結學聯」，我忙於籌備《新聞導報》並想和社會各界聯繫，聽取知識精英對學潮發展的意見，籌委會的工作多由郭海峰、楊濤、熊炎、趙體國、蔡鍵、常勁等同學負責。但丁小平是籌委會第一任召集人，又是第一次大遊行的主要領導人，我建議：對他和張志勇的撤換要愼之又愼，況且明天要開大型誓師大會，萬一丁小平和張志勇衝上台去，講些與籌委會提法不同的話，那就容易引起人們對籌委會內部團結的猜測，從而導致籌委會的信任危機，那後果會非常嚴重。我向郭海峰建議：「明天的會無論如何不能讓丁小平和張志勇上台，不能把話筒讓他們二位掌握，兩人剛剛被排擠出籌委會，必然不服氣。」郭海峰同意我的建議，他說他會想辦法的。

沒想到，第二天的會出了大事。

2

四月二十四日中午，北京大學五四運動場旌旗招展，歌聲嘹亮，全校各系的旗幟全舉出來了，近萬人參加了北京大學歷史上第一次由學生組織的大型政治集會。

但大會令人失望。

王丹代表籌委會講話，表示要堅決和政府抗爭，維護憲法賦予公民的合法權益，並號召北大學生發揚五四精神，把自由民主的運動進行到底……

每個人的發言都引起雷鳴般的掌聲和歡呼聲，但當張志勇走向主席台時會場出現了混亂，先是郭海峰不讓張志勇講，但後來同意他只講三分鐘，而被拒絕上台的丁小平脖子吊一個手提話筒，站在主席台上頻頻向學生們招手，那姿勢使人想起毛澤東接見紅衛兵的樣子。

張志勇在講話中介紹了自己，然後開始抨擊籌委會對他的「排擠」……

台下一陣騷亂。

郭海峰搶下張志勇的話筒。而這時熊炎衝上去從郭海峰的手中奪過話筒大聲說道：「同學們，請安靜，據我們掌握的情況，張志勇是官方派來的，他是有背景的……。」

就如一盆冷水潑來，人們驚呆了，但馬上產生了不同的反應，大家紛紛指責熊炎：「你有什麼證據可以這樣去污辱同學！」

同學們都站了起來，全場大亂，無論郭海峰如何制止都無濟於事。

官方研究生會主席李進進上了主席台，要求大家冷靜下來，不要搞分裂，但也只有一部分人聽他演講。

糟透了！誓師大會成了吵架大會，北大的同學開始懷疑籌委會的素質。

熊炎為此主動提出辭職，並自己寫了張向同學們道歉的大字報貼在了三角地。

後來籌委會考慮集體辭職，以示對那次大會失敗負責，但為了保持校內有組織領導學運，並推動校園民主建設，建議各系投票選出本系學生代表，然後由各系學生代表產生籌委會，待新選的籌委會接任工作後，原來的籌委會全部辭職。

兩天後，孔向東、沈彤等五人被選為籌委會常委，稱五人常委。但後來由於孔向東等人的辭職，五人籌委會也解散了，籌委會仍由原來的楊濤、王丹、封從德、郭海峰等人主持，熊炎和沈彤去法大組織對話代表團，王丹後來去了北高聯。

3

這段時間我沒有參加籌委會的會議，當時的情況是全校罷課，我每天騎上自行車聯繫和採訪。趙瑜和謝泳兩人也從山西太原趕到了北京，每天吃住在作家班，兩人分頭採訪，想和我合作寫一部關於北京學潮的報告文學。

趙瑜是我的好友，他的報告文學《強國夢》和《兵敗漢城》當時正走紅，所以他在大學生中的知名度是蠻高的。謝泳是山西文學新掘起的文藝批評家，也是我的朋友。當趙瑜知道我在籌備辦《新聞導報》時曾警告我，不要涉入太深，以免被抓住把柄。剛開始我還保持不深入的姿態，但後來出任了《新聞導報》總編輯。後來趙瑜被逮捕坐牢，而謝泳只在北大住了十餘天，便被山西省作家協會電報召回。

《新聞導報》首先出了個試刊號，匯集了學潮初期的宣言，詩歌、請願七條以及一些三角地大字報，印數只有五百，沈彤、楊濤等拿到記者會發行，被一搶而光。

許多信息立即反應回來，大多數是建議性意見，我馬上和王果爲等開會，他們都是北大地球物理系的同學，果爲性情沉穩，寫一手好字，編輯工作由他負責，曹爲英俊開朗，周圍有幾個印刷和發行的同學，所以印刷發行他全包了。《新聞導報》的主要負責人就我們三人，我是總編輯。除主持每期的編務會外，設計版式、撰寫社論、評論文章，主要的人物專訪也由我主筆。我們三人可謂配合得珠聯璧合，那眞是一個令人愉快的編輯部。

四月下旬的一天，我們在塞萬提斯民主草坪上開會，召收了一百多名編採人員，後來還在三教開了一個正式大會，宣告《新聞導報》正式出報，政法大學等校派來代表祝賀，並主動提出在各校設立採訪組，支持辦報。我在會上講了我們辦報的目的，採訪應注意的問題以及如何寫新聞。因爲這些願意參加工作的「編採人員」多是理科學生，北京大學沒有新聞系，少得可憐的幾位中文系或國政系的學生對新聞也一竅不通，寫回的通訊常常要重新改過，但就是這樣一批熱血青年卻辦出了八九民運中影響最大，獨裁者最恨的民間報紙。

我們報紙的兩次全體會議都有安全部的秘密警察參加，果爲告訴我會場有「雷子」，我當時還不信，但會議結束時，一個青年人冷笑著拍拍我的肩膀從我身邊走過，扔下了這樣一句：「張伯笠，你的黨籍保不住了。」那眼神冷然一閃而過，但卻像一陣冷風從臉上掠過。

爲了能使《新聞導報》既衝破新聞封鎖，又能在校園扎根，我仍決定採取低調姿態，我在起草發刊辭是這樣寫的：

《新聞導報》是在學運中產生的，他眞實地報導學運期間發生的重大事件，眞實地反映北京大學生的呼聲，我們主張新聞自由，這是我們所擔負的責任和使命……

四月二十五日北京大學全體共產黨員開會，傳達了「中央領導」的講話精神，鄧小平在講話中把廣大青年學生悼念耀邦的和平請願視爲動亂。當天晚上的中央電視台和中央人民廣場電台的聯播節目中廣播了那篇臭名昭著的社論《必須旗幟鮮明的反對動亂》。

中國的新聞經常能鬧出世界上最大的笑話，四月二十五日的廣播播出四月二十六日的報紙社論，可見執政者的迫不及待。他們這樣做的目的是嚇住青年學生。這是共產黨四十年來的一貫做法，要搞運動之前，先在《人民日報》發個社論，爲他們抓人先尋找根據。稱這個「四·二六社論」在結尾時又上昇到了理論高度：「全黨同志，全國人民必須清醒地意識到，不堅決地制止這場動亂，將國無寧日，這場鬥爭關係到改革開放和四化建設的成敗，關係到國家民族的前途，中國共產黨各級組織、廣大共產黨員、共青團員、各民主黨派、愛國民主人士和全國人民要明辨是非，積極行動起來，爲堅決、迅速地制止這場動亂而鬥爭！」

這殺氣騰騰的文字，令人想起血雨腥風的反右鬥爭和文化大革命。

我馬上找來兩位博士生，一起研究如何回應「四·二六社論」。我給兩位出了題目，一是要旗幟鮮明地駁斥「四·二六社論」，《人民日報》那篇社論決不是一般編輯和評論員寫得出來的，而是有極大的背景，因爲那篇社論關於「動亂」的定性是鄧小平的精神，不推翻這個「動亂」的定性，接下來的後果就是大批的知識分子和學生領袖要被捕坐牢，一場新的政治迫害就會席捲全國。所以我們應旗幟鮮明地表明我們的態度。第二、搞一篇評論員文章，把《人民日報》在歷次政治運動前的社論都列出來，看那張報紙是怎樣下達殺人整人動員令的，讓歷史解釋現在，也讓歷史告訴未來。如《人民日報》在一九六六年四月二日發表了戚本禹炮制的社論《「海瑞罵皇帝」和「海瑞罷官」的實質》，揭開了「十年動亂」的序幕；同年六月一日，人民日報又發表了《橫掃一切牛鬼蛇神》的社論，號召懷疑一切，打倒一切，使中國陷入動亂深淵。然後是《煽起大奪權的「一月風暴」》，全國大奪權，大混亂、武鬥、流血、死人，人吃人的紅色恐怖開始了……

我強調：「眞理在我們手裡，我們應該把掌握的眞理告訴全國人民，所以《新聞導報》第三期主要針對人民日報「四．二六社論」作戰！集中力量，集中火力，揭露人民日報。」

四月二十六日上午，我們在二十八樓召開了籌委會擴大會議，研究對「四．二六社論」的反應，同學們一致主張聯繫各校舉行全市大遊行，以反對硬扣在學生頭上「動亂」帽子。會議並對遊行路線，和警察可能發生的衝突，以及是否會遭到鎮壓都作了詳細的討論，最後統一布置了口號，加進了：「擁護中國共產黨、擁護社會主義、擁護四項基本原則。」這樣的標語，其目的是不給統治者鎮壓以口實。

4

下午，表姐來校看我，我陪她到「燕春園」吃飯，飯後又到未名湖邊散步，未名湖一片春色、柳枝婆娑，碧波盪漾，和三角地形成了強烈的反差。正行走間，我的師長錢理群教授從我的後面趕上來，他是魯迅專家，他爲我們班開的《周作人研究》非常受歡迎，我對他很尊敬，不僅因他的學識淵博，更重要的是他對人的眞誠和直率。我把他介紹給表姐。他對表姐點點頭後便把我拉到一旁，告訴我：明天不能去遊行，那要流血的。

錢理群教授那雙深邃的眼睛似乎閃著淚花，他說：「我擔心，你們還是孩子啊……還有好多事要你們去做……」

我握住錢理群的手：「教授，別擔心，我們人多，又有全國人民支持，再說，我想他們還不會反應那麼快，他們以爲一個殺氣騰騰的社論會把我們嚇住，我們就是要他們看看，現在的中國大學生不像從前那樣軟弱了……。」

震驚中外的「四．二七大遊行」第一次展現了人民對統治者的蔑視，那次遊行表現的和平、理性以及北京全市老百姓的聲援使統治者既氣又怕，警察布置的防線被學生們一一衝破，有的警察竟參加進了遊行者的大潮中去。

遊行回來後我們編輯部連夜加班，印刷第二期《導報》和編發第三期。到後半夜同學們都餓了，我讓兩名同學下樓去買宵夜，結果買宵夜的同學捧回來四十多份煎餅果子，買宵夜的同學說，下面那兩個賣煎餅果子的女孩聽說《新聞導報》的同學們在加夜班，說什麼也不要錢，她們說：「如果要給就給我們兩張報紙吧，我們留作紀念……。」同學們放下手中的工作擠到窗邊向下望去，兩個姑娘在充滿涼意的夜風中攤著煎餅，大家都很感動，我也一樣，心裡面熱呼呼的。

《新聞導報》第二期和第三期很快與讀者見面了，這兩期集中了一些重要文章，如紀念「五四」運動七十周年的社論，「人民日報的歷史功績」的評論等文章，以及「我們反對什麼？我們擁護什麼？」還有我寫的郭海峰的專訪「我以我血薦軒轅」，王丹的專訪「王丹，男子漢」等。這兩期我們從版式設計上有很大進步，另外多打了六張蠟紙，後每期的印數增加了數千。

報導文學作家賈魯生從山東回京後到北大看我時告訴我，他在濟南的書攤上看到賣《新聞導報》，一份的價格竟高達七十元人民幣。

在勺園的各國留學生也派人找我們購買，每次買二百份，給二百美金。我也明白那些外國留學生的用意，他們不敢向我們捐款，恐怕給我們帶來「裡通外國」的麻煩，所以用這種方式支持我們辦報。

在美國的留學生組織和《中國之春》也非常關心《新聞導報》，並透過四通公司給我們提供了新設備。

西單民主牆的人也找到北京大學，想介入《新聞導報》，一位自稱坐了四年牢在當年西單民主牆時給魏京生辦報紙的人遊說了果爲和其他同學，想和我們一起辦這張報紙，果爲表示贊同，他們在學二餐廳找到了我，果爲等人買了啤酒招待這些「老反革命」。

他們的想法遭到了我的拒絕，我說現在導報不能滲進非校園色彩，那樣後患無窮，我表示我們非常歡迎他們的指導和幫助，但不希望他們插手報紙，因爲他們都是秘密警察掌握的人，如他們一參加《新聞導報》的編採工作，安全部就完全可以反革命煽動罪封鎖導報，我希望他們能理解。

劉曉波也到北大發表看法，五月三日夜我們在北大二十八樓開會研究「五四宣言」時，劉曉波要求見各位學生領袖。郭海峰、封從德不同意他參加會，我和王朝華也不同意，後來是吾爾開希給講情讓他進來發表高見。那是我第一次見劉曉波。他身後跟了一位打扮入時的女人，他站在門口，要求我們在起草五四宣言要有深度，只講了幾分鐘就告辭了，他除留給我愛譁衆取寵的印象外，另一個深刻的印象就是口吃很嚴重。

四月二十九日晚上，何東昌、袁立本和學生進行的所謂「對話」，在北京大學引起了強烈反彈。早在前一天，北京大學生自己的組織「北京高校自治聯合」就已成立，但袁木、何東昌等人拒絕和「非法組織」對話，他們找了一些官方學生會的學生進行對話。郭海峰也參加了那次對話，我當時支持他去，讓他問袁木，李鵬算不算人民公僕，爲什麼我們跪了四十五分鐘竟無人出來接住請願書？

那次對話的效果十分不好，老奸巨猾的袁木充分地掌握了對話的主動權，一個對話會實際成了袁木的講演會，政法大學的一位同學當時退出了會場，並號召其他同學一起走，但那些同學沒有走，結果對話不痛不癢，郭海峰雖然質問了李鵬爲什麼不出來見學生等問題，也被袁木嘻嘻哈哈敷衍了過去。

郭海峰回校遭到許多大字報的指責。爲此找我傾吐苦水，我在《新聞導報》發表了他的專訪，爲他主持公道，因爲在強大的政權和狡猾的政客面前，我們實在不應該對年僅二十幾歲的學生領袖求全責備。

5

五月四日那場全市大學生大遊行後，北高聯主席周勇軍在沒有經過全體高聯常委通過的情況下，在天安門廣場宣布了「五四」後全市復課的指令。五月六日後，有的大學部分復課。北京大學也有部分教室開始上課。那天我們班的課表是曹文軒教授的《思維論》，我和建祖、非默等幾個同學到了課堂。曹文軒是北大中文系副主任，也是作家班的班主任，他是一個十分優秀的學者，也是一位著名的兒童文學作家。他微笑著站在黑板前，看著課堂上那寥寥無幾的學生，遲遲不開口。上課的鈴聲響了五分鐘後，闖進一群外國記者，三、四部攝像機對著空曠的教室的門，一位CNN的記者用中文問曹文軒教授怎樣看待罷課與復課。曹文軒淡淡一笑說：「我今天的課不能上，因爲，我的課應該有九十多名同學來修，現在只有幾個人。」他又說：「政府應該看待學生是愛國的，而愛國是無罪的，如果沒有那頂「動亂」的帽子，我想，我的學生會回到課堂的……」

我和建祖等人爲曹老師鼓掌，然後離開教室。半個月沒進教室了，心裡不免眷戀那硬硬的木椅，但偌大個校園竟放不下一張平穩的書桌，這責任在我們嗎？我不斷地問自己。答案顯然是否定的，這不需要回答。

鄭義、趙瑜、北明那幾天待在北大，我們幾經討論，決定在罷課與復課的拉鋸戰中組織一次北京知識界的自行車大遊行，由北京大學作家班籌備，那幾天總是寫標語，鄭義曾寫了兩幅標語，很令人興奮，一幅是：

學習魯迅精神，挺起民族脊樑

另一幅是：

跪久了，站起來溜躂溜躂。

五月十日那次自行車遊行（也有人稱爲飛行集會）從北大出發，我們把中文系的一輛三輪車借了出來，一位從江西來叫木易的怪人主動蹬三輪。我站在三輪車上揮舞作家班的大旗做引導，柴玲坐在我身後捧著錄音機放音樂，建祖、何力力、阿吾等人也穿著寫著自己名字的白T恤站在我的身邊。大旗後面的隊伍十分壯觀，第一排是二十幾名知名作家以及王丹等幾名同學。作家班買了許多北大的白色T恤，前胸寫上作家的名字，後背寫上作家的代表作品：

鄭義《老井》

柯雲路《新星》

蘇曉康《河殤》

徐剛《伐木者、醒來》

趙瑜《強國夢》

王兆軍《佛曉前的葬禮》……

作家後面是北大教師隊伍，再後面是新聞記者隊伍，那天通知全市知識界的信號就是以北京大學作家班的「班旗」爲號，所以，沿途等待的知識界朋友不斷地加入遊行列。我們騎過復興門立交橋後，隊伍擴大到幾萬人，然後由作家班大旗前導，由長安街自西向東前進。

滾滾車輪組成的奇異之遊行隊伍有數公里長。中國作家協會和「世界經濟導報」的一些朋友等在天安門前，當我們繞天安門廣場一周時，幾位作家朋友呼喊著我的名字爲我們鼓掌，那還有中國的著名作家評論家和編輯。我們到人民日報後停了下來。吾爾開希帶了一些人在大門外喊總編輯出來。人們高喊：「人民日報，胡說八道！」把人民日報大門圍個水泄不通。而人民日報的記者和編輯在大門裡響應學生，他們打著標語：我們不願說假話，是他們逼著我們說假話。

蘇曉康找到我，讓我把作家班大旗交給別人，我們找地方開個會。

幾分鐘之後，我們來到團結湖王兆軍的家裡。王兆軍原是一位小說作家，現任一個什麼出版社副社長。我和曉康、建祖等人剛坐定，魯迅文學院作家班的徐星等人就進屋了，大家把王兆軍的酒喝光了，把王兆軍太太做的菜吃完後，得出一個結論：運動已得到了全民起來的時刻。知識分子伸頭也挨一刀、縮頭也挨一刀，乾脆，和學生們一起幹吧！於是我們決定在五月十二日召開一個北京知識界的會議，起草一個聲明，把知識精英的要求和主張公布於世，一是向政府施加壓力，二是通告全國共產黨有倒退的危險。

6

那天夜裡我沒回學校，待在人民日報宿舍劉賓雁家裡。吃過小雁燒的菜，我到劉賓雁住的屋休息。賓雁已到美國一年多了，臥室裡堆滿了信件。不一會兒，小雁的丈夫李東江打開了門，他和我也無話不談。他想讓我勸勸小雁，明天不要去參加知識界的會。李東江是一位海軍中校，人很坦誠。他說，他岳父已經成了資產階級自由化的頭子了，這次學潮的結局肯定是對學生不利，所以他不想讓妻子陷入太深，他們的兒子淘淘還小，萬一小雁被捕或坐牢，他和孩子怎麼辦？東江推心置腹，他說他不好勸小雁，那樣小雁會以爲自己的丈夫太自私。他說：「你們是好朋友，你勸勸她，就算是爲了孩子……。」

那一夜，我躺在賓雁那張鋪著涼席的舊木床上，遲遲不能入睡，劉賓雁的床太硬了，兩位老人一直過著儉樸的生活，卻又留給人們那麼多優秀的文學作品和勇敢的故事。

第二天我去團結湖公園開會，小雁把淘淘給了保姆小王帶，和我一起出門。我在路上和她談了，我堅決反對她再參與我們的活動，並告訴她以後也不要到北大找我。她問我：是李東江的意思吧？我說：「小雁，爲淘淘想想吧！」

她沈靜片刻：「那你呢？你不爲小雪想想嗎？」

我說：「我是男人，將來坐牢小雪可以和媽媽在一起，可是你坐牢淘淘的爸爸怎麼帶得了孩子？」

我們一路上無話，都覺得話題太沈重。

7

北京知識界的精英們三五成群地來到團結湖西門，有幾位「雷子」神神秘秘地探頭探腦，於是我們決定改換地點。

晚上六點多鐘，會議在一家飯店開始了，鄭義和李陀主持了會議，我介紹了北京大學這幾天的情況，大家發言很踴躍，都主張有所動作。我負責記錄，記得當時參加會的有包遵信、劉再復、蘇曉康、老鬼、王魯湘、柯雲路、羅雪柯、鄭義、李陀、徐剛、趙瑜、王兆軍、蘇緯、遠志明等三四十人，會議最後達成共識，起草一份知識分子聲明，定在五月十六日見報。十三年前的五月十六日，中共中央關於文化大革命的通知在中國人民心目中是一個專制與黑暗的象徵。十三年後，這場民主運動同樣面臨著被鎮壓的危險，所以我們這些知識分子鄭重簽署這個聲明，公開表明我們的立場。

這個聲明的執筆工作放在了蘇曉康和鄭義的身上。

散會後，我和蘇曉康、趙瑜、陳建祖騎自行車回北大。已過午夜，路上行人很少，偶爾有一輛計程車開過，我們四個人在寬敞的馬路上並肩前行。

我們感覺到了我們已經來到了一個歷史關頭。無論是中華民族還是我們個人已不能再失去這不多的歷史契機。

我們無後路可退卻了。

第八章

絕食

1

五月十三日，持續了半個月的不死不活的狀態被打破了，北京大學等高校的同學採用了和平鬥爭的最後手段——絕食。

絕食的目的是迫使中共否定「四・二六社論」。承認學生運動爲愛國民主運動。同時，開闢對話渠道，並通過新聞媒體實況轉播。

我因爲參加首都知識分子起草五一六聲明會議，在回校途中到北京電影製片廠談我的電視連續劇《酋長》談到天亮。上午八點鐘才回到北大。柴玲，封從德等人都在我的宿舍，《新聞導報》的王果爲和曹爲等人也在我宿舍等我，我們簡單交換了一下意見，立即分散行動，柴玲想寫一個絕食書，我忙著要出《新聞導報》關於絕食的號外，把白夢推薦給她，幫她起草絕食書，我叮囑白夢，寫好後立即給我複印或抄一份，我將用在《絕食號外》的第一版。臨近中午，白夢給了我《絕食書》的原稿。那篇絕食書寫的很感性，讀來令人落淚，但我當時是以一個報紙的總編輯角度去讀的，我對其中那段：「國家是我們的國家，人民是我們的人民，政府是我們的政府，我們不說誰說？我們不喊誰喊？我們不幹誰幹？」這段提出不同意見，我認爲這句是文化大革命時紅衛兵最常用的口號式的語言，放在絕食書中顯得極不協調，白夢和我辯論，堅持要保留，白夢是我同班同學，在這場運動中一直表現出色，且積極參加，他有口吃毛病，像劉曉波一樣，一著急就面紅耳赤。

《號外》的稿件基本差不多了，我在設計版式時，同班一位搞廣播劇的同學把我拉到另一同學的宿舍，一位同班的詩人揮淚寫了一首詩，他們搞了個小型錄音設備，讓我朗誦，並配上《送別》的旋律。

我接過那首詩。那首詩的題目是「不要問我叫什麼名字」——謹以此獻給為眞理而絕食者。

幾個詩人圍著我，每個人的眼睛都噙著熱淚，他們似乎在說：這是我們作家班的心聲。我隨著那深沈而惆悵的音樂，用低沈的男中音開始了朗誦：

五月，是警察最忙碌的季節，
他們像知了一樣蟄伏在每一條街衢上。
他們揮舞著羽翼——
在陽光下揮舞著羽翼，
那些羽翼上長滿了蜘蛛網……

同學，不要問我叫什麼名字，
把你的手伸出來，

把我的手伸出來，
把我們的手伸出來，
讓我們的手臂挽在一起——
把死亡和苦難交織在一起，
把生命和眞理交織在一起，
在五月的廣場上，
我們用我們自己的軀體，
挽成一只巨大的花圈——
不朽的花圈！

是的，五月是樹木綠透的季節，
是我們把自己從生命之樹上折下來的日子，
是無數條蔥綠的枝葉在紀念碑下，
等待枯萎和復活的時刻。
同學，不要問我叫什麼名字，
把你的手伸出來，

把我的手伸出來，
把我們的手伸出來，
讓我們的手臂挽在一起——
先驅者的群像！

……

宿舍的同學都哭了，大家擁抱在一起，爲那些用自殘的方式去求民主的同學難過。作家班的同學們舉著錄音機（錄音機內的磁帶是我朗誦的這首詩），也擎著一條橫幅，上面寫著：「風蕭蕭兮易水寒，壯士一去盼回還」，去給絕食的同學送行。

曹文軒老師和一些青年教授在燕春園爲絕食的同學送行，趙體國帶領絕食的同學宣誓：「我宣誓，爲了促進祖國的民主化進程，爲了祖國的繁榮昌盛，我自願絕食，堅決服從絕食團紀律，不達目的，誓不罷休！」

我心裡很難過，鬥爭走到這一步並不是我所希望的，五四過後的幾天，王丹、封從德、郭海峰經常到我宿舍商談工作，柴玲也常跟封從德來，大家在閒談中，我曾建議過如中共中央仍不給我們摘「動亂」的帽子，我們可以採取最後的手段——絕食。這個啓示是從甘地傳中得到了，又經過鄭義的鼓動。我當時的設想是在大學校園內絕食，北大、清華、北師大、人民大學，每個大學都組織一個幾百人的絕食團，絕食團的人數應按本校醫院所能承擔的能力嚴格控制，在校園絕食有許多有力條件，一、可以使罷課繼讀下去，同學們在絕食，還有哪個忍心去上課？二、可以有良好的後勤服務和醫療服務，刮風、下雨、寒冷、曝曬都可以解決。三、不影響戈巴契夫訪華，以及天安們廣場的其他國事活動，給政府一個緩衝餘地。我對他們講，只要救護車每天在全北京各大學鳴叫不停，全世界新聞焦點對準北京各大學校園，政府就像火燒屁股一樣再也坐不住，那時新成立的對話代表團就可主動出擊。開闢四十年歷史上史無前例的對話渠道，只要保住這條渠道就會使中央政府重視民間的意見，接受民間的監督。

但北高聯決定把絕食地點設在天安門廣場，這眞給我那種「風蕭蕭兮易水寒，壯士一去不回還」的感覺。

絕食隊伍從北大出發了，幾輛三輪板車做前導，後面是壯烈的男女絕食團員，數千人從北大門口列隊到中關村歡送自己的同學，那情景會使一個鐵石心腸的人也落淚。

我和郭海峰邊走邊談，他讓我快點處理完這期《新聞導報》後立即去廣場：「那兒更需要你！」他低沈地說。

我們緊握雙手，互道珍重，一個法律系的女學生以爲我也和他們一起的，在人群中大聲喊：「張伯笠，活著回來呀！」

我回頭看去，她滿眼淚水，但那春花般鮮艷的面容卻明明在微笑。她是我五四遊行那天認識的女孩，那一天她始終跟在我的身邊，雙手拉著我的胳膊，一步一步走完遊行的全程。她把她媽媽爲她煮的茶蛋給我吃，側仰著頭聽我高唱那曲國際悲歌。她輕聲告訴我她好喜歡我的聲音，無論是講話、唱歌還是談天她都喜歡……

郭海峰問我：「你的女朋友？」

我微笑著點了點頭，是的，雖然我們剛才相識。

郭海峰拍拍我的肩膀：「伯笠兄，値了！」

我明白他的意思，當你爲理想去獻身時，有一位美麗的姑娘爲你流淚，那你還有什麼顧慮的呢？是的，只爲那滿眼淚光的眞誠，男兒就會死於沙場而無憾。

《新聞導報》絕食號外於十四日清晨印刷完畢，我派兩名同學帶到天安門廣場兩千份。連續幾天幾夜未休息，床上堆滿了換下的髒衣服，我也顧不得了，把衣服一推，倒頭便睡。還沒睡到十分鐘，鄭義、趙瑜、北明等就來了，大家把我拉下床，研究五月十六日在北大的知識分子新聞發布會和五月十五日知識界大遊行。這兩項大型活動的籌備工作又落到了作家班的頭上。在北京知識界，再不會找到第二個這樣團結而又全身心投入的團體了。

我向鄭義提出要去天安門廣場看望絕食的同學們，但大家不讓我去，他們認爲廣場現在不需那麼多領袖，而明天的遊行以及後天的集會，卻需要我做大學的預備工作。最後確定趙瑜爲「五．一五大遊行」總指揮，我和陳建祖負責組織糾察隊，維護遊行秩序，也保護那些著名知識分子的安全。

2

「五．一五大遊行」非常成功，嚴家其、包遵信、李宏林、于浩成、蘇曉康、鄭義等著名知識界精英都參加了，我和趙瑜在前面領著大家喊口號，錢理群、王魯湘、張曼菱等人抬著一幅巨大白布，上面是五一六聲明手寫內容及簽名者的筆體。

到天安門廣場後，我們選出嚴家其、包遵信、鄭義、徐剛代表知識界去看望絕食的同學們，我和王魯湘宣讀了「五．一六聲明」。當我讀到：「所謂抓『一小撮』『長鬍子』的幕後指使者的想法是錯誤的，中華人民共和國的所有公民，不論年齡大小，都擁有同等的政治地位，都有參政議政的權利」時，廣場幾十萬人響起熱烈掌聲和長久的歡呼聲。為了讓更遠的群眾能聽到聲明的內容，我讀一句，十幾萬人就重覆一句：

「一切追求眞理、熱愛自由的人們，——

一切追求眞理、熱愛自由的人們……

「都應當為實現憲法所賦予我們每一個公民的思想自由、言論自由、新聞自由、出版自由、集會自由、結社自由、遊行自由、示威自由而不懈努力——」

「都應當為實現……」幾十萬人重覆著……

那情景眞令人熱血沸騰，幾十萬人發出的震天動地的吼聲，不知大會堂裡的官員能否聽見，聽見後會作何感想。

晚上回到北大後，我給《新聞導報》的幾名主要編委開了個小會，決定派幾名記者長住天安門廣場，並安排了下一期的稿子，會剛開到一半，有人從廣場傳回信：死了一名同學。

萬沒想到，第一個死在天安門廣場的竟然是我的好友，詩人駱一禾。

五月十三日夜，天安門廣場寒風刺骨，駱一禾和妻子張玞坐在聲援絕食的隊伍裡，一浪浪的人潮和歌潮使人激動不已。他想起了海子，那位臥軌自殺的詩人，如果海子活著，他的激情詩句會像泉水一樣。駱一禾激動地站起來，向絕食的隊伍望去，驀地，他倒下了，張玞忙扶住他，他兩眼發直，不省人事，但一隻手仍指著絕食隊伍的方向。天安門廣場第一次響起救護車的呼叫聲。詩人被送到了協和醫院，經檢查，過份激動引發了腦血管破裂——腦溢血。

我呆呆地坐在我宿舍的屬於我的那四分之一天地裡，聽著從詩人身邊回來的人的敘述。駱一禾夫婦不僅是我的好友，而且是我的宿舍——四十七樓三〇一室的好友，學潮前他和張玞幾乎每天都要來坐一會，我們談文學、談政治、談物價，也談家庭、愛情……我曾經想到此次學潮所要付出的代價，但萬沒想到第一個離開我們，死在廣場的竟是那個溫文爾雅的一禾。

「出師未捷身先死，長使英雄淚滿襟。」我想起張玞，她是我最親密的朋友，她在這場民主運動中的表現令所有的朋友們側目，而現在她在哪？她一定在死去的丈夫身邊哭得死去活來。我穿上毛衣，準備去協和醫院。正要出門，同宿舍的趙殿雲和同班的趙北溟同學從廣場回來，北溟帶回了郭海峰的口信，柴玲等人要自焚，以死逼迫政府對話，他讓我快去廣場，最好帶幾名教授去，可以勸勸那些要自焚的同學。

我聽後既難過又著急，難過的是我們真的在付出更大的代價，著急的是柴玲等同學真要自焚的話，白白送掉生命不說，還要把問題搞僵，使雙方都沒有台階可下，那將會更糟。這是誰出的餿點子？兩年後我才聽人說，是李錄。

我和十幾名北大教授及同班同學北溟分乘一輛轎車，一輛麵包車到了天安門廣場，那夜廣場非常寒冷，絕食的同學踡縮在棉大衣裡，沒有棉大衣的互相擁抱在一起，用身體取暖，過去掛外國旗的旗杆上掛滿了各大學的校旗，最引人注目的是一面碩大的黑旗，黑旗上寫著兩個大大的白色字：絕食。那面旗在塞風中瑟瑟抽動，發出嘩嘩的聲響，使你一見就有一種悲壯的感覺。

在絕食的同學身旁，北大和其他高校的糾察隊圍成了一圈，嚴禁任何人進入，以免驚動絕食的同學，我和教授們被阻在圈外，後來還是郭海峰和封從德出來向糾察隊員講明了情況，我們才被放行。

在絕食團指揮部，我們見到了柴玲，只短短兩天沒見，她顯得十分憔悴，她無力地靠在我們身旁：「別走了，伯笠，我們現在需要你。」

從此，一直到六月四日，我再也沒離開過天安門廣場，我不能讓那些小弟弟小妹妹們自己去犧牲而我卻去做「黑手」或「菁英」。

在我們的勸說下，要自焚的同學都放棄了這種抗爭方式，我給《新聞導報》的同學們捎去一封信，希望王果為同學把總編輯的工作接過去，把《導報》辦好，兩天以後，絕食團指揮部成立，柴玲出任總指揮，我和封從德，李錄出任副總指揮，郭海峰任秘書長，另外組成了常委會，常委有王丹、柴玲、封從德、郭海峰、李錄、王文和我。

白夢、鄭義、北明和趙瑜在開完知識界的新聞發布會後，也從北大到了廣場，我和封從德設了個絕食團廣播站，主要由我全面負責，鄭義、北明、趙瑜等人來後，廣播站的力量加強了，稿件的質量明顯提高，我們也可有意識地在一起研究起草一些廣播稿，宣傳我們的思想和主張。

除廣播站外，我立即動手成立了宣傳部，剛開始只有幾名同學，我給他們開了個會，讓一名北大法律系的女同學小劉負責，我兼任宣傳部長，宣傳部當時所做的工作，就是把廣播過的優秀稿件印成傳單，四處散發和張貼。

小劉的工作很有成效，但總和其他高校同學搞不好關係。宣傳部成立的第二天，一位叫溫杰的北京大學研究生找到我，向我提出了許多很好的建議，他認為現在天安門廣場已經成了全國的中心，所以應該派出更多的同學到全國各地去，在每個省都搞一個「天安門廣場」。這樣才會形成更大的壓力，在交談中我發現這位二十四歲的研究生頭腦清楚，而且很有口才，表達能力又強，所以希望他留下來到宣傳部工作。他欣然同意。

當時宣傳部設在紀念碑二層的東北角，一張支起的黃色帆布下有兩部手推式油印機，同學們就在這裡刻蠟板、印傳單，宣傳我們的民主自由理念。

3

五月十六日，數十萬大學生湧進天安門廣場了，聲援絕食的同學。此時，絕食同學的人數已增到三千人。我們指揮部開會後決定，再不接收絕食同學，另外，絕食休克的同學到醫院後不許再繼續絕食。

下午六點鐘，閭明復在一些工作人員的保護下和王丹、吾爾開希來到廣播站，引起了絕食同學們一陣激烈的騷動，人們站立起來，向前擠來，我用麥克風要求大家坐下，保持秩序，並要求糾察隊員負起責任，不要再放任何人進入絕食「領地」。臂纏紅色條帶的糾察隊員立即手拉手排成人牆，擋住四面湧來的人潮。

閭明復從我手裡接過麥克風，他很激動，衣領敞開著，頭上是剛從人群中擠過來時泌出的汗水。他感性地說：「同學們，我眞不知道應該用什麼樣的語言，來表達我對你們的同情，我的感情是屬於你們的。」

同學們靜了下來，靜靜地注視著他。

閻明復的兩眼閃著淚花，哽咽片刻才說：「同學們，我只是想說，你們沒有權利這樣自我摧殘，你們沒有權利用生命換取你們要求的達到！你們要給改革派時間啊，同學們……」

閻明復接著說：「你們的精神已經感動了全國，希望你們不要用自己的生命來作爲代價，這是我講的第一點，而且完全從人道主義出發。第二點我想代表中央向同學們保証，同學們所擔心的秋後算帳，絕對不會有的。我願意做你們的人質和你們回到學校去。請相信我，同學們。」

人群中響起了掌聲，但並不很熱烈。

王丹接過麥克風，也很激動：「同學們，我是王丹，我以我的人格擔保，閻部長說的是眞話，我們應該相信他。」

吾爾開希也搶過麥克風，他穿著醫院的住院服，帶著氧氣袋，他更激動：「同學們，我是吾爾開希，我首先擔保閻明復同志，他是我們的朋友，是一個眞正的共產黨員……」還沒說完，他就昏過去了。

閻明復和吾爾開希走後，絕食團指揮部立即召開了有各高校絕食代表參加的會議，大家在廣播站前圍成一堆，柴玲不知去哪了，封從德也不在，王丹拿著一束不知誰獻的鮮花在回答記者提問，而李錄手拿著手提話筒成了會議的主持人，我和馬少芳、郭海峰還沒發言，李錄已宣布以壓倒性多數通過了「繼續絕食」的議案。當時我和郭海峰等對繼續絕食是持支持立場的，闆明復的講話雖然感人，但他不是決策者，如果那一天這樣講的是趙紫陽或李鵬，也許情況會不一樣。

絕食的同學越來越多地被送往醫院了，指揮部成員也大部分休克過，絕食的同學建議指揮部的同學應該吃食物，否則不利於指揮，但王丹堅決反對，其實，那時即使讓我們吃我們也吃不下，幾天幾夜的絕食，已經沒有吃食物的慾望。

每天凌晨五點鐘，我開啓廣播，然後把新起草的廣播稿交給那位女廣播員。

在《讓世界充滿愛》那首悠揚的樂曲中，熬過又一夜黑暗的同學們甦醒了，他們在側耳聆聽那位女廣播員甜美親切的播音：

親愛的同學們，早晨好！今天是五月十七日，是我們絕食鬥爭的第五天。絕食團指揮部向全體絕食的同學致以崇高的敬意。

掌聲像是從遠方追過來的六月雨，使廣場的寧靜被打破，於是，新的一天開始了。

一天中午，一個中年男人來到指揮部，他叫張朗朗，是一位作家，他說他代表戴晴來廣場看看，戴晴曾來過一次廣場，她當時對絕食的同學說：我可以讓趙紫陽總書記來跟大家說一句：同學們，你們好。然後你們就回學校去，停止絕食，好不好？同學們氣壞了，戴晴把這些大學生當成了幼稚園的孩子。

我對戴晴一直很欽佩，從她的《盼》到《王實味與野百合花》，她的作品我都研讀過，除對她的大膽潑辣由衷欽佩外，對她所表現的道德勇氣也很佩服。但她畢竟是共產黨奶水養大的社會寵兒，她是葉劍英夫婦的養女，本人又在總參二部等機要機關工作，平時，大家都是搞文學的，沒什麼大猜疑，但這樣複雜的民主運動開始後，戴晴就是顯得撲朔迷離了。她一會在公開信上簽名，支持學生的愛國行動，一會又到廣場勸學生回校，那講話的口氣分明是代表中央。昨天鄭義告訴我，他曾和戴晴通了一次電話，戴晴在電話中對他咆哮：鄭義，你要把運動推向何處？

我們不知道戴晴要把運動推向何處，她利用學生運動四處作秀，然後又在共產黨在人民日報發表了「四．二六」社論後，讓學生背著動亂的帽子而不去做理性的抗爭，這可能嗎？

我對她的「特使」張朗朗先生說：大學生不歡迎她，讓她以後不要再來廣場把我們當白痴了，其實，那些普普通通的大學生比戴晴這樣所謂的菁英要高尚得多。

據說戴晴為此大罵大學生，當六四屠城後她竟幸災樂禍地說：活該。

和戴晴相反，嚴家其、包遵信卻受到了大學生們的熱烈歡迎，嚴先生的可愛之處是他的真誠，他完全沒有利用這場學運而給自己撈取什麼政治資本。嚴家其先生代表著當時北京知識分子的主流。在五月十七日夜，于浩成、李洪林等著名知識分子來到絕食團指揮部，我和郭海峰接待了他們。他們很激動，他們說：同學們，你們知道嗎？你們太偉大了，在你們的壓力下，鄧小平有可能下台了。他們激動地說：這是一個了不起的事件，全中國人民都感謝你們。我當時眞不敢相信，鄧小平會輕易放棄軍委主席的職務和垂廉聽政的權力。後來才知道，那是鄧小平耍的陰謀，他向趙紫陽說他不管了，讓趙處理學潮，但他並不是不管，而是離開北京到武漢等地調動軍隊去了。

那幾天，遊行活動也一天比一天聲勢大。十五日十幾萬人的知識分子大遊行，十六日以後遊行隊伍更加壯大，十七日我們把絕食團指揮車開上長安街，從城東到城西，遊行的車隊看不到頭，就彷彿像滾滾而來的長江水。參加的人有大學生、知識分子、工人，還有中央各機關和國務院各部的遊行隊伍，我還在遊行隊伍中看到了警察、軍人組成的遊行隊伍，更具有象徵意味的是最高人民法院的審判員組成的隊伍，他們高呼「學生無罪」的口號，打著「中國要民主，中國要法制」、「人民法官愛人民」的標語牌。我們的指揮車一邊走一邊廣播，掌聲和歡呼聲包圍了我們。

新聞界表現了從未有過的道德勇氣，那幾天不僅人民日報，中國日報，科技日報等報紙眞實地報道了絕食和聲援的情況，新聞記者上街遊行的隊伍得到了大學生的熱烈歡迎。

中國共產黨對局勢已經失去了控制。

整個北京城就像是一只滋滋作響的炸藥桶，隨時有炸毀那個已不代表民意政府的可能。

4

五月十八日早晨，中國紅十字會和北京市政府通知我們將有雷雨，他們說，如果雨來臨後不僅影響到絕食同學的健康，而且很容易使傳染疾病在北京漫延，他們要求我們復食。我們大多數常委認爲這是一個陰謀。但我主持即使是陰謀，我們也要和他們接觸，因爲我們雖然不能這樣因爲下雨就放棄絕食鬥爭，但我們也不能讓絕食的同學淋在雨中。經過我與中國紅十字會和北京市政府的代表協商，他們同意調八十輛大客車給我們，同時，我們也通知各高校派出校車，使絕食的同學可以撤到車裡去。

那天早晨果然狂風大作，柴玲說她身體不適，建議我來擔任臨時總指揮，代替她指揮這場大遷移。我在廣播中沈穩地發布命令，以各高校爲單位的絕食同學緩緩地離開了紀念碑東側，向廣場西北部的客車群緩慢行走。我拿著高音喇叭，調動了各高校聲援的隊伍組成了一條從紀念碑東側到廣場西北部的通道。通道兩邊的同學們都手臂挽著手臂，讓絕食的同學安然通過，這在人山人海的天安門廣場簡直就是奇蹟，我看見絕食的同學在向兩邊的群衆伸手做出V的手勢，而群衆像歡迎凱旋的英雄一樣激動不已。

那些天北京人變成了世界上最友善的人。客車上互相禮讓，兩個自行車碰了頭，會互相說聲對不起，連那些小偷都貼出了聲明，揚言從此不再偷東西。除對政府和鄧小平、李鵬等表示強烈不滿外，北京人似乎在重建自己的文明和文化。他們對共產黨表示了最強烈的不滿，但也給共產黨一次選擇的機會，那就是讓這個獨裁四十餘年的政黨向人民屈服和人民合作。但共產黨選擇了相反。

五月十九日淩晨，廣場的氣氛變得格外凝重。我們指揮部的同學們一直在開會。我剛剛從協和醫院甦醒過來，被救護車送回了廣場，我聽從醫生的建議，在指揮車上輸液體葡萄糖，北京市紅十字會主席也就是北京市衛生局局長，硬是賴在指揮車上不走，他是陳希同派來監視我們的。

忽然有人報告：趙紫陽和李鵬來廣場看望絕食同學。我們立刻拔掉了針頭衝下指揮車，當我們來到北師大的一輛絕食車上時，趙紫陽和李鵬已經離開了廣場。我立即讓車上得到趙紫陽簽名的同學把總書記講的話回憶整理出來。

我和鄭義、李錄等人仔細地研究了趙紫陽的講話。覺得問題嚴重到不可想像的地步。

趙紫陽說：

「我給同學們說幾句話，我們來晚了，對不起同學們。

你們不管怎樣批評我們都是應該的，你們是爲了我們的國家好，我這次來也不是請你們原諒的，我只是說，學生們的身體到現在已經非常虛弱了，你們絕食已經第七天了，不能再這樣下去了，時間長了身體也會造成難以補償的損傷，我覺得現在最重要的是趕快結束絕食。

我知道，你們絕食是爲了達到政府和黨對你們提出的問題有個滿意的答覆，但有些問題需要一個過程來解決，譬如說「性質」這個問題，我覺得終於可以解決，但你們也知道情況都是複雜的，需要一個過程，你們不能夠在絕食六天到七天後還堅持這一條，一定要達到滿意才停止絕食，但那個時候就晚了！沒法補償了！你們還年輕呀，同學們！還年輕！來日方長。你們應該健康地活著，看到中國實現四化的那一天，你們不像我們，我們已經老了，無所謂。

我今天來不是跟你們對話的，今天就是說，同志們能不能理智一點，想一想現在已經到了一個什麼嚴重的情況。你們都知道現在黨和國家都非常著急，整個社會也可以說憂心如焚。整個北京都在議論你們這個事情，同志們都是好意，爲了我們國家好，但是這個事情發展下去就不能控制，造成各方面影響。

我就說這麼多，總就這麼個心意，你們停止絕食，中國政府絕不會這樣子把對話的門關起來，絕不會！你們所提出的問題，我們還在繼續討論。事實上，不管怎麼講，雖然慢了一些，事實上現在一些問題還在逐步解決，還在逐步解決嘛。

年輕人呀，我們都年輕過，我們也遊過行，我們也臥過軌，我也知道當時那種情況，沒有想後果怎麼樣，但事後一想……你們要冷靜想一想。」

我們研究完信後得出了結論：趙紫陽已經失勢了，保守派全面反撲，鄧小平、李鵬、楊尚昆已經控制了中央政治局。

我的一位朋友，在軍界服務的朋友衝破了兩層糾察隊員進了指揮車，他哭得兩眼紅腫，他告訴我，鮑彤已被逮捕，趙紫陽總書記被迫辭職了，李鵬來廣場是監視趙紫陽的，另外，李鵬將在明天零點宣布對北京實施軍事戒嚴令。

這是我們在運動當初的最壞設想，歷史就這樣殘酷。我仰天長嘆：上帝呀，爲什麼對中國人這樣的不公平？難道中華民族歷經的磨難還少嗎?!

我請鄭義以指揮部的名義起草一個聲明，告訴全國人民：鄧、李、楊發動了反革命政變，他們非法軟禁了趙紫陽總書記，開始與人民爲敵，我們號召全國人民起來抗爭到底。

然後，我們在天亮時把指揮車開出了天安門廣場，在東西長安街上，我們的廣播員播了趙紫陽總書記來廣場看望同學時的講話，以及鄭義起草的告全國人民書。

整個北京憤怒了。

5

下午三點鐘左右，陳建祖來指揮車找我，說知識界的朋友們要見我。

我在他的帶領下帶了兩個北京體院的糾察隊員，離開了廣場到了勞動人民文化宮。

勞動人民文化宮的大門外，一根麻繩圍了一個圈子，圈內有一很大的橫標，上面寫著

「北京知識界聯合會」，自從進入絕食高潮後，北京的知識界就在這裡設了「辦事機構」。當我來到這些老朋友的面前時，我發現他們每個人都很緊張，鄭義、李陀、遠志明、蘇緯、徐剛等幾十人神情嚴肅地把我圍住，他們告訴我：形勢已相當嚴峻，明天零點，李鵬將宣布對北京的戒嚴。而戒嚴的藉口是北京失去控制。

我一看手表，已經是下午四點多鐘，距離戒嚴時間只有八個小時。我說：「你們有什麼好的建設性意見？」

李陀說：「我們的意見是你們應該搶在戒嚴令宣布之前停止絕食。」

遠志明補充說：「這會使他們的戒嚴令失去藉口。」

這是一個很難做到的事，不要說時間緊迫，許多技術問題要解決，就說我們絕食七天七夜絲毫沒有得到點成果這一點，同學們的氣就難以下咽。而要做出復食的決定決不是指揮部任何一個學生領袖靠威信和魅力所能達成的。按照我們當時的程序，這樣大的動議要經過絕食團各高校代表大會的同意才通過執行。

知識界的朋友們把希望寄托在了我的身上，他們在向我曉以利害，我完全明白，如果我們搶在李鵬宣布戒嚴前停止絕食，就會在輿論上和戰術上都搶佔風頭。我當時只向他們說了一句：「我儘量去做。」

回到指揮部我馬上找到柴玲、李錄、郭海峰等在場的常委商量。大家基本同意我提出的搶在戒嚴令宣布之前停止絕食的動議。於是我們幾人分頭行動。

我首先通知各高校代表在晚上七點鐘到指定的大客車開緊急會議，並責成鄭義等人起草復食宣言，然後通知中央電視台，人民日報，新華社等新聞單位在廣場的記者晚九點鐘將有重要新聞公佈。另外派了兩名同學保持和中共中央辦公廳值班秘書的電話聯系。李錄將絕食的同學調出了大客車，以各高校為單位圍坐在絕食團指揮車四周，整個天安門廣場旌旗招展，人聲鼎沸，人們都預感到絕食團將有重大舉動。

晚七點鐘，近二百名各高校絕食同學的代表在糾察隊同學的嚴格驗証後進入了我親自選好的大客車內。我調集了五百多名天津來的大學生糾察隊，並嚴格下了命令，沒有我簽字的通行証一律作廢，任何人不得進入舉行會議的大客車。

糾察隊長說：「如果吾爾開希來呢？」

我告訴他：「無論如何要堅持我們開完會。」

我當時不知道吾爾開希的想法，但我知道他辦事的沒頭沒腦和個人影響力，萬一他反對復食，在會上大嗓門一煽動，靠他在學運中的影響力，我所作的一切努力就會泡湯。

我按時宣布開會，柴玲、李錄、郭海峰等同學都參加了會議。

我主持了這個不知會是什麼結果的會議，如果我當時把馬上要戒嚴的消息告訴各高校代表那將很容易通過復食決定。但我不能講出來，這涉及到：「重大國家機密。」

我當時很感性地談到絕食的現狀，二千六百多學生進過醫院，現在還有一些同學在絕水，生命每時每刻都受到威脅，而絕食鬥爭已經得到了全北京，全中國乃至全世界人民和正義力量的同情和支持，如再繼續絕食下去同學們的身體將受到嚴重傷害，而那個混蛋的政府也不會就此摘掉扣給我們的「動亂」帽子。

我最後強調：「我們不能爲了目的的達到而不顧手段的純潔，生命是最高準則，每一個代表都沒有權力用絕食同學的生命做爲賭注。」

其實，當時絕食的同學已經被四處的聲援鬧得騎虎難下。沒絕食的人去廣場喊喊口號熱鬧一番，但他們絕想不到那些已經絕食七天後人的生理和心理的反感。

顯然，全體代表都被我的講話所感動，我沒有給任何人再發表不同意見的機會。提出絕食團指揮部決定將絕食鬥爭改爲靜坐鬥爭，請全體代表表決。

表決結果：一百七十三票同意復食，十七票反對復食，三十三票棄權。

就在這時，車外一陣噪雜。吾爾開希在三五個穿白大衣的醫護人員簇擁下闖了進來。吾爾開希顯得很氣憤：「爲什麼不讓我進來?!」

指揮部的人沒人理睬他。

我說：「你來的好，會議的內容是關於復食的決議，現已通過，你也可以發表意見，不過簡短些。」

吾爾開希說：「我同意復食。」就又昏了過去。

我說：「那很好，散會。」

我和柴玲、李錄、郭海峰等迅速回到指揮車。這時鄭義和趙瑜等都上了車，把已經寫好的復食宣言稿交給了我。我交給柴玲，讓她代表指揮部向全世界宣布這個決定。

當柴玲宣布各高校絕食代表已經通過停止絕食，由絕食改為靜坐的決定後，全場嘩然，一些同學湧向指揮車，強烈抗議，但我發現這些人很少有一開始就參加絕食的同學，他們把指揮車推得左右搖晃，憤怒地咒罵指揮部。我很理解他們，他們接受不了這樣的現實，但他們又不知道中共馬上就要大軍壓境實施戒嚴的現實。

我跳下指揮車，立即被人群包圍，他們恨不得將我撕成碎片。我在邵岩及十幾名中央體育學院的同學幫助下好不容易擠出了人群。十分鐘後我到了中國歷史博物館，在一個裝有無線電話的房間裡，他們為我接通了中央辦公廳。

十幾名新華社、人民日報的記者在對著我拍照。室內除閃光燈和快門的聲音外，靜得怕人。

電話那邊傳來了一個男人的聲音：「我是中共中央辦公廳值班電話。」

我說：「我是天安廣場絕食學生代表。」

他說：「請報告您的名字和職務。」

我說：「北京大學作家班學員張伯笠，現任絕食團副總指揮。」

他說：「請講，我們在錄音。」

我說：「我們宣布，從一九八九年五月十九日二十二點整停止絕食。並請中央辦公廳轉告趙紫陽總書記，鄧小平、楊尚昆、李鵬及政治局其他同志。」

我接著把復食宣言的內容復述了一遍。我最後說：「復食並不是我們放棄了我們的訴求，而是轉換成靜坐的方式繼續抗爭。我們希望，中國共產黨中央政治局應該從中華民族的根本利益出發，在民主與法制的軌道上解決問題，吸取毛澤東晚年的教訓，千萬不要把自己和人民對立起來，貽誤民族發展之大業。」

半個小時後，中央電視台爲我們播出了這條使李鵬暴跳如雷的新聞：

「天安門廣場絕食團宣布於五月十九日二十二點停止絕食。」

當我和中共中央辦公廳通過電話回到廣場西北角的絕食團指揮車上時，指揮車上下已經充滿了火藥味，車上在激烈爭吵，車上據說還動了手，王文竟和李錄打了起來，而封從德從醫院趕回廣場後，大嚷復食是出賣學生運動！和柴玲大吵一通後，他立即搶過麥克風要求各高校代表到指揮車下開會，要推翻剛剛宣布復食決議。

當我問清事情的經過時，封從德已經從車下的「會議」中回到指揮車。他一見我立即火冒三丈：「張伯笠，你知道你在作什麼嗎？你在出賣學生運動！你在出賣絕食的同學！瞧瞧這個！」他揚了揚手中的那張紙：「這才是絕食同學的眞正心意，全體通過，堅決反對復食！」

我守著車上的電台，負責電台的北大地球物理系的同學是我絕對相信的人，他已按照我的指示把機器關掉了。我剛上車時已經發現，封從德在車下開的那個代表會，與會者的代表資格根本就沒有經過審查，能擠的人和能喊的人就算是代表了。

封從德命令：「開機，我命令你開機！我要宣布繼續絕食的決定！」

柴玲帶著哭腔：「老封，你要幹什麼，你要冷靜一點！鬥爭很複雜！」

封從德大嚷：「我不能冷靜！我要爲絕食的同學負責！開機！」他拿起麥克風：「廣場的同學們，我是封從德……」他停了下來，電台沒有開。他更火了：「我以絕食團副總指揮的名義命令你把機器打開。」

我站起來說：「封從德同學，你剛從醫院回來，不了解現在和即將要發生的情況，我想你最好先休息一會，兩個小時後我們再談這個問題。」

「不，我現在要宣布繼續絕食的決定！」說著他推開那個管機器的同學，自己把機器打開，就要宣布。

我厲聲說：「把機器關掉！」

封從德兩眼憤憤地望著我：「你要幹什麼?!」

我辭嚴厲色地說：「封從德同學，你嚴重地破壞了絕食團指揮部的民主程序，按規定，召開全體會議須經絕食團常委會通過，你剛才的會議是自己提議召開的，根本就沒有經過絕食團常委會，所以我們不承認會議的結果。而我主持關於復食的會議，是經過除王丹和你不在場外所有的常委通過，並授權於我召開的。各校代表經過審查資格，會議結果具有代表性。」

封從德說：「我不管，我就是要宣布繼續絕食！」

我說：「任何人無權凌駕於指揮部集體之上，因為你身為副總指揮，粗暴地踐踏自己所訂的民主程序，一面高喊民主，一面自己搞獨裁，所以已經不適合再做副總指揮的職務，現在七個常委六人在場，我提議罷免封從德副總指揮之職，請大家表決。」

封從德愣住了，他木然地看著這幾名同生死共患難的同學，他不明白為什麼我會對他這樣無情。他更不明白包括自己的妻子柴玲在內都嚴肅地舉起了手。

我說：「全體通過……封從德同學，你現在不是副總指揮了。請把話筒放下。」

封從德把麥克風一摔：「媽的，不用你們罷免，我不幹了！」說完，怨恨地掃了我和他的妻子柴玲一眼，然後頭也不回地下車走了。

我頹然地坐在車上，心裡很難過，封從德臨下車時眼睛中的淚水使我不忍心再看他。但我只能在心裡說：「小封，兩個小時後你就會明白我們為什麼要這樣做了。」

6

零點的鐘聲響了，天安門廣場的廣播全部打開了，廣播員那無情色彩的聲音傳進了每一個人的耳膜：

現在有重要廣播，現在有重要廣播：國務院關於北京部分地區戒嚴令。

鑒於北京已經發生了嚴重動亂，破壞了社會安定，破壞了人民正常生活和社會秩序，爲了堅決制止動亂，維護北京的社會安寧，保障公民的生命和財產安全，保障公共財產不受侵犯，保障中央國家機關和北京市政府正常執行公務，根據中華人民共和國憲法第八十九條第十六項規定，國務院決定：自一九八九年五月二十日十時起在北京市部分地區實施戒嚴，由北京市人民政府組織實施，並根據實際需要採取具體戒嚴措施。

國務院總理　李鵬

接著，中央電台播發了陳希同簽屬的北京政府第一號令、第二號令和第三號令。

對東城區、西城區、崇文區、宣武區、石景山區、海淀區、豐台區、朝陽區實施戒嚴，禁止遊行、請願、罷課、罷工；嚴禁串聯、講演、散發傳單，嚴禁衝擊黨政機關和廣播、電視、通訊等重要單位，以及不許外國記者採訪等，並揚言在戒嚴期間，有上述活動者，公安幹警、武警部隊和人民解放軍執勤人員有權採取一切手段強行處置。

這是殺人的命令。

天安門廣場上幾十萬人憤怒地發出了怒吼。《國際歌》在廣場響起：

起來飢寒交迫的奴隸，
起來全世界受苦的人，
滿腔的熱血已經沸騰，
要為眞理而鬥爭……

圍在絕食團指揮車四周的人恍然大悟，我們為什麼在兩個小時前宣布復食？他們不再繼續圍攻指揮車，而是加入了抗議戒嚴的行列。

指揮部決定立即召開新聞發佈會，堅決反對戒嚴令，並繼續抗爭。

我們指揮車播放著國際歌的雄壯歌曲，從廣場西北角開到了紀念碑北側絕食同學的生命線處（這是為使絕食同學得到儘快搶救，由大學生開闢的通道，二十四小時暢通無阻）。我主持了這次新聞發佈會，陳明遠、李錄、熊炎均在指揮車上。

我表示：為了抗議中共國務院的戒嚴令，我們決定天安門廣場二十萬大學生集體靜坐抗爭。但當時誤將「靜坐」說成了「絕食」，儘管我醒悟後更正過來，但有的電台和電視台是現場直播，所以出現了後來的「廣場二十萬集體大絕食」的新聞。我和陳明遠，李錄又回答了記者們提出的問題。

就在此時，全國各地聲援我們反對戒嚴令的電報雪片似地飛來，戒嚴令宣布還不到一個小時，天安門廣場附近的郵局就將兩千多封電報送到了指揮部，那些人都署著自己眞實的姓名，他們的支持使我們更加堅信我們代表著全中國大多數人民的利益和訴求。

最令人激動的是一張照片，照片上是戒嚴部隊一個連的全體官兵合影，照片的背面是全體官兵的名字，隨照片附來的信上這樣寫道：

親愛的同學們：

我們全連官兵的心是屬於你們的，我們雖然被迫前來北京執行所謂的「戒嚴」任務，但我們決不會把槍口對準你們，中華民族最優秀的人……

我雙手抖動著把這張照片放在了內衣口袋，我怕丟失或落入共產黨「雷子」手裡。

絕食團的使命結束了。

新的一天開始了，

我們進入了反對戒嚴，保衛廣場的第一天。

第九章

保衛天安門廣場

1

天亮了，戒嚴後的第一個清晨傳來了軍隊被堵在市郊的消息。廣場上的同學們興奮的奔走相告，緊張而又興奮的清晨喚醒了每一個同學。

四架塗著迷彩的直昇飛機在廣場上空盤旋，撒下雪片似的傳單。我撿起一張，上面印著國務院和北京市政府的戒嚴令。揣進口袋，當作備用的手紙。

絕食團的使命已經結束，絕食的同學大多數都被送到了醫院治療或回到學校調養。我們指揮部雖然沒解散，但工作重心也向反對戒嚴轉移了，至於絕食時提出的政治訴求，反而顯得不那麼重要了。絕食的同學不在廣場了，我們的工作反而減輕了許多，我負責的廣播站和宣傳部的工作仍在正常運行。宣傳部派出幾十名同學去軍隊講解，向軍人說明北京戒嚴的眞相。指揮車的主人來了，他怕「秋後算帳」要把車開回去。於是我把車上的廣播器材又卸下來，安放在原絕食團廣播站的帳篷裡。

那天晚上，廣場上堆滿了口罩、毛巾等物品，是預防催淚瓦斯的，不知誰給指揮部的指揮車扔了許多醫生穿的白大衣，準備軍隊進入廣場後逃生之用，邵岩還給每個常委發了一千元人民幣，以備萬一。

晚上，我和另一位作家乘車到東城區、西城區等地看軍隊情況，已近凌晨，不眠的市民仍在向軍人宣講著愛國道理，一些老大爺老大娘和學生一起躺在坦克和裝甲車的履帶前。東城區人民日報附近一幅標語寫的是「全民截兵」，讓我和那位作家發出嘖嘖讚嘆。

凌晨闖進徐剛家，徐剛兄不在家，徐嫂給我們在地板上鋪上軟軟的被子，讓我洗了個熱水澡，然後把徐剛的內褲和內衣扔進衛生間，我已經半個月沒洗澡了，脫下鞋來，腳都捂得起滿了白泡，幾乎脫了一層皮，洗過澡，給腳捂破的地方抹點紅藥水，換上徐剛的衣服，出來想把換下的衣服洗一洗，徐嫂說：「都讓我扔了，臭死了！」

那一夜睡得眞香，上午九點多鐘才被徐剛喚醒，我們一起回到了天安門廣場。

2

廣場已失去了控制。「狼來了」的消息不斷傳來，北高聯哪一個常委都到廣場搞個指揮部，但不到十幾分鐘就又出現一個新的指揮部，外高聯更是胡來，一天之間就換了四個總指揮，然後還宣布成立全國高聯，代替北高聯行使職權。昨天夜裡吾爾開希曾以北高聯主席的名義要求廣場的同學們撤到使館區去，因而被北高聯撤了主席職務，改爲常委負責制。而高聯在廣場最具實力的常委王朝華則孤軍奮戰。一個人單槍匹馬處理廣場上的所有大小事務。嗓子都喊啞了，不要說廣播，連說話都有困難。

我心急如焚，這樣下去怎麼得了！不用軍隊清場，我們自己就會亂掉的。

晚上，北高聯秘書長王治新來到廣場，和王超華，我以及李錄等一起召開一個有八十多個高校代表參加的會議。會議前，王治新楊濤都和我接觸過，但他們對如何領導這場學運，如何領導廣場鬥爭並沒有一個整體的構想，況且，北高聯除王超華外，其他人都不在廣場，來到廣場的常委也是走馬觀花或像巡視大員一樣，開個會然後拍拍屁股走了，我對他們這種不負責任的做法很不以爲然。

王治新主持的這個會開不下去了，八十多代表紛紛質問王治新北高聯今後有什麼打算，王治新在衆人的指責下有些狼狽，但他是高聯秘書長，不能對會後的廣場計劃提出一個方案，實在不能滿足大家的要求。

我向王治新要過了話筒，王治新沒有絲毫的疑心，他沒有想到我要講什麼，更沒有想到他這一交竟永遠交出了天安門廣場的指揮權。

我由於長期在廣場，非常了解這些堅守在廣場上的同學們的心理。他們非常需要一個堅強而又負責的領導機構。

我對大家說：「同學們，軍隊已經戒嚴了，中共中央成立了戒嚴指揮部，統一指揮幾十萬大軍對付我們，而我們廣場呢？實在令人失望，現在廣場上有十幾個組織，都聲言是最高權力機構，但又都不負責任，北高聯每天只有王超華一個同學在廣場堅持，外高聯內鬥不斷，一天換幾個總指揮還要去廣播站奪權。這樣下去不要說戒嚴部隊打進來，即使他們不進來，我們自己也把自己搞垮了，更無法主動出擊。

我說：「我提議，成立天安門廣場臨時統一指揮部，執政四十八小時，北高聯離開廣場回去大整頓，四十八小時後臨時指揮部使命結束，將權力交給北高聯。」

我強調：「在臨時統一指揮部執政的四十八小時內，天安門廣場所有的學校、組織、宣傳、後勤、捐款都由指揮部統一指揮，其他任何組織均在指揮部領導下運作。」

投票結果，我的動議以多數票贊成通過了。

接下的問題是指揮部人員的產生。

我並沒有當總指揮的野心，儘管柴玲、封從德、郭海峰都不在，但我仍覺得絕食團指揮部的幾位常委不僅優秀，而且對學生運動相當的負責任。所以我又提議：「絕食團指揮部已經在同學中享有一定的威望，臨時指揮部以絕食團指揮部爲主體組成，常委有柴玲、王丹、王朝華、李錄、封從德、郭海峰和我。指揮部仍設總指揮一人：柴玲；副總指揮三人：張伯笠、李錄、封從德；秘書長一人：郭海峰。」

全場鼓掌通過。

我又追加動議：「北高聯必須在三小時之內將廣場的財務、後勤、廣播站交給臨時指揮部。」

全場又鼓掌通過。

散會了，我和王朝華說：「超華，按大會決議辦吧，請在關於移交廣播、財務，後勤的報告書上簽字。」

王超華說：「你簡直是在搞政變，我怎麼向北高聯交待？」

王治新氣得轉身走了，喊也不回來。

超華嘆口氣：「好吧，我簽字，不過你保証四十八小時以後把指揮權交給北高聯。」

我點點頭，對超華我是較尊重的，因爲他的丈夫徐小村是我同班同學，前一陣她和柴玲就在工作中表現出難以配合的矛盾，她有什麼話還同我講，因爲她相信我。

我說：「超華，誰來領導都不重要，重要的是我們現在已經開始寫歷史了，我們要爲歷史負責，高聯現在的狀況能領導天安門廣場嗎？回去整頓一下，然後成立一個強有力的領導機構，拿出一套切實可行的行動計劃，這對高聯對學運都有好處。」

超華勉強同意將財務、廣播和後勤交給臨時指揮部，但她提出不在指揮部擔任常委工作，後來，我們補了一個常委，叫趙世民，是北京金融學院的學生。

3

臨時統一指揮部宣誓就職後，使廣場組織林立各自當政的現象得到了有效的控制。封從德又回到廣場，他仍擔任副總指揮，分管廣場財務。當時雖然王朝華同意，但高聯財務部長梁二臨離開廣場時，只給封從德留了幾千元錢。而要應付廣場的日常開支，每天需十萬人民幣左右。好在捐款又不斷湧來，萬潤南和四通公司捐了十三萬人民幣，但沒有現款，而是交給中國紅十字會爲廣場的同學買藥品了，據說畫家范曾也捐了五萬。而捐款最多的要數北京的普通市民，指揮部就用這些平民的捐款支撐著廣場的運作。

臨時指揮部成立了許多宣傳小組，到北京四周的戒嚴部隊裡去宣傳民運的眞相。我們還給徐向前、聶榮臻兩位元帥寫了信，派學生送到他們的家中，希望他們能用他們的影響力解決危機。

全國各界對戒嚴表示了強烈的反對。除知識界、新聞界以及各民主黨派、人大常委不斷發表反對戒嚴的聲明外，我們也常接到軍人和群衆的來信，那些信令人激動不已！

一位母親在信中寫道：

我是北京外國語學院法語系一個同學的家長，因出公差到北京。十九日深夜，當我從電視中看到李鵬一反常態，揮舞起拳頭時，我意識到形勢嚴重了，他們要動手了。於是二十日凌晨我趕到天安門，因爲我女兒在那兒，我想，我和學生隊伍在一起，也算是一種無聲的聲援吧，而且一旦遇到軍隊所謂制止「動亂」時，我也好挺身而出，保護一下我自己的孩子。

我被天安門廣場那悲壯的場面震撼了！這裡點燃了喚醒中國人民的火炬！當海豚式的武裝直昇機群呼嘯而來的時候，熱血、熱淚、悲憤、正義感、人的尊嚴、不願被人愚弄的感情等等，這一切在我心中久已泯滅的東西一起湧了出來，我第一次和同學們一起舉起了憤怒的拳頭，對當今政府最後一點點信任和幻想徹底地崩潰了！因爲他們背棄了人民！

廿一日晚上局勢緊急，我的女兒又要隨學校糾察隊去豐台堵軍車了，我趕來送她上車，我想大家能理解母親此刻的複雜心理，我已經不那麼狹隘了，不能讓別人的孩子上前線，而把自己的女兒拖下來。但當她眞的爬上車的一瞬間，我又後悔了。萬一出了事，我將怎樣後悔呢？因爲她是從我的身邊出發的呀！當我看到她纏上糾察隊的紅布條，爬上卡車振臂一呼，和那些同樣年齡的同學毅然出發時，我發現，自己的女兒突然長大了！他們將去攔截那世界水平的強大裝甲之師，去捍衛剛出現一線民主曙光的北京。

我不相信上帝，但此刻卻在悲情地祈禱：上帝呀！如果你眞存在的話，那就睜開眼吧！保佑那些正直、勇敢、純眞無邪的孩子們吧！保佑那些充滿青春活力，剛剛步入人生的孩子吧！……

一位解放軍軍官在寫給戒嚴軍人的信說道：

你們已經多次在不同的場合表示，你們的槍口決不會對準人民。這一點我們相信。但你們想到沒有，如果你們進駐北京後，政府是否會像你們想像的那樣不鎮壓人民呢？

看一下李鵬前幾天的講話，他一會說學生是愛國的，一會說學生在搞動亂，這樣出爾反爾，怎麼讓人信任？說嚴重點，政府就是在利用你們鎮壓人民，你們的槍口最後將被迫朝向人民。所以，你們一定不能進駐北京，否則將成爲千古罪人！

我把這些信交給宣傳部，讓他們印成傳單，在軍隊四周散發張貼。軍人們反應木訥，他們說上級告訴他們來北京是維護首都秩序，有的部隊說上級讓他們來救災的。我發現部隊的伙食很差，戒嚴指揮部只給他們壓縮餅乾、罐頭鹹菜和冷水，並且不許他們看電視、聽廣播，每天只在班長或排長帶領下學那篇臭名昭著的「四．二六社論」。

也有堅決反對戒嚴的將領。二十二日夜裡，一位上校軍官走進指揮部，他說他是三十八集團軍軍長徐少華將軍的秘書，他說徐將軍不肯帶兵進京，被揚尙昆逮捕了，並揚言要送軍事法庭審判。他交給了我一封信，那是他寫的徐少華軍長被捕的經過，那位上校表示：即使被判重刑也決不把槍口對準學生。「那樣的話，我們的黨我們的軍隊就徹底完了。」他淚流滿面地說。

鬥爭已白熱化。反對戒嚴已經成了北京人的主要工作。廣場的非學生比例也在不斷增加。而在四處堵軍車的更多是工人和市民。

4

就在這種時刻，北京工人自治聯合會成立了，這是李進進的設想，工人自治會給廣場增加了活力。

五月下旬的一天上午，李進進帶著幾個工人來指揮部找我。李進進是北京大學研究生會主席（官方研究會）。運動之前，我經常參加研會組織的沙龍或舞會，與他很熟。他給我的印象是頭腦清楚、思維敏捷、行動沉穩、能言善辯。

簡單的寒暄之後，他向我介紹了身後的幾個人。劉強、韓東方、賀力力，岳武以及幾個目前還不宜公開他們名字的人。他說要開個會，希望我參加，並爲他們安排，出於對李進進的信任，我把他們帶到廣場北側停泊的大客車上。

李進進向我介紹了這些工人代表的想法，並告訴我，昨晚，北京市工人自治聯合會已經成立，總指揮是×××，由於此人沒來，暫由劉強代理，副總指揮有韓東方、賀力力和岳武，爲了提高鬥爭層次，在民主與法治的軌道解決問題，李進進擔任「工自聯」的法律顧問。不可否認，李進進的加入使「工自聯」制訂出了許多具有深遠影響的策略。這些從後來「工自聯」簽發的文件中就可以看出來。

李進進告訴我，這些工人決不是烏合之衆。

我問他：「我可以爲你們做點什麼？」

李進進提出了幾個要求。一是借用我們指揮車電台開一個新聞發佈會，宣佈北京工人自治聯合會籌備委員會正式成立；二是提供一部汽車；三是提供一些廣播設備。

我回答說，第一條好辦，後兩個要求我儘量滿足，也許是明天。

當天下午，李進進和韓東方、劉強、岳武、賀力力在我們絕食團指揮車的東側宣佈了北京市工自聯的成立。我給他們提供了廣播器材，並派了一百多人的大學生糾察隊幫助他們維持秩序。

李進進在會上宣讀工自聯的的《告全國工人書》。宣佈「學生的愛國民主運動已上升爲全民族參與的與整個民族的前途、命運息息相關的全民運動，已經成爲不可阻擋的歷史必然趨勢。我們北京工人以中國人自古不怕死的氣概，勇敢地站在了爭取民主，爭取人權的最前列。」

「工人兄弟們，讓我們全民一心，用暫時的，也許是我們這代人的巨大痛苦，去換取下一代人能自由地呼吸純淨的民主空氣，能享受和別人一樣的權利和尊嚴。」

我記得那個新聞發佈會開得很成功，許多中外記者都到會，會場四周圍了幾千名觀衆，人們高揚起右手，做V字手勢，我看見許多工人眼裡含著淚花，高喊民主萬歲。

會議結束後，岳武找到我，讓我批點麵包飲料，說大會堂前有幾百名工人還沒有吃飯。

他們截至現在，已有包括首都鋼鐵公司，燕山石化總廠在內的六十五個大中型企業的代表前來「工自聯」籌委會報到。

我很高興，儘管在此之前已經出現過首都工人聯合會的組織，但沒有形成凝聚力，而現在好多了。「工自聯」可以協調所有的小型工人團體，並領導他們進行更有效的鬥爭。

我問岳武：「你現在還堅持武裝鬥爭嗎？」

岳武不好意思地笑了：「我那時是出於義憤，看來搞民主運動光靠義憤和勇氣不行，還要靠智慧和策略。」

我很高興，忙握住他手：「昨天我態度不好，請您原諒。」

他說：「是我不好，胡亂講，給李鵬他們鑽空子。」

然後我們談起各自的家庭和孩子。原來，我們的原單位都在山西省。這種關係使我們的感情拉近了。

我相信了李進進的話：他們並非烏合之衆。

五月二十日零點，李鵬宣佈了北京的戒嚴令。在此嚴峻的形勢面前，「工自聯」做出了決策，爲了保衛天安門廣場的大學生，保衛這場史無前例的民主運動，動員首都工人罷工並分頭去圍堵軍隊。

從此後，「全民截兵」的壯觀場面而出現在了中華民族的歷史上。

「工自聯」在每天動員工人的同時，在五月二十三日由劉強和李進進主持召開了會議，決定由總指揮、副總指揮制變爲常委負責制，劉強和岳武落選。韓東方、賀力力和另外八名工人領袖當選。

新的常委會經過反覆討論醞釀，於一九八九年五月二十八日產生了中華人民共和國建國四十年來工人爭取民主的第一個「章程」。

這個「臨時章程」至今沒有引起研究八九民運理論家的重視，這不奇怪，因爲對「工自聯」在這場運動中的作用以及深遠的歷史意義沒能引起人們足夠的重視。

而我本人則認爲這個章程是中國工人在建國後第一次覺醒到自己的權利和地位，是四十年中國工人運動的一個里程碑。

「臨時章程」共有會員、誓詞、會員大會、常務委員會、執行委員會五條九款。條款清晰明確。不僅如此，在「序言」部份我們就會看到這已經是一個工人自己的「工會」章程了：

「一、該組織應當由工人自願參加並通過民主程序建立起來的完全獨立的自治組織，不應當受其他組織的控制。

二、該組織的基本原則是根據大多數工人的意願，提出自己政治上經濟上的要求，而不應當僅僅是一個福利組織。

三、該組織應當具有監督工人階級的政黨——中國共產黨的功能。

四、該組織在全民所有制企業中有權採取一切合法而有效手段監督其法人代表，保證工人眞正做企業的主人。

五、該組織在憲法和法律範圍內，保障其會員的一切合法權利。

六、該組織應由自願參加的個人會員和建立在各企業的分會集體會員組成。」

在這個工會章程產生的同時，「工自聯」通電全國，呼籲首都工人和全國各行業工人迅速行動起來，「爲了維護大局，維護憲法的尊嚴，爲了推進中國的民主進程，爲了不使中國倒退，攜起手來行動，一切由一小撮反對人民的勢力製造的動亂是不應由人民負責的。」

北京當局對「工自聯」的活動恨之入骨，他們在鎭壓之前就開始逮捕工人領袖，岳武等人躲進了北京大學；韓東方等人不敢離開廣場。五月三十日凌晨，沈銀漢等三名工自聯成員被秘密逮捕。由於沈銀漢在被綁進北京市公安局吉普車時機智地扔下了他的筆記本，被目擊者送到了廣場指揮部。當我知道了這個情況後立即通知了「工自聯」的負責人，並協商工人和大學生聯合行動，要求北京市公安局釋放沈銀漢等三名工人領袖。

同日上午十時，以李進進、韓東方代表的「工自聯」和以王超華爲代表的「高自聯」一起來到北京市公安局信訪辦公室。近千名工人和大學生打著「釋放工人領袖，反對秘密抓人」的標語黑壓壓坐在北京市公安局大門口，造成強大的壓力。

北京市公安局驚慌失措，立刻派一位叫鞏時斯的負責人接待「工自聯」代表韓東方和法律顧問李進進。

李進進代表「工自聯」提出了三點要求：「第一，市公安局應當證實沈銀漢、錢玉明、向東平是否被捕；第二如果被拘留或被逮捕，是否是按法律程序；第三，如果被拘留或被逮捕，應當向他們的家屬和北京工人自治聯合會籌備委員會講明拘捕的原因。」

據說，負責接待的北京市公安局負責回答了三點：

一、北京工人自治會聯合會是非法組織，其活動違反了「戒嚴令」；

二、大批工人圍堵市公安局大門同樣違反「戒嚴令」；

三、他只負責接待來訪，不了解具體情況。

法律顧問李進進回答說：「工自聯」是在憲法允許的條款下成立的合法組織；反對違反憲法的「戒嚴令」是合法的行動；接待部門雖然不了解情況，但有職責去了解情況並予以回答。

那位接待的人惱羞成怒，最後說：法律顧問李進進是大學生，無權代表工人自治聯合會提出要求，只要李進進退出，他們願直接與工人自治聯合會代表談判。

此時，這位接待的人已經自覺不自覺地承認了工人自治聯合會。

爲此，李進進退出，由韓東方等人代表「工自聯」繼續與北京市公安局談判。

當晚七時許，圍在北京市公安局大門口的工人越聚越多，王超華也帶了一些學生趕去增援。

工人們高呼：「工人也有愛國的權利！」

「救救我同胞，救救我代表！」

大學生高呼：「反對秘密逮捕，釋放工人領袖！」

當天晚上十點鐘，在「工自聯」代表據理論爭，以及廣大工人和學生示威浪濤的壓力下，北京市公安局被迫釋放了被秘密逮捕的三名「工自聯」籌委會執行委員：沈銀漢、錢玉明和向東平。

北京市公安局大門外沸騰了！

工人們激動地舉起了韓東方和李進進。

工人們激動地舉起了沈銀漢、錢玉明和向東平。

這是「工自聯」成立以來第一次和「專制機關」面對面的對抗，他們依靠組織的智慧、工人的團結，在談判桌上取得了勝利。使他們更清醒地意識到：要得到民主自由，要維護工人的合法權益，「全靠我們自己」。

5

五月二十三日夜，我接到一個由首都各界聯席會任命的名單，聯席會是剛成立不久的咨詢機構，由王丹任召集人，主要成員有嚴家其、包遵信、鄭義、陳子明、王軍濤等人，我參加過兩次他們的會議，在給我的任命名單上，他們建議成立保衛天安門廣場總指揮部，由柴玲任總指揮，張伯笠、封從德、李錄任副總指揮，秘書長仍由郭海峰擔任。另設五個部，一個糾察總部：

參謀部部長：劉剛。
宣傳部部長：張伯笠。
外聯部部長：劉蘇里。
後勤部部長：王剛。
財務部部長：封從德。
糾察總長：張倫。

我那時正要籌備民主大學，所以用筆在宣傳部長後面寫上了老木的名字，劃掉了自己的名字。我和柴玲、李錄、封從德、郭海峰等開了個會，準備明天上午向新聞界宣布成立保衛天安門廣場指揮部。

第二天上午，王朝華和王有才、王治新等北高聯常委到廣場來，讓我在四十八小時屆滿後將權力交給高聯，並拿出我當時簽字的文件。他們反對臨時指揮部更名爲保衛天安門指揮部繼續領導這場民運。但當時新聞發布會已經開始，柴玲已經宣誓，況且臨時指揮部在這四十八小時裡搏激流、過險灘，調順了廣場各組織間的關係，反對戒嚴工作也做的有條不紊，頗有成效，如果一換指揮部，弄不好又會出現新的內鬥。所以我心裡也不想將指揮權交給北高聯，不過面對王超華，這個老同學的妻子，心裡有些失約的慚愧。我只好求她原諒，並希望她能從全局著想，支持指揮部的工作。超華爲此遭到北高聯眾多常委的指責，說她當初就不該把指揮權交出來。

其實我很理解這些同學，但北高聯各自爲政缺乏配合也是我和廣場的同學們不信任他們的主要原因。

那幾天我和鄭義也發生了衝突。在一次討論撤與不撤的會議上，我主張撤回校園去，然後堅持校園民主建設，因爲實踐証明我們已經成功地阻擋住了軍隊，目的已經達到，在勝利時撤回去對我們是有利的。但鄭義不同意我的意見。他說：「你怎麼能堅持撤出廣場呢？現在是相持不下，誰堅持住誰就能勝利。」我讓他幫忙起草一個告全國同胞書，說明我們爲什麼要撤離，他當時不主撤離，當然也不幫我起草，他把記事本一摔，說：「我不伺候你們這些新貴族了！」說完，帶著妻子北明離開了指揮車。

從此以後，我再也沒見到他。

我很看重我和他之間的友誼。在我沒到北京大學讀書前他就把我當自己的親弟弟一樣看待，我們常在一起議論時政，也一起採訪，一起喝酒。八八年的春節，鄭義和母親、女兒到我家做客，那時他和北明還沒有結婚，而我剛剛有雪兒，我們兩家三代人在一起度過了那個不平常的春節。八九民運開始後，他是中國所有知識分子中最勇敢而又最不遺餘力全身心投入的，每天不僅幫我們出主意，想辦法，連起草通知這樣的小事他都幫我們做。沒想到，他是這樣離開了天安門廣場。

望著他和北明走遠的背影，我兩眼發熱，心口堵得慌，一種從未有過的孤獨感向我襲來。後來，我知道他和北明在社科院辦新聞快訊和搞首都各界聯誼會的工作，我給他買了三條雲南煙，讓趙瑜帶給他。

後來，他離開了北京，臨時讓朋友帶話給我：「要學會保護自己，不要做無謂的犧牲。」大概是這個意思。

好多好朋友開始逃離北京，向南方沿海地區移動。人們都預感大的風暴要來臨。而我不能走，我是保衛天安門廣場指揮部的副總指揮，只要指揮部沒有做出撤退的決定。只要天安門廣場還有同學們在，我就得堅持，儘管我主張撤離廣場，但我仍服從集體決定。

那幾天，指揮部的中心議題就是撤與不撤的爭論。意見很難統一。而廣場的北京高校同學越來越少，外地高校的同學倒佔了更大的比例。

五月二十七日上午，首都各界聯誼會在紀念碑上召開了新聞發佈會，宣布要在五月三十日——我們成功地阻擋了軍隊，而使用戒嚴令不能夠實施的第十天撤出天安門廣場。雖然記者會開了，但這個決定是聯席會議做的，而聯席會議不是一個執行機構，這個決定沒有經過廣場聯席會議（各高校代表會議）的通過，惹惱了那些外地的大學生，指揮部以李錄爲代表的保衛廣場派堅決抵制了這個決定，使這個決定未能實施。

就在這時，香港的支援到了，大批的帳篷，物資、捐款湧進了天安門廣場。郭海峰臨危受命，任廣場整理營地的總指揮，帶著糾察隊員和各高校同學建立一個又一個的「自由村」。只兩天的功夫，天安門廣場就變得井然有序。從高處望去，像是一個古戰場的軍營。

五月二十九日，中央美院設計製造的民主女神塑像站立在天安門廣場上，民主女神對著古老的故宮舉起了火炬。

我不知道那火炬能燃燒多久。

那一天，我叫了一輛中型客車，把柴玲、封從德、郭海峰、趙世民、項俊、楊濤都拉上，一面開會，一面向北京大學疾馳。

在美麗的未名湖邊，我們下了車。

未名湖還是那麼美，湖畔的柳樹枝輕輕拂撲著湖水，一對對的青年情侶在夕陽下依偎漫步，那古老的木塔被抹上一層胭脂般的紅彩。我們默默地看著這熟悉的一切，每個人的眼睛裡都飽含著淚水。

我們知道：我們車上的這些人將永遠告別未名湖了。

一個小時後，我們毅然登上汽車，飛向天安門廣場，因爲，我們的指揮部在那裡，我們的崗位在那裡。

我留給未名湖深情的一瞥。

那是我最後一次和未名湖交流心的目光。

車上傳出了深沈的歌聲：

再見吧，媽媽，

別難過別悲傷，

我們已經出發上戰場……

第十章

天安門民主大學

1

這是一所沒有圍牆的大學。

這所大學辦學的宗旨是：民主、自由、法治、人權。

自從李鵬宣布了戒嚴令後，軍隊多次試圖衝進京城，但都被大學生和市民擋了回去。

但廣場的問題也愈發嚴重。

北京市各高校的學生成批地回到學校，外地大學生的比例在增加，尤其在夜晚，簡陋的帳篷裡的床鋪多被外地高校的學生佔領。「外地高校自治聯合會」副主席連勝德經常帶幾個人到紀念碑下「奪權」。廣場上組織林立：北高聯、絕食團指揮部、外高聯、以及各式各樣的工人聯合會，市民聲援團、教師聲援團，而外地高校的大學生仍不斷地湧入北京。

北京的空氣愈發凝重，軍隊隨時有進城的可能，爲了能在突發事件發生時有應變能力，五月二十二日，天安門廣場成立了統一臨時指揮部，統一指揮廣場所有的組織和所有的同學。我擔任了臨時指揮部的副總指揮，負責廣場的所有宣傳和廣播工作。爲了防備有人「奪權」，我委託我在北大的同班同學白夢、彭鴿子以及北影學院的張華潔等同學分別領導紀念碑和原絕食團的兩個廣播電台：「除臨時指揮部外，任何組織都無權發布命令。」

但是，吾爾開希他們擋不住。

每天帶著氧氣袋被醫生和護士包圍的吾爾開希，在二十三日夜裡衝進了廣播站，以「吾爾開希和北高聯主席」的名義，要求天安門廣場的同學都撤到外國使館區。

此一號召在天安門廣場引起軒然大波，首先是外地高校同學的不滿，然後是北京高校學生的激烈反彈，臨時指揮部立即向廣場同學聲明：吾爾開希不代表指揮部，而指揮部的決定是仍堅守天安門廣場。隨後，北高聯也馬上做出了反應，撤消了吾爾開希的北高聯主席職務，為防止出現新的獨裁者，北高聯採取了常委輪流「執政」，不再設主席一職。

那天夜裡，臨時指揮部的常委們以及一直幫助我們出建議案的「軍師」鄭義等人都集中在指揮車上，大家一致譴責吾爾開希，認為他未能遵守臨時指揮部和北高聯的協定，有越權的行為，而撤到使館區的後果會是什麼？軍隊很快就會進入天安門廣場。

我對吾爾開希的作法也有意見，我當時認為：吾爾開希提出撤到使館區的意見也許有他的道理，但問題是他的意見沒有經過負責廣場指揮的臨時指揮部，甚至沒有經過他所在的組織北京高校自治聯合會的同意。按照當時的規定，即使廣場指揮部也沒有這樣的權力，眞正的權力機構是「天安門廣場各高校聯席會議」（我們當時稱呼它是天安門廣場臨時議會），而他想靠「個人的影響和魅力」，這正是我們所反對的。毛澤東，鄧小平都是因為太強調自己的影響和魅力走向獨裁的。我們不能一邊反對老獨裁，一邊創造新的獨裁者；也不能一邊反對特權和腐敗，一邊創造新的特權和腐敗；我們更不能一面要求建立良性的民主機制，而又自己去破壞我們那剛剛建立的民主程序。

就在那天夜裡，我腦海裡出現了一個新的設想：在天安門廣場搞一個民主大學，讓大學生們在民主中學習民主。同時，如果有一個能把北京高校和外地高校的同學組織在一個組織內，有利於機動靈活地調整我們的對策，而避免許多內部的磨擦。這些想法在三天前我曾經和帶病到天安門廣場探望我們的陳鼓應教授談過，他當時答應我如果辦這樣的大學，他願意來講第一課。但當時還沒有確定就叫天安門民主大學。

我的這一設想得到了鄭義等人以及常委們的支持。

第二天，臨時指揮部過渡到保衛天安門廣場指揮，柴玲任總指揮，我和封從德、李錄任副總指揮，郭海峰任秘書長，常委會除我們五人外，還有王丹和趙世民。指揮部下設有參謀部，外聯部、宣傳部、後勤部和糾察隊。劉剛、劉蘇里、李木、王剛和張倫分別擔任這五個部的負責人。而我仍舊負責廣場的宣傳輿論工作，並開始正式著手民主大學的籌備工作。

我當時對民主大學的設想是：設教務處、新聞處、後勤處、資料管理處及民主大學基金會。第一步先把一個電台、一個報紙，一個講台建起來，每天上午十點為自由講壇時間，讓在天安門廣場學生學者和市民自由發表意見，晚上八點是授課時間，請國內外著名教授對廣場的群眾進行民主、自由、法治、人權的啓蒙講座，這些工作由教務處負責，然後把錄音交給新聞處和資料管理處，形成文字用「民主大學校刊」的形式刊出。

五月二十四日，從來不接受記者採訪的我，在柴玲的邀請下，參加了她主持的一次記者會，公開對外宣布了將在天安門廣場成立天安門民主大學的消息。

此後，我和趙世民、項俊開始了準備工作：招募願意參加工作的大學生，聘請名譽教授、準備必要的物資。初步計劃在五月二十八日正式開學。報名參加工作的同學很多，指揮部秘書處和宣傳部的一些骨幹同學也報名要參加籌備民主大學的工作。

2

廣場上每天都有「狼來了」的消息，戒嚴的頭幾天我幾乎二十四小時得不到休息。廣場幾萬同學的食宿，安全使我感覺到責任的重大，於是我組織了「五月天」搖滾樂團的演唱會、舞會以及民主論壇，希望同學們能保持旺盛的精力。一曲崔健的《一無所有》使廣場十多萬人沸騰了。你只有置身其中才會感到那是多麼地震撼人的心靈，時近午夜，指揮部派往北京四周的糾察隊員傳回消息，豐台和八里橋的軍隊又和大學生以及市民發生衝突，四十多人被軍人打傷。衝突一天比一天嚴重，天安門廣場指揮部和首都各界聯席會立即在中國社會科學院開了一次聯席會議。會議由王丹主持，我和柴玲、李錄、梁二、邵岩、劉剛等人參加了會議，還有王軍濤、鄭義、北明等，就在那次會議上我認識了來自香港中文大學的丘延亮先生，他代表香港聲援北京民運的組織參加了會議。從他那裡，我們得知香港近期有大量的物資運到北京，其中有我們急需的帳篷和通訊設備，於是我請他們給我解決一個大功率的擴音設備，丘先生答應了。

會議的第二天，柴玲把一個香港來的女同學介紹給我，她叫潘毅，是香港中文大學的聲援團負責人。柴玲說：「潘小姐對辦民主大學很支持，你需要什麼可和潘小姐聯繫。」潘毅拿出一張設計圖紙，那個圖紙重新佈署了天安門廣場的佈局：帳篷井然有序，校旗翩翩飄舞，指揮部、物資供應站、醫療救助中心、民主女神像，按她的設計，民主大學就在民主女神像的前面，她強調要搞一個「像樣」的講台，並給我撥款一萬元人民幣搞這個講台。而我不太贊成搞這樣的講台，理由是做這樣的講台需要時間，而現在已經大兵壓境，很少有工廠敢擔此製作，另外，花一萬元錢搞個講台實在沒有必要。潘毅堅決主張要搞這個講台，而指揮部的其他常委也支持她，一個叫墨軒的糾察隊負責人主動請纓說，可以在三天之內把講台立在民主女神像前。

民主大學未能按預定的計劃開學。講台始終未能運到廣場雖然算作其中的一個因素，但並不是主要的因素，五月二十八日是「各界聯席會」決定撤出廣場「凱旋在子夜」的時間，但那天早晨王丹來廣場指揮部通知大家準備撤退時，遭到了李錄、柴玲的抵制，未能達成一致意見，一直拖到晚上也未能通過，王丹急得直搓手，一個勁兒說：「怎麼搞的，聯席會上不都同意了嗎？怎麼搞的，現在又不同意了?!」指揮部有的常委表示：「聯席會議只是一個諮詢機構，而不是決策機構，而保衛天安廣場指揮部才是決策機構。」結果是──沒結果。

3

五月三十日下午兩點整，天安門指揮部和中共中央，戒嚴指揮部的代表進行了最後一次接觸，在北京飯店的一個客房裡，我和李錄代表指揮部向他們提出了我們最後的四點要求。第一取消戒嚴，部隊不得以任何藉口靠武力進京。第二：建議召開人大全國常委會緊急會議，討論目前的緊急局勢，希望能在憲法和法律的程序內解決長達五十多天的抗議活動、並追究李鵬、陳希同等人的責任。第三：解除報禁，眞實地報導此次學運的情況。第四：不搞秋後算帳，肯定此次學運爲愛國運動。

那位中共代表說：以上四條我想我們的分歧很大，戒嚴是爲了保衛北京首都的安全，並不是針對你們學生，現在有一些壞人，長鬍子的壞人利用你們的愛國熱情想達到他們推翻人民政府的目的，另外，黨中央從來沒說大學生搞動亂，所以也不存在秋後算帳的問題；第三你們說的新聞自由和我們主張的新聞自由的標準不一樣，我們從來沒限制過新聞自由，至於人大開會我們決定不了，那是人大的事。而且他警告我們：儘快撤回學校，軍隊已決定要儘快清場。

後來我們提出一個交換條件：軍隊保証不進京，我們就撤回學校。

中共代表明確表示：那是決不可能的。

他問我：你們廣場有多少人？

我回答：十萬人。

他說：夜裡有多少人？

我說：兩萬人。

他把身體往沙發後仰了仰：「我在勞動人民文化宮院裡可下兩個空降師，在故宮裡可下一個空降師，在地下鐵路可以運兩個師，加上人民大會堂的特種部隊有六萬人，我們可以三個人對你們一個學生，強迫你們離開廣場。」

我說：什麼時間？

他說：還沒有最後決定，但不會讓你們再長期佔領天安門廣場。

我最後問：會不會開槍？

他回答：怎麼會呢？人民軍隊，怎麼可以向人民開槍呢？決不會的。況且，我們的對比這樣懸殊，三個軍人對你們一個學生，用得著開槍嗎？

他低估了北京人民的力量。

而我們低估了他們的殘忍。

4

廣場的情況似乎一天比一天糟，部分外地高校的學生白天開始遊山玩水，晚上回到廣場要我們解決吃住。甚至出現了坐公車不買票的現象。指揮部的壓力越來越大，秘書長郭海峰負責分發香港運來的帳篷和廣場的全局設計，累得躺在帳篷上睡得抬走都不醒。六月一日凌晨，王文帶了一些人把柴玲和封從德給「綁架」到指揮部秘書處，我當時正和郭海峰在急救中心旁的一個帳篷裡睡覺。北師大的陳徠把我們倆拉到秘書處，他告訴我們：「柴玲和封從德要攜款逃跑，被他們捉住了。」我聽到柴玲在哭，封從德氣憤的和王文理論。十幾個不明身分的人把我們困在秘書處的大帳篷裡，不許我們出去，我有一種被挾持的感覺，便質問王文：「你們要幹什麼？」

王文說他要算帳，現在廣場出現了貪污現象，爲什麼別人都給一千元的逃亡費，而只給他二百元。還有，柴玲的總指揮指揮不力，指揮部應該換人。

我說：「柴玲在這場運動中表現十分出色，前些天每個常委分的一千元錢也沒錯，共產黨鎮壓後不會抓所有的大學生，但會抓指揮部的人，大家都是窮學生，拿一千元錢也是爲了保存火種，不值得大驚小怪，再說柴玲的一千元錢給了我，由我給了一位採訪民運的報告文學作家了。」我同時指責他們採取的手段是流氓性質的，我讓那十幾個人拿出証件來。他們拿不出証件，有的聲稱是工人，有的聲稱是外地高校的學生，有的乾脆破口大罵，什麼難聽罵什麼。一個自稱是外地高校的學生甚至讓柴玲把權交出來理由是，現在廣場外地高校的學生比北京高校的多。我嚴詞駁斥了他：「我不主張外地高校學生進京，你們為什麼不在自己的省搞一個『天安門廣場』？」

那一天是「六一」兒童節，中共官方電台和電視台讓我們「把廣場讓出來交給祖國的花朵」。我們準備了許多小禮物，準備贈送給來廣場的少年兒童，有手絹和小玩具，我們分別在手絹上簽上自己的名字。按計劃，天一亮我們就要布置廣場的衛生清理工作，讓廣場乾乾淨淨。但是兩個廣播電台已全部被王文的人控制了。他們不允許指揮部的人進入電台，經過爭論，他們允許我去播一天的工作安排。我發現，所有的電線已全被他們掐斷，後來電線接通了，我在安排工作時，話筒是在王文的親信陳徠手中，以防備我萬一講出不利於他們的話便可立即把話筒拿開。

那些天發生的一連串的事情使我備覺辦一所民主大學的實際意義遠遠勝過她的象徵意義。

自五月二十六日我在新聞記者會上宣布要成立民主大學後，中共的廣播每天都在為民主大學做「廣告」：「現在，天安門廣場的某些人和香港某大學要成立所謂的天安門民主大學，這所大學沒有經過國家教育委員會的批准，是非法的，主辦者要完全負法律責任……。」當時有些報名參加民主大學工作的同學退出了工作，但還有幾十名同學以及北大糾察隊的近百名同學堅定地支持我一定要把這所大學辦起來。

5

六月二日，在劉曉波等人絕食時，我在紀念碑三層見到了嚴家其先生及夫人，我邀請他做名譽校長，嚴先生欣然接受。他認為這個設想非常好，「我們可以在民主中學習民主。」我同他談了我們的辦學宗旨和設想，他強調：「民主、自由、法治、人權這八個字準確地概括了大學的辦學方向。」他強調「法治」的治應該是治理的治，而不是制度的「制」。他並建議要把民主大學基金同時搞起來。

下午，我召集民主大學籌備組的同學開會最後確定六月三日晚九點鐘正式開學，籌備組的同學推選我任校長，趙世民任副校長，項俊任教務長（現在這兩位同學都被捕坐牢）。而台灣聯經出版的《天安門一九八九》一書「大事記」中曾有「廣場統一指揮部秘書長趙世民被指以『逃亡費』名義，私吞捐款一萬一千元人民幣。」的記載，我有必要在此澄清一下，趙世民在任秘書長期間曾收到捐款一萬一千元，後封從德讓他交給財務處，趙未交的原因是他錢用在民主大學的開學典禮上，我們買了一台錄音機用了六千元，另外買的各種旗幟和其他物品花掉了三千多元，還有二千元做民主大學基金的第一筆資金，而民主大學從籌備到開學，沒動用廣場財務處和香港方面一分錢，海外的媒體和某些人對趙世民同學的譴責是無的放矢，是不公平的。同時也讓中共利用這件事大作文章，而那個備受譴責的人卻在中共的鐵窗裡受著無盡的煎熬。

六月三日一整天我都在民主女神像下忙著民主大學開學典禮的準備工作。潘毅和墨軒的講台已經指望不上了，只好借了一些桌子搭了一個臨時講台，中央美術學院的同學們爲民主大學刻了校章寫了校旗，項俊爬上幾十米高的燈柱上，把民主大學的校旗高高地插在天安們城樓的正前方。

傍晚，廣場的形勢變得愈發緊張，京城四面的軍隊已開始動作，警察開始主動向學生挑釁，負責廣場電台的張華潔同學在六部口，被軍隊從他講話的汽車上踢了下來，打得滿臉流血，他回到廣場拿起話筒呼籲同學們準備抵抗。我當時搶下話筒，批評他不該呼籲成立什麼「暗殺團」，並在廣播中重申和平非暴力的原則，張華潔捂著滿臉鮮血痛哭失聲：「同學們，他們要下毒手了……」

我感到了事態的嚴重，今天和每天的「狼來了」有很大的不同，北京廣播電台和電視台開始警告市民要「呆在家裡，否則一切後果由自己負責。」北京大學的學生穿上了印有北京大學字樣的T恤，來廣場報名，楊濤又派了一百多個學生到民主大學開學典禮的會場，來幫忙維持秩序。

晚上七點鐘，一個軍隊的朋友托人捎信給我：軍隊今夜要進京，天明之前清場結束，而且可能採取一切「可能」採取的手段。他要我儘快離開廣場。我的腦海呈浮現出了一九七六年四月五日夜天安門事件的鏡頭。難道十三年前的慘劇又要在這同一廣場重演嗎？上帝爲什麼對中國人這樣的不公平！

這時，天安門廣場官方廣播又響了，那個廣播除警告市民不要外出外，又開始警告民主大學，「目前，廣場上某些人夥同香港某大學要開辦民主大學，這所大學沒有經過國家教委批准，是非法的，組織者要完全負法律責任……」

民主大學籌備組的同學聽到廣播後又都湧到我的帳篷裡。我向他們介紹了今天可能出現的情況：鎮壓——宣布爲反革命暴亂或反革命事件——逮捕——處決或流放。而參加民主大學工作的使命也許就幾個小時，除我要「負法律責任」外，其他同學也要受到影響，所以我提出不願意參加的同學可以退出工作，大家誰也沒表態，靜靜地看著我，耳邊是北京廣播電台威脅民主大學的聒噪。

我說：「我們不理睬它！」

同學們一聲歡呼，擁抱在一起，緊緊地擁抱在一起，帳篷險些讓我們頂破。

我向我們電台的播音員下了命令，通知所有的同學不要離天安門廣場，民主大學在九點鐘舉行開學典禮儀式。

由香港中文大學提供給我們的大功率電台開啓了，播音員向廣場的同學廣播大學開學的通知。紀念碑下和原絕食團廣播站的廣播也同時播出了這個通知。

我立即派人給嚴家其先生打電話，希望他來參加剪彩儀式，嚴先生表示一定按時到場。

九點到了，嚴先生還沒有到，於是我們推到了十點。

十點到了，嚴先生還是沒有到，而從四處傳回來的情報看，中共的軍隊已經開始從四面八方向天安門廣場推進，於是我決定不再向後推了。宣布天安門廣場民主大學正式開學！

6

在幾萬名民主大學首批學員的熱烈掌聲中，我和柴玲爲民主大學剪彩，柴玲、趙瑜、馬少方、老木、老鬼等人分別代表廣場指揮部、知識分子、大學生致了賀辭，他們感性的演說博得了一陣又一陣熱烈的掌聲，在一片掌聲中，北京的天空變得又紅又亮，我發現，那是帶感光的槍彈和地下的火光的輝映形成的。

我沈穩地走上主席台致辭，連我自己都驚奇我爲什麼能那樣，一種從來未有過的莊嚴和使命感像風滿船帆一樣在我心頭膨脹。

我宣讀了民主大學名譽教授的名單，有包遵信、陳鼓應、李洪林、于浩成、蘇曉康、劉再復、鄭義、趙瑜、老鬼、柯雲路、王魯湘、遠志明、李陀、蘇緯、李澤厚、徐剛、范曾、王丹、柴玲、丘延亮、王兆軍、劉賓雁等。

參加民主大學開學典禮的同學們在我讀到每一個名譽教授的名字時，都給以熱烈的掌聲，表達了他們對這些教授的信賴和欽佩。

我在雷鳴般的掌聲和遠處震耳欲聾的槍聲中開始了我的演說。

我說：「天安門民主大學是一所沒有圍牆的大學，天安門廣場是我們的課堂，祖國的九百六十萬平方公里的土地是我們的校園。我們辦學的宗旨的讓民主，自由、法治、人權植入中國人的心靈。使我們能在民主中學習民主，並能運用自己的民主權力。」

我說：「北京當局威脅我們說我們的民主大學沒有經過國家教委的批准，是非法的，主辦者要負法律責任……云云，而他們現在開槍殺人了，他們才要負眞正的法律責任！」

我說：「毛澤東曾把解放軍辦成了大學校，即學政治，又學軍事文化，經過哪個國家教委批准了？而我們這所大學是中國覺醒的人民自己的大學，每個講課的人都是我們的老師，每個聽課的人都是我們的同學，他們會像春天的種子一樣把民主自由思想撒遍九百六十萬平方公里的祖國大地，試問，哪個教委能批得起這樣的大學?!所以，我們不理睬它！」

我說：「如果我們被迫撤出天安門廣場，民主大學要在校園，在祖國各地繼續辦下去。

我們傳播民主、自由、法治、人權的事業不會停止！」

在我結束致辭之前，我發現嚴家其先生及夫人高皋從人群中擠到主席台後側。他滿頭大汗，顯然是在擁擠的人群中急匆匆趕到。

我高興地告訴同學們：民主大學名譽校長嚴家其先生給大家講民主大學的第一課。

在一片熱烈的掌聲中，嚴先生沈穩地走上主席台，他首先表示了對民主大學的祝賀。並給同學們講了民主、自由、法治、人權的內涵。他說：這次學生運動已發展成為全國性的全民抗議運動，這是當代中國劃時代的大事，它以不可阻擋的力量大大地推進了中國民主進程。他說：這次學運，向全中國宣佈了民主政治的根本原則，即，國家的一切權力屬於人民、人民有權力推翻不受人民信任的政府。嚴先生仍然強調要召開全國人大緊急會議，討論並廢除五月二十日李鵬簽署的國務院在北京部分地區實行戒嚴的命令，並呼籲罷免李鵬。

我想，當時嚴家其先生還不知道北京四周的情況，軍隊在槍聲中挺進著，李鵬已經舉起了屠刀。

我立即調派了二十名身強力壯的糾察隊員護送嚴先生和夫人離開廣場。我們緊緊握手，互道珍重，我們不知道，今後是否還有聚首的機會。在這場民主運動中，嚴家其、包遵信和蘇曉康、鄭義等人給我們的支持最多也最直接，除曉康溫和一些外，這幾位先生都很激烈。但他們為八九民運所做的貢獻是巨大的，他們是中國知識分子中骨頭最硬的一群。

就在送嚴先生離開廣場時，我在人群中發現了一雙熟悉的眼睛，那雙眼睛擔憂而又心事重重地看著我，那是我的哥哥張翹，他是一個兢兢業業廉潔剛正的共產黨幹部，我受他的影響很大，他是一個值得信賴的兄長。由於糾察隊員的阻止，他進不到主席台後。我通知糾察隊員讓他進來。他告訴我是鐵道部有關領導讓他來的，他的任務是把我帶回去。他說領導說可以出面把我保下來。

我說：「別太天眞了，哥哥。這個時候你不該來這裡。」

他說：「但我是你哥哥呀！」

我說：「他們已經開槍了，不久就會到廣場，你應該想到他們會在廣場幹些什麼！」

他說：「我一個人回去，怎麼向父母交待？」

我們默默無言。

一輛坦克在廣場東面的馬路由南向北疾馳過來，群衆從四面八方衝向了坦克，後來，那輛坦克在廣場東北角被憤怒的人們點燃了。

我和哥哥呆呆地望著燃燒的坦克以及火光中吶喊的人們。「父親母親好嗎？」我打破了沈悶，哥哥點了點頭：「都很好，你不用惦記。」

我說：「多替我安慰照顧他們吧，還有，我的妻子和女兒……」

哥哥點點頭，說不出話來，但他拉著我胳膊的手卻在顫抖。

六月三日過去了，六月四日來臨了，那是一個黑色的日子。

我走上民主大學的主席台，台下的同學們都在看著我，我告訴他們，中國共產黨終於撕下了他們僞裝了四十年的假面具，用機槍和坦克在屠殺優秀的中國的兒女。我說，爲了這個廣場，爲了我們剛剛開學的民主大學，幾十萬甚至上百萬的北京市民和大學生正在用血肉之軀阻擋坦克和軍隊的前進。於是，我宣布天安門民主大學開學典禮結束，同學們撤到紀念碑下，要堅決遵循和平非暴力的原則，打不還手，罵不還口，聽候指揮部的指揮……

就在這時，東面的軍隊已突破市民的防線向廣場挺進。燈光下，鋼盔和槍管閃著亮光，他們跑步對廣場進行包圍。

天空已被交錯的子彈打得彤紅。

一種從未有過的悲壯感襲上我的心頭。此刻，望著子彈飛舞的天空，我欲哭無淚……

我想，也許，我們的最後時刻到了。而這最後的一刻，我才眞正地清醒自己所爲之奮鬥過的理想和爲之付出青春的是什麼東西。

哀大，莫過於心死！

惟一欣慰的是：民主大學的校旗在硝煙中迎風飄舞。她會在烈火中焚毀，然而，她會變成一隻火中的鳳凰飛向全中國和全世界。把民主的火種撒向所有有人類地方。

我暗暗發誓：如果我沒有死，總有一天我會把民主大學的校旗重新插在天安門廣場！

第十一章

二十一人通緝令

1

天津火車站。

這個被稱爲「中國第一，亞洲第二」的新建的大型火車站那寬敞明亮的候車室裡，只有數得過來的幾十個人在候車。我是候車人中的一個。

北京的屠殺已經波及到了天津，而對我們二十一名學生領袖的通緝令據說也已下達到全國各地公安廳、邊防檢查站。天津距離北京最近，對我們的搜捕很快就會開始。只不過現在那些劊子手還沒騰出手來罷了。

三天前，我在通縣扔掉了自行車，換上了一個小型麵包車，沒想到在車上遇到了四位文壇好友，那四人兩男兩女，都是當時最走紅的青年作家。大家一陣激動，不禁唱起了《國際歌》，那個開車的小伙子手上纏著白藥布，他說他在六月四日清晨屠殺時把麵包車當救護車救了二十多個傷員。他還說：「北京完了，搞學潮那些天北京人多好！連小偷都罷偷了，那些小青年都變得和文明人似的，現在可倒好，滿城市的仇恨，中國人吶，就自己整自己。」

到天津後，我立即把妻子托附給朋友帶回太原，我不能讓她和我一起過逃亡的生活。那對她來說會太殘酷了。另外，我的女兒小雪才剛一歲大一點，她不能沒有媽媽。

分手時，我們似乎都意識到這是生離死別，在我吻別她時，我感到她的嘴唇是冰冷的。

我忽然想起這幾天沒能找時間和她好好談一談。若干年後的今天我常常後悔那時沒和她好好談談，當她和我辦理離婚手續後我又想起最後分手的情景。覺得如果那時談清楚也許不會出現現在的結局，後來一想，也未必，也許天意如此。

我獨自站在天津火車站的候車室裡，像一只飄飛的風箏，不知自己將飄向哪裡。火車已經沒有正點的車次了。電腦版上顯示的車次只能做爲參考。

兩位作家朋友前來送我。我馬上要告別所有的親人和朋友，從此，張伯笠這個名字應該是別人的了，和我這個肉體沒有任何關係才對。

「去哪裡？」朋友問我。

我搖搖頭，我也不知道去哪裡。

「占一卦吧。」年長的作家說，他善此道，面相、手相他都會，我過去以爲那是他哄小女孩的伎倆，從不相信。不過，這時我倒是猶豫了一下。

他知道我從來不信他這一套。便說：「那麼猜個字吧，你寫一個字，隨便，寫什麼都可以。」

我接過他的紙筆，略一思索，寫了一個共產主義的「共」字。那時我們所有的一切都和這個字有關聯：與「共」產黨對話，批判「共」產主義，從信仰「共」產主義到與之決裂，「共」產黨的殘酷屠殺，妻子能否在危難之中「共」患難……。

他一本正經地看著那個「共」字，然後朝我一笑，那笑顯得莫測高深。幾名警察從前面走過來，我們每一人點燃一支香煙，操起天津口音聊起了天。待警察過去後他說：「你這個字我看不透，這怪我此道不精。不過這共字上半部是北字，你往北走是為上策，中間的一橫可視為江或河，下半部是一個八字，這個八字跟你有關係，但我現在解不出來，等你以後驗証吧。」

另一位年輕一些的作家不以為然：「我倒覺得應該往南走的，伯笠將來在國內面臨的只有被追捕，坐牢或處決的危險，與其坐以待斃，不如魚死網破，只要逃到香港，就會申請到西方政治庇護。而從北部只有被捕的危險卻沒有逃出去的可能。」

後來還是我做了最後定奪：哪列火車先進站我就蹬哪列火車，去南去北看天意吧！

凌晨三點鐘，一列從山東濟寧開往黑龍江佳木斯的直達快車進站了。

在我蹬上這次列車的那一刻起，我知道我選擇了最為艱難的逃亡道路，那噩夢一樣的生活伴陪我整整七百二十多個日日夜夜。

2

公元一九八九年六月十三日，中共公安部轉發了北京市公安局通緝令。公開通緝了二十一名學生領袖。這二十一人有王丹、劉剛、楊濤、封從德、王有才、張伯笠、熊炎、柴玲、吾爾開希、梁擎暾、周封鎖、張銘、熊煒、王治新、張志清、翟偉民、王正雲、鄭旭光、馬少芳、王超華、李祿。

那天晚上，我在中國最北方的一個城市的朋友家中，我那位朋友是一位作家，我是十二日到他所居住的城市，然後給他撥了個電話，他到火車站將我接到家中。就在那天晚上中央電視台的新聞聯播節目中，中共公安部轉發了北京市公安局對方勵之、李淑嫻的通緝令。從那裡我們也得到了方勵之夫婦進入美國大使館要求政治庇護的報導。我預感到第二天我的通緝令就會出現在電視螢幕上。

朋友爲我炒了幾樣清淡的小菜，打開一瓶紅酒，我向他講述天安門廣場的日日夜夜，他一邊喝酒一邊流淚。當時鐘敲向二十一點時，他打開了電視機。

中央電視台在晚間的新聞聯播頭條播發了王丹等二十一人的通緝令。通緝令說：王丹等二十一名高自聯頭目和骨幹是北京發生的反革命暴亂的組織者。他們犯有嚴重的反革命組織、宣傳煽動罪，現已畏罪潛逃，命令全國各省、市、自治區公安廳局、邊防口岸檢查站以及機場車站嚴加檢查，決不能讓他們逃到海外，一經發現，立即拘留，並告北京公安局。

通緝令並警告全國老百姓，有膽敢窩藏這二十一個學生領袖的將嚴加懲處。

然後電視螢幕上出現了王丹的照片和特徵描述。我的朋友緊緊地抓著我的手說：可別有你呀，千萬別有你……。

此時，我的照片出現在電視螢幕上。那可能是「雷子」在天安門廣場偷拍的。我戴著一頂遮陽帽，手裡拿著麥克風正在講演。照片下是通緝我的文字，我隨著中央台那個叫張宏民的主播的聲音向下看去：

張伯笠，男，二十六歲，黑龍江省望奎縣人。北京大學作家班學員。身高一點七五米左右，較胖，圓臉、雙眼皮、翹鼻子、厚嘴唇，東北口音。

我朋友把手握得更緊。我感覺到那手在顫抖，而我此刻卻不像剛才那麼緊張，長長舒了口氣，彷彿完成了一件大事似的。然後去看其他同學的通緝令。我發現中共的公安機關在通緝令上用了許多貶意詞，如王朝華三角眼啦，李祿地包天啦，遂狠狠罵道：「媽的，眞他媽卑鄙。」

我的朋友突然一拍手：「你的家鄉話還眞標準，這對你太有好處了。」

我知道他在安慰我。我對他說：現在通緝令已經在中央電視台公開播出，估計新華社也已經發了通緝令照片，明天就會出現在中央和地方的報紙上，那樣我不可能再公開活動了。所以必須喬裝改扮，最好進山裡，先躲過這段瘋狂的追捕再說。

他說：你現在哪也不能去，一般不知道我們認識，所以暫時還是安全的。再說，進山要經過邊防檢查站，恐怕很難混過去，我們很難搞到合法的進山的手續，如身分証，邊防通行証，防火証等等。

夜深了，我獨自一人在客廳裡踱步。外面下著傾盆大雨，似乎要沖刷什麼。我就如一隻困獸，被關在一個四周都是棘刺的籠子裡。

這裡決不是久留之地。如果在這裡被捕會牽累朋友，他有妻子，有孩子，如果他和我一起坐牢，會使我永遠心不能安寧。回老家呢？危險性更大，警察會把我所有的親戚家都監控起來，我投奔那裡等於自投羅網，雖然父母親已搬到石家莊多年，但中共警察對望奎縣的控制一定是很嚴。妻子和孩子處更不可思議，她那是最危險的地方，況且我的岳父大人和內兄都是警察。長春有哥哥和表姐，一個是警察一個是官員，況且我從未去過長春，而現在又和長春相距兩千多里路，也許還未找到他們，警察早已捕到了我。

去哪呢？偌大個中國，難道眞的就沒有我的存身之處？我不相信！

我決定明天離開這個城市，先回到哈爾濱或齊齊哈爾再說，那裡的朋友多，也許有辦法。

我分析了中共會如何對待我們。鄧小平在六月九日接見戒嚴部隊軍以上首長的講話裡已經明確指示：「對他們，連百分之一的原諒都不能有！」那惡狠狠的表情我永遠也忘不掉。按過去的慣例，中共對「反革命組織」的首犯大多是肉體消滅。而這次他們付出了撕破假面具的代價和黨內分裂的代價才把民主的火焰撲下去，對我們這些民主運動的組織者當然是恨之入骨，所以不能有僥倖的幻想。那個殺人機器已經開動，司法機構已經「從重從快」處決和重判參加八九民運的人士，所以，如果我被捕，也許比吾爾開希判的還要重，共產黨深知像我這樣的人 他們是「改造」不過來的。

那一夜，我徹夜未眠，兩包萬寶路香煙被我吸得一支不剩。

第二天，朋友上班去，將我鎖在家中；我像一隻老鼠一樣，不能讓鄰居聽到一點聲響。而窗外的警車不時呼嘯而過，使你覺得那就是奔你而來。

我覺得已經被宣判死刑，逃出去不可能，只好默默地等待行刑者的到來。他家來客人我就要躲到地窖裡，那幾天的大雨使他家的地窖積了兩尺深的水，如果客人坐的時間長一點，我就和坐水牢一樣，忍受著冰涼、潮濕和跳蚤的襲擊。晚上，一打開電視就是那血腥、恐怖和令人心痛的畫面：

清華大學的學生領袖周封鎖第一個從西安被捕，出賣他的人竟是他的一奶同胞的姐姐，我的朋友氣得把酒杯都摔了，如不是我拉著，看來電視機他都要砸。第二天他從單位回來告訴我，全單位不管男女職工還是幹部工人，沒有不痛罵周封鎖姐姐和姐夫的。「那對狗男女就知道升官，連禽獸都不如！」她把周封鎖的姐姐和姐夫稱爲「狗男女」。

我告訴他，我姐姐的丈夫也是警察，但他決不敢出賣我。

他問：「爲什麼？」

我說：「很簡單，他怕我姐。」

他哈哈大笑：「什麼時候了，你還有心開玩笑。」

我說：「那你說怎麼辦？總不能還沒等中共抓到你，你自己就嚇死了或愁死了吧？」

周封鎖被捕後，緊接著我的好友北大法律系研究生熊炎在內蒙古被捕，電視屏幕出現了他被押回北京的鏡頭，幾百名持槍荷彈戴著鋼盔的士兵如臨大敵，而熊炎大義凜然，毫不畏懼地走下火車。

接著又是我的好友楊濤在甘肅被捕，電視鏡頭同樣是被押回北京時，軍隊警察如臨大敵。楊濤是福州人，在被通緝的二十一名學生領袖中，他年齡最小，只有十九歲，但他常常表現的比實際年齡要成熟。我還記得我和他最後一次見面時他向我要了一支菸，那是一包雲南的阿詩瑪牌香菸，我給了他，問他爲什麼不自己買煙，他說沒錢。他當時是北京大學籌委會主席，北高聯最後一任主席，北大的捐款幾十萬人民幣都在他手裡，他卻不動分毫。

不幾天，另一個北大出身的學生領袖劉剛在保定被捕，我的朋友甚爲不平：「眞他媽的怪，怎麼被捕的都是北大的？」

那幾天，清華的熊煒和北影學院的馬少方等相繼自首，我心裡很難過。中共雖然總是講主動投案自首可以從輕處理，但這次他們輕不了，坦白也好，頑抗也好，結果不會有太大的差距。

只短短幾天，二十一人有近三分之一被捕，我不得不佩服中共公安和秘密警察的能力。同時也覺得懸在頭上的那支達摩利斯劍又下降了幾寸，幾乎可以碰到頭髮了。

六月十五日，我不想等了，決定明天啓程。逮捕也好，免得每天受這種精神折磨和讓朋友提心吊膽，擔驚受怕。

朋友在那天晚上把孩子拍睡後來到客廳，他見我在沙發上坐著還沒睡，便說：「要不然，要不然……自首……。」

我說：「我明天就走，但我決不會自首，因爲我們沒錯，殺人的是他們，罪犯是他們，讓我向殺人者自首，那還不如你殺了我。」

他說：「我是爲你想，我不能想像你這樣優秀的人被他們槍斃掉，如果自首大概不會判死刑。只要活著就有平反昭雪的那一天，你想想，鄧小平都八十四了，他還能活幾年？再說，你也該爲你妻子和孩子想想……。」

他一說起妻子和孩子，我心如刀割，這幾天夜裡睡不著覺，腦海裡總是出現雪兒那粉紅的笑靨。眞不知道，此生還能不能再見到女兒。妻子我倒不很擔心，她才二十幾歲，將來可以選擇新的生活，組成新的家庭。隨著時間的推移，她會逐漸地把我忘掉……。

我打開我的背包，從中拿出一疊錢，那是我所有的經費。還有二千七百多元。我拿出兩千元給我的朋友，我告訴他：把這兩千元寄給我的妻子，這兩千元錢可以夠她們娘倆一年的生活費了，加上家裡的存款，還能支持幾年。

朋友愣愣地看著我：「那你呢？你現在需要錢呀！」

我說：「我還有幾百元，足夠了。也許明天在火車上就要被捕，如果能找到安全的地方，我會自己養活自己，這你放心。」

3

一九八九年六月十六日下午四點鐘，我離開了朋友家向火車站走去，我身穿一身武裝警察的少校服裝，戴著變色眼鏡。朋友說，連他走到街上都認不出我。

那古老陳舊的火車站上熙熙攘攘擠滿了人，一隊新入伍的武裝警察也不排隊，呼三喊四地擠進檢票口，氣得那位檢票的姑娘一個勁兒喊我：「喂，那個當官的，管管你們的人，還警察呢！一點水平都沒有！」

我恐怕她再喊我讓車站的警察認出我，忙快步擠到檢票員身旁，低聲告訴她：「對不起，我們不是一個部隊的。」

那檢票員小聲嘀咕：「反正沒一個好玩意兒！」

我被她罵得一愣，但想，她罵的是武裝警察，跟我有什麼關係，我只不過穿的是武警的衣服，而眞實的我卻是武警四處追捕的要犯。我甚至盼那個檢票員多罵幾句。

火車上人很多，沒有空閒坐位，一個喝酒的大漢一人占了兩個人的位子，看我站在那瞧他，有些不好意思，他把又黑又髒的臭腳丫子移開：「大哥，坐吧，這人多，就得多將就點。」

我謝謝他，把提包放在行裡架上，正巧列車長走過來，我忙問他有沒有臥鋪，他瞧瞧我，我遞上去一支萬寶路香煙，他看也沒看就拒絕了。告訴我：臥鋪滿員。根據我過去在鐵路跑記者的經驗，連煙都不收的列車長那準沒戲。所以我乾脆不再找他麻煩，也省著自己麻煩。

列車上檢查的極爲嚴格，三人一組的警察在車廂裡走來走去，牢視著每一個旅客的臉。這是黑龍江省境內，而剛剛通緝的二十一名學生領袖只有我是黑龍江人，所以他們的重點是針對我而來的。

我把帽簷壓得很低，和那個喝酒的大漢聊著天，盡量使自己表現得自然。

那大漢一邊喝酒一邊吹他的兒子，一個坐在他身邊抽著高級香煙的十四、五歲的孩子，說他槍法如何準，如何在山上打「飛龍」，如何敢和森林警察以槍對峙。他說他兒子專抽好煙，這些年他倒賣木材發了大財。就這麼一個兒子要好好培養：「唸書不行，這小子不是唸書的料，將來不受人欺侮就行。」

我一邊喝酒一邊應酬他，但我不敢多喝，怕酒後失言暴露自己的身分。

果然，談話涉及到了「六四」，那二十一人通緝令成了全中國老百姓議論的中心話題。

那大漢說：「大哥，你這時出差，是有任務吧？」

我「嗯」了一聲。算是答應他。

他說：「是抓王丹他們吧？」

我說：「不是，我去搞一個外調，部隊有同志要轉業，我先幫助聯繫一下。」

「轉業對了，這他媽部隊還有啥幹頭？盡挨罵？」那大漢拔下一個燒雞腿邊吃邊說。

我假裝不知：「挨誰罵？」

他說：「大哥，我不怕你生氣，誰不罵呀？在天安門大開殺戒……。」

我忙制止他：「你喝多了，這話可不能亂講囉，在北京那是鎮壓反革命暴亂嘛！小平同志不是講的很明白嗎？」

那大漢還不服氣：「我聽不明白，他八十多歲能講什麼明白話？我老爹才七十多，整天說胡話，你問我兒子。」

那個抽高級煙的少年吐了個煙圈：「我爺爺早就老胡塗了。我爸要聽他的，能有現在這麼有錢嗎？」

那大漢得意得兩眼放光：「就是嘛，大學生嘛，小孩子嘛，提點意見就開殺戒，這是啥玩意兒？前兩天我看通緝令，媽呀，不是北大的就是清華的，眞白瞎了，我兒子要是能考進北大，讓我管他叫爹我都樂意。」

周圍的乘客傳來一陣笑聲，我怕他把人的注意力都集中在這兒，就小聲警告他：「你喝多了，小心禍從口出。」

他突然一愣，好像才知道我是警官，忙說：「我喝多了，剛才的話就算是我放個屁！」已經進入夜間行車，我昏昏欲睡，但又不敢睡，那大漢已趴在小桌上打著響亮的鼾聲。

4

凌晨，列車進入了中國北方的一座大城市，這個城市我非常熟，連這個城市的鐵路警察我也熟，我曾做爲警官學校校長的客人到過這個城市，而現在，這些畢業的警官執行的卻是逮捕我的命令。

列車進站了，站台上每隔二十米就有三個警察，他們全副武裝，披著雨衣站在濛濛細雨中，等待著列車。

我有些緊張，難道他們發現了我在這次列車上？

列車停穩了，警察們飛快地上了車，每個車廂三個警察，他們把手槍和衝鋒槍提在手中，仔細地辯認每個乘客的臉，然後再向手中的一個小冊子對著。我知道，他們手中的小冊子準是我們二十一人的通緝令。

他們一步一步地向我這面逼進。他們如果覺得哪個人值得懷疑便會讓你出示相應的証件，然後仔細盤查。我的坐位緊靠餐車，按順序他們要最後才能查到我。

在查到距離我不遠的地方，警察查出了一名身帶傳單的大學生，那些傳單是從他的旅行包裡查出來的，警察讓他把身子背過去，然後在身後給他戴上手銬。整車廂的乘客都被震驚了，紛紛站在坐位上看熱鬧，立刻，我被那些站起來的乘客淹沒了。

「這叫秦瓊背劍！」一個乘客很內行地說。

喧鬧聲中，那個被「秦瓊背劍」的大學生被押下了車，走在後邊的那個警察只是向我坐位這個方向望了望，他顯然已經看到了我，但他更放心地下車了，我想那一定是因為我是武裝警察「少校」的緣故。

列車終於開出了這個恐怖的城市。我長舒了一口氣。經過一夜的緊張旅行，我真感覺到累了，便趴在小桌上睡著了。

5

我沒有到哈爾濱，而是在距離哈爾濱還有一百多公里的一個小站下了火車。

小站也有警察，不過那些警察顯得土頭土臉的，叨著煙捲，敞著懷，吆五喝六，一副魚肉鄉里的樣子。我下車出站，他們連看都不看我。在站外乘坐個體戶的大客車時，那個售票的大嫂竟給我打八折，我說算了，反正是公家報銷，就別打折了。她忙給我找了個坐位。一個小時後，我在距離一個縣城二十里路左右的一個站下了車，再步行十餘里路，我就會走到一個叫張家窩棚的村子，我一個堂叔和堂嬸就住在這個村子，雖然這個親戚快出五代了，但我小時候常到他家來過瓜秋，感情處得很好。我分析，中共公安部門也許不會這麼快把我所有的社會關係全摸透。

走下公路，進入了鄉間小路，路兩邊種的玉米已到腰部，正是鋤二遍草的時候，農人們在各自的莊稼地裡揮汗勞作，我用腳踢了踢土地，立即飛起一股白煙，看來土地有些乾旱。

遠遠的望見了堂嬸家的村子了，十幾年沒來了，村子似乎沒什麼太大的變化，路還是土路，只不過加了點沙子，護村的林子倒是長得又高又密了，掩映著一幢幢的土房。

我怕引起人的注意，脫下了少校警服，把衣服和帽子塞進了背包。

天氣很熱，蟈蟈在麥田和豆田裡是比賽著歌聲，把鄉間的中午襯托得更加寧靜，路上沒遇到一個行人，也許都在睡午覺和在田裡勞作。我口渴得要冒煙了，也餓了。一想到馬上就可以到堂嬸家喝上清涼的井水，吃上香噴噴的小米飯，便不由加快了腳步。

驀地，我發現鄉下的土路上有幾道清晰的車胎印，那是軍用北京吉普二一二的車胎印。我忙蹲下身來，仔細研究起來。

車胎印是通往村子裡的。而像張家窩棚這樣的落後決不會有人養這樣的小吉普車。難道警察已經來了？

我忙閃進林子，偷偷地向村子裡瞭望。村裡很靜，偶爾能聽到母雞下蛋後咯咯咯的叫聲，似乎沒什麼異樣的跡象，我準備再向村子靠近一些，看個清楚再說。

就在這時，村子裡走出一個人來，我忙閃進林子深處，透過樹的枝幹觀察著一步步走過來的那個人。

我覺得那個人走路的姿勢很眼熟，當她走近時，我看出她是一個老太太，這個老太太很像我的嬸娘，難道這麼巧？

老太太走近了，沒錯兒，是我的嬸娘！儘管十多年沒見，儘管她已經滿頭白髮，我還是認出了她。我小的時候，嬸娘沒有男孩，爸爸險些把我送給她做兒子。

我從樹林中閃出，輕輕喚了一聲：「嬸娘。」

她一愣，突然看見了我，眼神中閃過了一絲游移。我小聲說：「嬸娘，我是伯笠。」

「是小伯笠？」她忙走上來抓住我的胳膊。那滿是青筋的手把我抓得牢牢的，就像我會立刻飛走似的。她的眼睛閃過一絲淚花：「小伯笠，你真的來了……。」

我什麼都明白了，馬上把她拉進樹林。我問：「嬸娘，你先別激動，告訴我，是不是『他們』來了？」

她點了點頭：「嗯，他們來了，有好幾十人，三部小轎車呢！」

我說：「都是些什麼人？」

她說：「都是警察和武警，有縣裡的、省裡的、還有北京的。現在正在大隊部吃飯呢！好險！要不是我提高了警覺看到了車胎印，要不是嬸娘從村子裡走出來，我只要一進村便會被逮捕。現在，我反而鎮靜下來，拉著嬸娘坐下來。我問嬸娘：「警察是怎樣盤問你的？」

嬸娘嘆了只氣說：「前些天就在電視裡看到了通緝你的鏡頭，鄉親們天天上家來，問有沒有你的信兒，我想你也許逃到外國去了。今天上午我正睡午覺，就聽警車響，村長領著十幾個人進了家，整得雞飛狗跳的。」

我說：「他們嚇唬你了？」

她說：「那倒沒有，一個北京來的官說話還挺和氣，他說你是什麼『高自聯』的頭頭，要把你們找回北京去了解情況。我說我那個姪兒沒來，再說，我都十幾年沒見他了，長啥樣我都忘了。那個長官說：『都是年輕人，難免犯點錯誤，他要是躲到你這來，你就告訴我們，可別讓他亂跑了，這世界挺亂的，別遇到壞人，出點事兒就不好了。』我說：『嗯吶，來了我就告訴村長。』」

我暗自好笑，魔鬼總要把自己扮成天使。

我問嬸娘：「你從村裡出來要幹什麼去？」

嬸娘說：他們走了後，我又睡覺了，做了個夢，夢見你表妹家的豬生了一窩豬崽，全賣完了，就剩下一個小黑豬崽沒人要，我想把小豬崽抓回來養到過年也許能換幾個錢，就出了村來。沒想到碰上了你，這眞是天意。

嬸娘說：走吧，到你表妹家去，先吃飽飯睡一覺再說。

我擺擺手，拿出煙來，給嬸娘一支。我們娘倆默默地吸完了一支煙。村裡的警車還沒開出來。我這時眞餓得前胸貼後背了，但表妹家有沒有警察，還不得而知，於是我讓嬸娘先去，如果有警察，就派人給我送個信，順便帶點吃的和水。如果沒有警察，就讓表妹或表妹夫來接我。

嬸娘走了，向另一個村莊走去，我的表妹就住在那個村莊。

半個小時後，一個騎自行車的青年農民把車子停在了我的面前。

「四哥，我是鐵柱，是你妹夫。」他自我介紹。

「你怎麼知道我是你四哥。」

「嘿嘿……」他憨厚地一笑：「這幾天電視上和報紙上都有你的照片。」

「你不怕嗎？這要坐牢的？」

「四哥這話就說遠了，咱們不是親戚嗎？要沒這事，你在北京大學當作家也沒空到咱鄉下，那我也還是沒福見到你，嘿嘿，這回見到你了，咱哥倆有緣，走，回家去！」他拿起我的包裝進一個麻袋裡，然後放在單車的後架上。

我問他：「警察沒到你家嗎？」

他大咧咧地說：「沒有！中國沒那麼多警察！」

一路上，我同他聊起了這兩年農村的日子，他說他前兩年貸款買了一台小四輪拖拉機，種了二十多畝地，吃穿不愁，養車操心，他把小四輪賣了，又買了兩匹馬：「還是養馬好，我小時候就夢想將來自己有匹馬。」他說，「你表妹身體好，能幹，大兒子上小學了，小兒子也一歲了，這日子馬馬虎虎過吧。」他問我有幾個孩子，多大了。我告訴他：我只有一個小女兒，叫小雪，才一歲大一點。我告訴他我前年才結婚。

他憨厚地笑笑：「我老丈母娘就說你挑花眼了，連縣長的女兒、軍長的女兒都不要，現在這個四嫂一定不賴！」

說話間到了村外護村林，村子裡很靜，看來農民都下田做活了。

表妹家兩間土房，很大的院子種著黃瓜，兩紅柿、豆角、茄子等各種蔬菜。嬸娘和表妹正在擀麵條，收拾得乾乾淨淨的炕上擺著一個小方桌，小方桌上擺著幾樣炒菜、啤酒和飲料。我實在餓了，和表妹打過招呼後就風掃殘雲般吃了起來。兩瓶啤酒，三大碗麵條下肚，我才感到肚子裡有點底了，自天安門廣場絕食後，我最怕的就是餓，一餓就心慌，無力。

酒足飯飽，我仰在炕上點燃了一支煙，一邊吸一邊聽表妹夫婦和嬸娘在爭論把我藏那兒。我知道，現在黑龍江省公安廳一定是動用了最大的警力來搜捕我，既然像嬸娘這快出五代的親戚家都來了，那更近枝的親戚更不用提了。那麼他們在這一層面上找不到我，就會通過他們的子女，親戚再尋找我。我估計用不了多久，表妹家也會被警察光臨。所以，此地不宜久留。但是去哪呢？

表妹夫說去河套，那個呼蘭河和松花江交匯處有一望無垠的荒草灘，是周圍幾縣農民放馬放牛的好地方，我們可以到那去放馬，躲過這段瘋狂搜捕期。

「牧馬人？」這主意不錯。

我讓表妹打盆水來，然後把長髮伸進水中，浸濕後我把剪刀交給表妹：「都剪掉。」表妹的手藝還眞不錯，剪髮後，照照鏡子，人變了個樣，那是當地農民喜歡理的寸頭。

我脫掉雪白的襯衣，筆挺的褲子，白色的絨襪，只穿了一條內褲走到院子的小園，捧起乾燥的浮土而向空中揚去，飄灑下來的土面落在我汗漬漬的身上，不一會，我的身上就印滿了「地圖」。

換上表妹夫最破的衣服，看不清顏色的白背心上的幾個洞可以清晰地看到我畫滿「地圖」的肚皮；一雙露腳指頭的破布鞋，一條破舊的藍褲子，一腿挽高一腿挽低，一照鏡子，把我自己都嚇了一跳，整個一個「山炮」！

從炕上拿起一包劣質黑杆煙，叼在嘴上一支，把高級打火機扔給表妹的小男孩，用當地的火柴點燃，然後問嬸娘和表妹：咋樣？

表妹趴在嬸娘懷裡失聲痛哭，她抽抽泣泣地問：「媽，這到底是咋的了？」她的剛上學的小兒子拿著我的高級打火機，戴著朋友採訪漢城奧運會回來送我的奧運會紀念：一頂極漂亮的帽子，拉著他媽媽的衣襟怯生生地看著我。

我猛吸了一口煙：「表妹，別哭，別嚇壞了孩子，你說，我現在像不像農民？」

表妹含淚點頭：「像……。」

我說：「這就對了。我也不和你們說這值得還是不值得，這人活得不能太仔細，你只要做了，就是值得。四哥還活著，但四哥的許多朋友已經死了，所以四哥更應該活下去。咱家鄉不有一句話叫『到什麼山頭唱什麼歌』嗎？我過去是作家，是記者，是北大學生，而現在是連你們都不如的被通緝追捕的要犯，等待著我的沒有你們這小家庭的幸福和天倫之樂，等待著我的是冰涼的手銬和陰森的牢房，甚至酷刑和槍斃。但我不後悔，從我參加第一次北大遊行時我就想到會有這樣的結局。但這在我的一生裡只不過是一瞬，熬過去，人就成仙了。」

他們似懂非懂地聽我說著。

我對表妹夫說：「套車，咱們現在就上路！」

趁表妹夫套車的當兒，嬸娘和表妹爲我們裝糧食，把被子塞到麻袋裡。我拿個乾淨的塑料筒裝水，水灑在我的手上，流出一道道雪白的溝。這是我最不好僞裝的地方，連這只撫筆彈琴的手生得又軟又細，雖然剛剛用「染」過，一碰水就露了原形。正無奈間，發現了放在院裡的柴油桶，趕緊弄出點柴油，把手放進去浸泡，幾分鐘後拿出來，然後伸進塵土中搓，不一會兒，兩雙手又黑又髒，還散發著柴油的臭味，用肥皀都洗不掉了。

好了，我長舒一口氣，現在什麼也不怕了。不要說是只看到過我照片的警察，就是我的妻子到我面前，也不會立刻認出我來。

6

夕陽西下，田野披上了一層胭脂紅。

我們的馬車上路了。爲了安全起見，我們走的是一個村子連接另一個村子的土路，而不去走平坦的公路。據我分析，公路上肯定有警察阻截檢查或突擊巡邏，這是中共警察的一貫做法。所以人們總結說：「運動早期一個也別想跑，運動晚期一個也抓不著。」所以只要躲過八九年這一年，我就會尋找到如魚得水的空間。

月亮升起來了，我躺在顛簸的馬車上，表妹夫鐵柱趕著兩匹瘦馬，哥倆一邊吸著煙，一邊聊著柴米油鹽、老婆孩子、自留地以及混帳得不能再混帳的村幹部。不知不覺，我打開了呵欠，鐵柱把裝被子的麻袋打開，拿出被子給我蓋上，六月的北方，夜裡還是很涼的。

鋪著鬆軟的稻草，蓋著厚厚的棉被，望著天上的明月和閃爍的星星，聽著馬兒那得意的蹄聲和響鼻，聽著鐵柱那輕悠的、浪浪的家鄉小調，我想起了死去的二伯父。記得兒時，每年我放暑假他都接我來鄉下過「瓜秋」。也是這樣我們爺倆常常夜間走。二伯父總是給我蓋上棉被，把一個又大又甜的香瓜放進我的被窩，然後一邊趕車一邊給我唱《王二姐思夫》、《洪月娥做夢》，那些苦命的女子對丈夫的思念心情和感情的宣洩，對童年的我影響很深：

王二姐坐北樓眼淚汪汪，
想起了二哥他好不淒涼……
走了一日我劃一杠，
走了兩日我劃一雙呀，
也不知二哥走了多少日，
橫三豎四我畫滿牆……

而現在唱這首歌的已不是當年那個有民間歌手美譽的二伯父，而是年輕一代的鐵柱。但對王二姐的理解，我已不是停留在兒時的認識上了。我想起了我的妻子，她也會像王二姐想念丈夫那樣想念我嗎？我想起了那個嬌小的女兒，想到今後的命運，這一切都是未知的。算了，不想了，明天還要走很長一段公路呢！不知能否順利。

我進入了夢鄉。那一覺，睡得好香。

我被鐵柱喚醒時已是翌日上午九點鐘了。

我們的小馬車已經爬上了公路，按照我的地圖，附近十里路的公路是最危險的，但不經過這段公路又無路可走。

我睡眼矇矓地從車上坐起來，這時才覺出渾身酸痛，那是一夜車板上顛簸的結果。

「四哥，你快看。」鐵柱一聲驚叫，用鞭子指著公路前面。

我順他所指方向望去，只見遠遠的汽車和拖拉機、小四輪排成了長龍，緩緩地移動，公路兩側，似乎有戴鋼盔的軍人在走動。我心咯蹬一下：我們遇到了檢查，毫無疑問，那些軍人是抓我的。

鐵柱緊張了，臉都嚇白了，他說：「咋整？四哥，要不我們先拐回去……。」

我告訴他那是愚蠢的，如果現在拐回去肯定會引起前面的軍人懷疑，他們的吉普車和摩托車很快就會趕上我們，唯一的辦法是硬闖過去。

鐵柱聽說要闖過去，拿鞭子的手都發抖了。我一看這太危險，還沒等被警察認出來，你一緊張就會壞事。我從鐵柱手裡接過鞭子，讓他躺在車裡去，我來趕車。當年在農村插隊時我就喜歡趕馬車，長鞭在空中挽著花兒，打著脆脆的鞭哨，覺得很神氣。沒想到當年學的本領今天派了用場。

我告訴鐵柱，他只要裝病就好，不要開口講話，要裝作迷迷糊糊狀態，一切有我應付。

我打了個響鞭，兩匹瘦馬跑起了小碎步，離檢查的地方越來越近了，我才發現檢查的人不是軍人，而是警察，他們共有十三、四個人，三輛警車停在公路一側，他們懷抱著又短又小的衝鋒槍，仔細地檢查每個過往的車輛。二、三十輛各種機動車沿右側排成一排，等待檢查。

我把車排在車隊的後面，抱著鞭子，叨著劣質煙捲，觀察著那些警察。他們態度很蠻橫，一個司機沒帶身分証，頂了幾句嘴，立即被捉到路旁拳打腳踢。聽到那個司機的叫罵聲，鐵柱在車上抖得更厲害了。

我決定以攻爲守，如果他們檢查，萬一讓我拿出身分証怎麼辦？因爲我沒有身分証，不過這周圍農村也有好多沒發身分証的。

我抱著鞭子走到前面看那個被打的司機，那副模樣完全像一個沒有知識愛湊熱鬧的農民，沒一個人注意看我。我壯壯膽，走到一個戴短槍的警官面前，用純熟的當地土話說：「局長，我是藍頭的，車上的王老四又屙又吐，送他上鄉裡扎咕扎咕，讓我們先過去吧！」說著，我用又黑又髒又臭的手拿著一根劣質煙遞上去，那個警官厭惡地一揮手：「去去去！等著檢查！」

我顛顛地跑回馬車旁，點燃了一支煙。鐵柱說：「四哥，我也想抽煙，我快受不了了。」

我說：「瞎緊張什麼？你現在是病人，不能抽煙。」

那個警官背著手慢慢蹭過來，我忙從車上跳下來，向他彎彎腰。他走到車旁，看著躺在車上的鐵柱，然後拿起一張通輯令對著，我看清楚了。那是我的通輯令，不過和電視上的不一樣，電視上是一張我講演時的照片，而他拿的這張通緝令上是三張照片，除一張在天安門廣場上講演的照片外，還有一張是我報考北大時照的照片，另一張則是我結婚登記時照的照片，我擔心他會仔細對照我的臉，但他並沒有，卻把注意力放在鐵柱身上，他不曾想到大學生還會趕車。

鐵柱臉色慘白，腦門布滿了冷汗，渾身還不停地發抖，他緊閉著眼睛，那副樣子眞像個打擺子的病人。那警官發了善心：「你們過去吧！」

我忙趕著馬車來到前面，被幾名荷槍的警察攔住：「幹什麼？回去排隊檢查！」

我裝作急扯白臉地說：「你看你看，是那個局長……。」

後面那個警官說：「讓他們先過，車上有個病人。」

幾個警察看了看鐵柱：「哪個屯子的？」

我忙搶著回答：「藍頭的。」

那警察白了我一眼：「去去，沒問你！」然後仔細看了看鐵柱：「身分証！」

鐵柱哆哆嗦嗦：「這，還沒發呢……」

我忙補了一句：「相片交了半年了，媽了巴子的公社那幫玩意也不知幹啥吃的，就是發不下來，人家紅頭、黃頭、白頭都發了，就我們藍頭……。」

那幾個警察顯然被我囉嗦煩了，把手一揮：「去去，快走吧！」

我不理他們，一邊嘟囔一邊慢騰騰地把車趕上路中間。

一個警察火了：「快點！媽的你磨蹭什麼？」

我甩了個很地道的響鞭，兩匹瘦馬又「得得」地邁開了小碎步。我不敢回頭看，生怕警察會突然發現破綻追上來。冷汗從我的腦門流到臉上，我連擦都不敢擦，直到公路拐了個彎，警察和警車已經看不見了，我才撩起衣襟，擦掉滿頭冷汗。

鐵柱坐了起來，點燃了兩支煙，遞給我一支：「眞他媽嚇壞了，四哥，我可搞不了革命，這太可怕了。」

我說：「我也沒搞革命，是鄧小平搞革命呢！」

他說：「我眞沒想到，四哥，你的膽子這麼大，還敢和警察說話。」

我說：「你只有不怕他，他才不懷疑你，你一害怕，就要出事。」

他說：「我是嚇麻爪了。」

我說：「你嚇麻爪就對了，你發抖出汗，臉色慘白，就是醫生來也不會懷疑你裝病，這次安全過來就多虧你嚇麻爪了。」

我們邊說邊笑，終於下了公路。一走上鄉間土路，我似乎才有了一點點的安全感。

在一個村子的小賣部，我們買了幾十斤掛麵條，十瓶老白干、鹽、火柴以及幾十包劣質煙草。然後繼續趕路。

7

在吃午飯的時候，我們來到了呼蘭河邊。

呼蘭河，這是條母親的河，她整整哺育和滋養了我們張家五代人。

中午的大太陽把光輝不遺餘力地灑在這片神奇而美麗的地方，正在接近汛期的河水在寬寬的河床上向西流去，金黃色的沙灘閃著耀眼的光輝。河堤外，是一望無垠的草甸子和一片片的楊樹林，草甸子裡一個又一個碧綠的水塘上成群的野鴨子在嬉戲，三三兩兩的馬匹和成群的黃牛在安詳地吃著草，這如詩似夢的美景使我陶醉。這是我兒時常來玩的地方，這些年也常常夢想能回到大草甸子的懷抱盡情地陶醉一番。這次眞的來了，但卻是逃亡到這裡，我眞難把殘酷的現實和這美好的感情聯繫在一起，我有時甚至以為那殘酷的一切無非是昨夜做的一場噩夢，而眼前這一切寧靜和諧才是眞實的。

警車的怪叫聲又打斷了我的遐想，又高又大、長如蟒龍的大壩上，迎面開來三輛摩托車，車上坐著全副武裝的警察。

我又感到了殘酷的眞實。

我看見大壩下有一個漁人在船上捕魚，便慢慢蹭下大壩，和他聊起了天。我不想再和他們正面衝突，以爲他們會從馬車旁呼嘯而過。

我問魚人這魚賣不賣，那魚人氣呼呼地回答我：「不賣！」

我和他商量：「我只買兩條就好，不多買。」

他口氣堅定：「一條也不賣！一個魚尾巴也不賣！」

我不知他氣從何來，但爲了拖延時間，我仍和他糾纏不停，鐵柱則坐在車上看著兩匹瘦馬。我雖然不敢回頭，但我已經感覺到摩托車已經停在了我的上方，幾名警察已快速向我衝過來。

我沒有回頭，心呼呼地跳著，等待著那一聲：「張伯笠，你被捕了！」

那我就會長舒一口氣，再不用過這種驚心動魄提心吊膽的逃亡生活了。在監獄裡，父母、兄姐、妻女都可以知道我的下落，也不錯。

但令人難捱的是，那一聲沒有來，幾名警察默默地站在我的身後，我佯裝看魚，又不敢回頭，不知道他們在做什麼。

終於有了聲音，一個警察走到塘邊，伸手從一個樹根下拉起一根繩子，我發現那個打魚人的臉抽動了一下，臉色很難看。

水塘裡捲起了一陣浪花，隨著繩子拉近，我發現，原來水下有一個網袋，網袋裡裝有近百條的大魚，每條都在一斤左右，有鯽魚、鯉魚還有鯰魚。我不得不佩服警察，他們可謂經驗豐富，我比他們在這兒蹲的時間要長，愣是沒發現這個打魚人這一手。

那個拉魚的警察望著網袋裡撲愣愣亂蹦的鮮魚，得意地拍拍手上的泥水：「怎麼樣？這些魚不錯嘛！都買了吧！」

那個打魚人急了：「哎，不賣不賣，這些魚給鄉幹部留的，你們買去了，他們再來要，我用啥給呀？」

警察笑了：「嘿嘿，你又不是不下網了，跟你們鄉長王大嘴說是我買去了。」

那警察說著上了大轎，在我們的馬車上尋找著什麼，我怕他發現我的背包，雖然裝在麻袋裡，裡面也沒什麼特別危險的東西，但牙具內衣等一看就不是農民用的。好在那個警察只選了一條空麻袋，他和鐵柱說：「老鄉，借用用。」鐵柱點了頭，知道是只借不還的。

那警察把麻袋從轎上扔了下來，幾名警察接過後把魚裝進了麻袋。然後怕弄髒衣服，讓我幫他們扛上大轎：「老鄉，幫幫忙。」

鐵柱怕我弄不動，被警察懷疑，忙跳下來幫我把魚拉上了大轎，放在三輪摩托旁邊。轎上的幾個警察乾脆讓我們倆幫忙把魚放進托斗裡。我們剛到把魚放進托斗，兩匹瘦馬一邊吃著大壩邊上的野草一邊往壩下走，當馬車滑下了，馬頂不住身後的壓力便撒開腿向壩下跑去。

那警察喊：「快，馬毛了！」

我和鐵柱一看不好，立即撒腿就追，那兩匹瘦馬跑下大壩後沒跑多遠就站住了，又低頭吃草。我和鐵柱可慘了，馬車上的行李、酒、掛麵、鹽、手電筒、木杆、塑料布撒得七零八落。我們倆只好邊找邊往車上扛，大壩上的警察們看西洋景似的哈哈大笑。不過那個拿麻袋的警察還不錯，扔下來兩條一斤左右的鯉魚，算是付了麻袋錢。

我們重新裝好了車，警察的摩托車也開走了。我跳上車，鐵柱趕著兩匹瘦馬，向草甸子深處走去，那小小的馬車在一望無垠的大草甸子上，就像是大海中的一葉小舟，漂泊蕩漾。

快到兩河交叉處，我們發現了一對壓出的車轍，不遠處的河邊有一小小的地窩棚，窩棚頂上的煙囪冒著炊煙。窩棚旁，一個光著脊梁的老漢和兩三個壯漢在喝酒。看見我們來了，其中一個壯漢很不友好地喊：「離我們遠點支窩棚，別傷了弟兄們的和氣。」鐵柱見警察害怕，見那壯漢他卻一點不怕，他走過去：「咋的！是不是活膩歪了！」

那壯漢一愣，看看我們倆再沒敢吭聲。那老漢忙打圓場：「老大，別生氣，出來打魚都是爲生活，這呼蘭河又不是我家的，先坐下喝兩口再說。」

我抱著肩膀站在馬車旁一動不動，我知道他們誤會了，以爲我們也是打魚的。老漢說：「按咱們打魚人的規矩，你們不能在我的上水下網。」

鐵杜說：「你別怕，我們哥倆是來放馬的，不打魚！」說著，趕著馬車走了，在距離那個老漢的魚窩棚二里遠的河邊，我們支起了窩棚，我用鐮刀打了許多草，墊在塑料布上面，從遠處看去就像是一堆青草。

我們在窩棚門前挖了一個坑灶，支起鍋，鐵杜把魚收拾乾淨，扔進鍋裡，我燒火煮魚，他卸車餵馬。一切準備停當，魚也撈出來了，就著煮魚的湯把二斤掛麵扔進鍋裡，我們倆拿著酒瓶子，你一口我一口喝了起來，吃著警察給的魚，說著這一天的驚險。我們不由唏噓感慨了一番。

鐵杜說：「這一生頭一次趕上這樣的事，想起來就和打日本鬼子當交通員的小說似的。要不是你經驗豐富，今天早進芭離子了。」

我說：「其實我也是第一次，和你一樣。」

他一愣，忽然大笑起來。

一斤老白干不一會就見瓶底了，那頓酒喝得暢快淋漓！

那幾天眞成了牧馬人，除了吃三頓飯，我便練習騎馬。騎這種沒有鞍子的光脊梁馬是需要技術的。遠處一有警車或黃色的吉普車或綠色的摩托車，我便騎上馬不慌不忙地往草甸子深處走，那裡是什麼車也開不進來的，即使警察發現了我，除非他們用直升飛機，否則他們趕不上我的瘦馬。

晚上收聽半導體收音機，得知繼六月十五日上海判處徐國明、嚴雪榮、卞漢武三人死刑後，北京也大開殺戒，以焚燒軍車、毆打殘害解放軍的罪名判了八名優秀青年死刑。不過，官方的新聞媒體再也沒有報導二十一名學生領袖的消息。我分析他們一定是收到了相反的宣傳效果，所以再逮捕就不讓新聞公布，這更可怕。

8

一天早晨吃過早飯，我和鐵柱騎馬到那個打魚的老漢處散心。老漢熱情地接待我們，這方圓幾十裡的大草甸子上我們是最近的鄰居了。

老漢姓于，家裡分得兩畝地，老伴和二兒子就伺養了，他領著大兒子出來捕魚，弄得好，能賣兩千元錢的魚錢。他的大兒子坐在河邊補網，那樣子傻呆呆的。于老漢告訴我：「他是神精病，經常犯病，不犯病時就織網和捕網，他手很巧。」

我跳下河幫于老漢插老母豬網，這種網插進河道的泥沙中，網上有「漂子」，也像老母豬的乳頭，大小魚都跑不了，所以當地人也有把這種網叫「絕戶網」的。那幾天河水很清，還沒到魚的「咬汎期」，所以捕獲不多，每天能夠老漢和兒子吃就不錯了。

插完網爬上岸來便躺在青草上抽煙，望天上的白雲，想著以後的去處。

鐵柱突然大叫一聲不好，翻身上馬向我們帳篷的方向奔去。我以爲是警察來了，忙站起來望去，原來是一群牛慢悠悠地圍著我們的帳篷轉悠。我的心也一跳，因爲我知道牛的習性，他們見什麼頂什麼。

眼睜睜地看著帳篷被頂倒，那十幾頭牛還不甘心，把我們的帳篷和車上的東西又一陣亂翻。待我騎馬回到家時，我們的家已經毀了，搭帳篷用的塑料布被牛挑成了一個又一個碎片，鍋灶也被挑塌，鐵鍋滾在一邊，最氣人的是牠們把掛麵條也挑碎了，除被牠們吃掉的，剩下的散落到處都是，裡而夾雜著牛的唾液和屎尿。

鐵柱拾起鐮刀向剛走不遠的牛群撲去。我怕他幹蠢事，忙把他拉住，我告訴他：「這是天意，也許上帝不讓我們在這裡住下去。」

我們重新裝車，然後把車趕到我的芳鄰于老漢的土窩棚前。于老漢歡迎我們和他一起住，並唾沫橫飛地譴責那些沒人看管的牛。

顯然，老漢是爲了安慰我。但是我有預感，最好儘快離開此地，如中共警察開始搜捕後，這樣的河套全是他們搜捕的重點。過去當記者時常採訪公安局這類搜捕行動，對他們的一般規律我還很清楚。但問題是去哪裡？我突然想起了一個叔叔，他是爺爺結拜兄弟的姪子，我在讀大學時，曾經在地區的一次領導幹部會上見過他，他當時是一個縣的副縣長，現在恐怕早已離休了。如他能掩護我安全系數較大，首先，在我家的社會關係檔案中找不到他，其次，他曾官拜縣令，雖然退休了警察也不敢輕易騷擾他，另外，他在各鄉下的親戚衆多，我活動的餘地也大，但問題是他敢不敢收留我。

我趁于老漢划船去起網時把這個想法跟鐵柱說了。鐵柱稱善，我讓他跑一趟，把名字、地址都寫在紙上，然後讓鐵柱見機行事。如見他不很堅決就不要提。

鐵柱連夜走了。那一夜我和于老漢坐在悶熱的土窩棚裡，捲著又粗又辣的「蛤蟆頭」菸抽，聊著農人的日子。老漢不時出去看看，我問他看什麼，他說怕有人來偷魚網，我有些奇怪，這方圓十幾里沒有一人，他怕什麼？

第二天中午，我正在睡午覺，聽見土窩棚上面有人在低聲說話。我爬起來，出了地窩棚一看，鐵柱和一個陌生的中年漢子在小聲嘀咕什麼。一見我，鐵柱忙站起來說：「四哥，這個是賈大哥，是賈叔的大姪子。」

我伸出手去和他握手，他顯然不習慣，把手在褲子上擦了擦，然後紅著臉把手伸出來，其實我的手比他的還黑。

我問他們：「叔叔有什麼指示？」

鐵柱說：「叔叔說讓你去，全縣十幾個鄉都有親戚！」

我很感動。

賈大哥說：「叔叔讓我先把你接到我家，現在正鋤二遍地，我在河套種了些黃豆，伺養不過來，就說是雇個短工鋤地的。」

我問他：「像這樣雇短工的人家多嗎？」

他說：「有啦。」

於是，我們決定了，明天早晨上路。賈大哥居住的村子歸另一個縣管轄，距離這兒大約有百十里路，還要渡過呼蘭河，我估計，最快也要走八個小時。

于老漢聽說我要走，說什麼也要給我弄點魚帶上不可。我儘量輕裝，不想帶，但老漢一片熱心到河裡起網去了。不過河神不做美，只讓他捕了十幾條半斤大小的鯽瓜子魚。我說：于老伯，我不帶了，咱們今晚把這些魚殺了下酒吧。

于老漢一個勁兒說沒有捕到更多的魚讓我帶走心裡不安，一邊殺魚做飯。我把剩下的鹽、火柴、香煙，還有幾捆較完整的掛麵條都送給了老漢。老漢很感動，他一邊喝酒一邊看我，待喝得面紅耳赤時，他拍拍我的胳膊：「孩子！遭罪了！你不說，我也猜了個八九不離十，你住我這兒才兩天，我就看出你不是普通人……。」

我笑道：「何以見得？」

他得意地摸了下嘴巴：「你的眼睛有神吶！和一般人不一樣！不管咋說，咱爺倆算是有緣，在一個土炕上聊大天，喝大酒，這不容易！」

我說：「是不容易！要不是于大伯收留我和鐵柱，我們就得睡露天地。」

于老漢擺擺手：「別價，這麼說就見外了，要不說咱爺倆有緣呢！」

那一夜，我們擠在于老漢的土窩棚裡，除我和于老漢那個精神病兒子外，三個人鼾聲若雷。我久久不能入睡，屋裡的潮氣、熱氣、腥氣、臭氣混合在一起，而外面是蚊子的世界。即使再悶也不敢開一點窗子。我望著從破門的縫隙射進來的那一絲絲月光，又想起了親人。父母親這些天會怎樣熬過來呢？他們的心一定是一直懸著，我的妻子和女兒呢？警察一定是每天去騷擾他們，北大的同學們呢？是否都安全離開了北京，隨後而來的清查會占去他們很多精力和時間。就這麼想著、念著，我慢慢睡著了。

當我醒來時，早飯已經擺在桌上了，于老漢炒的小魚，撈的小米乾飯。我們一邊吃，他一邊蹲在鍋灶烙面餅，說是給我們路上吃。望著火光下滿頭汗水的于老漢，我心頭一熱，險些流下淚來，今天早晨，不知他起了多大早，又撈魚，又燒飯，然後還為我烙餅，七十多歲的人啦！這就是我們的人民啊！那一瞬間，我覺得我自己所付出的一切都是值得的！

我從衣袋裡掏出二十元錢，悄悄地塞在老漢的行李底下。心裡默默說：于老伯，買點燒酒，下河回來喝幾口暖暖身子吧。

吃罷早飯，我和于老漢、鐵柱告別，跟著賈大哥上路了……

野花似在一夜間開放，野百合、黃花菜、大勺藥……紅的、黃的、白的競相吐豔，成群的百靈鳥從天空掠過，留下一片交響音樂。

當我走在大壩時，回頭望去，于老漢和鐵柱還站在那冒著炊煙的土窩棚外向我們揮著手，似乎在說：一路平安……。

再見了，難忘的大草甸子！

第十二章

逃亡路上

1

這是一個距離縣城有一百多里路的屯子。也許當年第一個來這裡跑馬占荒的漢子姓賈，所以人們把這個屯子叫做賈家窩棚。

賈家窩棚位於呼蘭河邊，這兩年經常挨水淹，聽賈大哥說，去年一場大水把村子的房子沖坍了許多，現在屯子裡百分之八十的農民糧食不夠吃。有些農民都跑到外地找活做。家裡的田地就交給了女人和孩子，而那些女人有的一天只吃一頓飯。

賈大哥家是賈家窩棚的上等戶，三間大房，正面是紅磚貼面的，賈大哥會木工、瓦工手藝，在屯子裡很活絡。他的妻子是一個既勤快又爽快的人，她爲賈大哥生了三個孩子，大的男孩已上了中學，小的是個女孩，正在小學讀書。村子裡沒有學校，三個孩子讀書都要去十幾里路以外的鄉政府所在地的大屯子。

賈大哥是一個孝子，他家裡有一個九十多歲的老人，那老太太是他的親奶奶。

我每天和賈大哥一起下田鋤地，頭幾天累得受不了，回家後連飯也不想吃，倒頭便睡。手掌上磨出了一串串的血泡。用削尖的荊條刺破，然後塗上煤油，再去磨，十幾天後，手上已是一層繭子了，硬硬的。夜裡我獨自一人睡在堆雜物的下房裡，用手掌撫摸著光滑的皮膚時，覺得那手像長刺的鎚一樣，刺刺的、粗粗的，這哪裡是那個寫《新聞導報》社論的手！

吃是一個大問題，賈家沒有麵粉和大米，一天三頓是玉米渣煮的粥或用粥泡出的水飯。沒有菜、更沒有肉，每天三頓飯的菜是毛蔥、生菜沾豆醬。晚上我和賈大哥喝酒，賈大嫂便給我們倆煮兩個鹹鴨蛋當下酒菜。我給了她四百元錢，讓她去買些白麵和大米來。但有錢卻買不到糧。賈大哥跑了兩次縣城，求了人也沒買來白麵和大米。好在家裡還有玉米，否則就要挨餓了。

一天下午我沒有下田鋤地，賈大嫂給我煮了兩只鹹鴨蛋，不知從哪弄來的麵做了半盆麵片，並讓孩子到小賣店給我買了一瓶花生米罐頭、一瓶酒。我剛喝一口，看見九十歲的老奶奶和孩子們在吃玉米渣子粥，便心口一堵，再也吃不下去了。我把罐頭、和麵片湯都端到老奶奶的桌上，盤腿坐在老人的對面，和她邊吃邊聊。老太太雖然九十三了，但耳不聾、眼不花；她說她看我眼熟，說我長的像一個人，我想她見過我爺爺，也許說我長的像我爺爺吧。她說她經歷了四個朝代，滿清、民國、康德和共產黨，結果一代不如一代，全村餓死人最多的是一九六二年。那一年全村人餓死了將近三分之一。去年發大水老太太坐在炕頭上說什麼也不走，她說活九十多了，不想再活了，就讓龍王爺收去吧，但還是硬讓孩子給背上了大壩：「嗐，活著幹什麼?這不是受罪嘛！」老太太吃了一口大渣子飯粒，慢慢地嚼著。我忙拉下她的飯碗，放在我的面前，把一碗熱騰騰、軟綿綿的麵片湯放在老人家面前。

從那以後，我不再吃他們單獨爲我開的小灶。

除賈大哥全家外，我避免見任何人，每天早晨天剛一放亮我就扛著鋤頭下田了，中午坐在河邊的柳樹下，吃用涼涼的河水泡過的玉米渣子水飯。晚上已看不見人了才回家，所以村子裡並不知道多了一個陌生人。有一個人例外，就是賈大哥的表弟，一個脾氣火爆的小伙子，他叫賈義，常來陪我喝酒。他見沒什麼菜吃就跳進河裡摸蜆，有的像洗臉盆那樣大，我們在河邊把牠砸破，把肉剔出來，然後回家炒著吃，吃不完就給小鴨吃，小鴨就很愛下蛋。

村長照例每晚在大街扯開大嗓門喊開會，各家都派小孩去或老人去，不去不行，要罰款，一次五元，有十次不去開會就要加倍罰款。據說這些罰款的錢可以到秋後給。儘管是個受災村，但一年迎接上級來人的吃喝費也要三、四萬人民幣。包產到戶後，好土地並未都分到農民手中，村子裡留的「黑地」大部分是最好的，這些「黑地」，多數給鄉幹部或村幹部自己留著。因爲不必交農業稅，不必交公糧，打下多少糧食都是他們個人的，所以收入頗豐。

鏟過二遍草後，我在賈大哥和賈義的幫助下在距離村子八里路的河邊蓋了一個地窩棚，那個地窩棚的炕下是一個地道，如果發現有搜查的我就可以掀開炕席鑽進地下去。

但很遺憾，這個地窩棚和地道我都沒享受到，便被轉移了。

2

一天上午，天下著濛濛細雨，一輛吉普車開進村子，停在賈大哥家的後院樹林旁。一個軍人進了賈大哥家，但我發現賈大哥卻一點不怕。

那個青年軍人推開下屋門，走了進來，我知道他是為我而來。果然，賈大哥說這是他的表弟，也是我的表弟，是叔叔家的孩子。他和我握了握手，坐下來，扔給我一包紅塔山牌香煙，我們點著後他說他爸爸很關心我的健康，農村沒什麼好吃的，活計又累，想接我到城裡去休養一段時間。

我問他：「安全嗎？」

他笑了：「誰敢到我家去搜查？真膽肥了！」

他告訴我，明天零點開始，全國統一大搜捕，就是針對你們幾個人，他告訴我：公安部又補發了一張我的通緝令，和電視台上公布的不一樣。黑龍江重點抓我，省公安廳長在望奎縣坐鎮，聲言不抓到我不回哈爾濱。

我問他：「大搜捕要幾天？」

他告訴我：「搜捕三天，從七月十五日零點到七月十八日零點，這三天時間，全國要採取地毯式搜捕，像你在河邊蓋的小房是最不安全的，那都是搜查重點，另外，每家都要被搜查或檢查，能躲過這三天，以後就好辦多了。」

我說：「在你家遇到生人怎麼辦？況且你在部隊工作，部隊的人必然總去你家玩。認出我怎麼辦？」

他說：「你別害怕，搜捕這三天我要去執行任務，不在家，哪還有公安人員去我家？老頭老太太每天打麻將，不過已經給你安排好了，都是我的人，我保證萬無一失。說句良心話，沒一個警察真正想抓你們，除非那些想撈一把的王八蛋。抓你們幹嘛？說不定哪天平反。我們抓小偷還能弄點實惠，你們有啥？走吧，跟我走，啥也別帶。」

我把洗漱用品裝在一個破布包裡，跟著他走出了下屋。走到門口，看見了我使了半個多月的鋤頭，我撫摸著那光滑的鋤把，看著亮如明鏡的鋤板，有些戀戀不捨。

車門開了，開車的司機是一個武裝警察。我們上了車，我坐在後排，表弟坐在司機身邊，介紹說：「這是四哥。」

那個青年武警伸過手和我握手：「久仰久仰。」

他那幽默的樣子把大家都逗笑了。我問他：「你知道我是誰嗎？」

他一笑：「我和你表弟多個腦袋差個姓，鐵哥們，啥不知道？通緝令剛下時知道你是黑龍江人，咱省就出你一個，不容易，覺得你很了不起，今天你表弟要我給他出趟車，在車上他才告訴我的是你，反正這抓人救人都是咱的事。」

他飛快地開著車，不一會兒，車已上了公路。

我問他：「路上安全嗎？」

他說：「四哥，不是給你吹，這××市誰敢查我的車？借他們兩個膽兒他們都不敢。」

表弟說，開車的也是一個高幹子弟，他老爸當過專區的某局局長，不過也退休了，現在是「麻將局局長」。

那個開車的警察笑道：「現在是十億人民九億賭，還有一億在跳舞。像你們這樣把腦袋別在褲腰帶裡去求民主爭自由的人太少了，就憑這兒，我也得把你保護好，你們這樣的人死了太可惜了，不像我們，酒囊飯袋，啥用沒有。」

車行到距離市區很近的一座橋時，發現前面有許多警察站在橋頭。

我提醒二位：「警察！」

那司機笑道：「媽的，鐵東區分局的王八蛋，別慌，他們是來游泳的。」

我仔細看，果然男男女女都有，且衣冠不整，大蓋帽都拿在手上，不像是檢查的樣子。

我們的車行到橋上停下了，一群警察圍上來，讓司機給帶幾個人回城。表弟顯然和他們挺熟，連笑帶鬧的開著玩笑：「帶幾個人可以，不過得先給個燒雞！」

一個警官果然扔進一個大塑料袋：「媽的，你們就這樣，啥都要，胃口也好！一到你們衙門裡就完了，白開水都不給一杯！」

「要不咋叫清廉呢！」表弟笑著說。

「屁！你們的屁股眼兒上有多少屎我還不知道咋的？北京大學生反的就是你們這些人！」

他們說笑著開開車門就往上擠。一個警察看見了我喊道：「還帶個犯人呢！」

表弟說：「放你媽的屁，那是局長的親戚！」

橋上的警官說：「別擠了，讓女同胞先上，她們回家還得奶孩子呢！」

果然擠上來三個女警官，她們笑罵著：「奶你個舅舅！」

我被擠到一個角，三個青春煥發的女警官嘻笑著和表弟他們打趣，說些局裡的趣聞。她們剛剛在呼蘭河中沐浴出來，身上散發著一種清馨的沐浴乳的味道。這種味道我很熟悉，李雁和我過去經常用的就是這種沐浴乳。

警車進了市區，這個我熟悉的城市雖然由縣改成了市，但十多年了，並沒有太大的變化，汽車一過，馬路上仍舊塵土飛揚。只是從車窗旁閃過的行人和騎自行車的青年人比過去「洋」化了許多，女孩子們大多濃裝淡抹，楚楚動人。

在火車站附近，三位女警察下了車。

了。

3

吉普車開到鬧市區，行人紛紛閃避，小車風馳電掣。不一會，在一個大宅院門口停下了。

「到家了四哥，下車吧。」表弟打開車門。

我下了吉普車，拎著又髒又破的布包，走進了這個黑色大鐵門的深宅大院。五間大磚房顯得很靜，院裡還有塊小田園，種了些蔬果和鮮花。表弟把我讓進客廳，然後向後邊的房間走去，我知道，他是去通知叔叔去了。

不一會兒，走廊傳來了幾個人的腳步聲，一個慢悠悠的聲音傳來：「媽了巴子的，這小子我有十多年沒見了，肯定認不出了……」

一個白頭髮老人進了客廳，還有一個瘦瘦的老太太。

我忙站起來，我知道，這就是我的叔叔和嬸嬸。

叔叔比我高出半頭，雖然頭髮全白了，但身體硬朗，他趿著拖鞋，拿著一個大蒲扇。握過手後，他把我讓到沙發上，看我這身裝束，滿意地點點頭：「不錯，你現在這樣誰也認不出來。連我走路上都認不出來！」

表弟遞給我和叔嬸每人一只香煙，一一爲我們點燃，那個開車的警察給我們每人倒了一杯茶水，放在茶几上。

叔叔笑道：「二小子，你接你四哥去，沒害怕吧？」

那個開車的警察笑道：「怕什麼？這是咱們共產黨的天下！」說完哈哈大笑。

叔叔也笑：「說的好！你四哥上北京大學之前就是共產黨員，這鄧小個子現在是背叛了黨，也出賣了黨，共產黨怎麼能向自己的人民開槍呢？說不過去嘛！所以，我們所做的，才是眞正的共產黨員所做的。六月四日我一聽BBC說天安門開槍殺了好幾千人，酒杯都摔了，共產黨一世英名，就毀在這個鄧小個子手裡，媽了個巴子的！」

大家談論了一會兒當前的形勢，叔叔痛罵了鄧小平、李鵬，也覺得挺過癮。

門開了，一個身材苗條的年輕姑娘進來，她管叔叔叫姨夫，她告訴我們，酒席已準備好了。

叔叔站起來，把我往飯廳裡讓，他對那個開車的警察說：「走，今天有貴客，一起喝兩盅。」

表弟和那個司機卻要走，說他們有事，下午局長還要用車。然後和我握握手，並說會常來看我。

「對了，有什麼情況就快點來告訴一聲。」嬸嬸叮囑兒子。

叔叔一邊領我往飯廳走一邊說：「媽了巴子，現在這些年輕人沒人願意和我喝酒，總怕我批評他們，其實，他們還總是批評我保守、落後，跟不上潮流。媽了巴子的，我跟啥潮流？搞歪門邪道去發財？我不幹！現在黨內那群敗家子眞該讓大學生反反！中央那些老混蛋和公子哥現在帶頭搞不正之風，哪個不是像封建朝代的王爺一樣！這叫上梁不正下梁歪！你們反的對！不過這吾爾開希跑到國外和國民黨搞到一起這就不好了！」

我說：「那是中共造謠。再說，國民黨也不是過去宣傳的那麼壞。」

酒席很豐盛，只有我和叔叔、嬸嬸，還有一個穿的比我好不了多少的農村老人，叔叔說是他的哥哥。

我洗過手臉後，那個年輕的姑娘遞給我一條新毛巾，我猶豫了一下，還是接過來，她莞爾一笑：「四哥比照片老了十歲。」

我一愣：「你看過我的照片？」

她說：「看過，表哥拿回的通緝令上有你穿西裝照的相，好帥呀！」

我照了照鏡子，鏡子裡的我又黑又瘦，而且鬍子已長到一寸多長，頭髮像刺蝟一樣扎著。這哪還是過去那個英俊瀟洒的張伯笠，分明是一個乞丐嘛！

那個年輕的姑娘，也就是表妹遞給我一件雪白的T恤，讓我把衣服換下來，我照辦了，她拿著要扔掉，我攔住她，讓她放進塑料袋裝好，然後放在我的破布包裡。

「家裡什麼衣服都有，這破衣服又髒又臭還留著做什麼？」她不解地問我。

我告訴她：「那衣服就像是道具，是丟不得的，過些天也許又用得著。」

她說：「姨夫說了，你在這住十年八年也養得起你，他不會讓你亂走的。」

叔叔已經把酒杯倒滿了酒，叫我快點入席。

我在酒桌前坐下來。桌上擺了八大盤菜，有涼菜、魚、豬頭肉、花生米、還有幾種時新炒菜。我已經有一個月沒有吃過肉了，見到滿桌酒席立即垂涎欲滴。

看我狼吞虎嚥連吃帶喝，嬸嬸在一旁掉眼淚，她輕聲說：「老四從小到大盡讀書了，哪受過這種苦。這要叫三哥三嫂見了，說不定咋心疼呢！」

叔叔說：「你看你，說說就哭！眞是婦道人家。這孟子說：天將降大任於斯人也，必先勞其筋骨，餓其體膚，苦其心志，這就是說，幹大事的人要先遭罪，沒有苦哪來的甜，老四，我說的對嗎？」他有些膽怯地看著我，生怕我這個讀書人挑出他的錯誤。

我點了點頭：「叔叔說的極是，不知叔叔在讀孟子，而且能恰如其分地援引聖人的原意，眞令人嘆服。」

叔叔被我誇獎後得意得滿面紅光：「我這個人就是讀書少了點。當年參加革命時是個放牛娃，不像你爸，讀過那麼多書，這離休沒事做，總不能天天打麻將吧，也要讀點書，《論語》、《孟子》、《中庸》我都讀，不過半生不熟，似懂非懂啦，你來好了，有空給我講講。來，把這杯乾了，就算叔叔和嬸嬸爲你接風洗塵！」

那杯酒，醇醇的，喝得我心裡熱呼呼的。

吃過飯，叔叔領我到院子裡，院裡有一個很大的用紅磚蓋的下屋，我們走進去。下屋亂糟糟的，靠牆方向有一鋪火炕，叔叔說，這炕下是一個地道，前幾天挖的，以防萬一之用。我下了地道，叔叔爲我開了燈，地道其實是一個小地下室，裡面放了一張床，床上鋪著麅子皮和棉被，還有一張小桌，可以看書寫字。桌上有台燈，還有通風口通向外面。牆壁是用磚砌的然後抹的水泥，很堅固的樣子。

我感謝叔叔想的周密。叔叔說，家裡常來客人、公安局的更多，所以有這幾個東西方便多了。

一九八九年七月十五日，也就是胡耀邦逝世整整九十天的零點，全中國所有的公安警察、武警部隊，秘密警察以及部分軍隊開始地毯式的搜捕參加天安門民主運動的優秀份子。

爲了安全起見，我下了地道。三天三夜沒有出來。在地道裡，我開始寫我的回憶錄，每天以一萬字的速度前進，我不知道我今後的命運，但是把八九民運真實的東西留下來，對後人研究這段歷史會有幫助的。

三天後，我從地道裡鑽了出來，那天叔叔閉門謝客，說是到鄉下走走。

我們在表妹的小臥室裡擺上麻將桌，一邊搓麻將，一邊談論這幾天搜捕的情況。叔叔說，公安局的人說，這三天全市逮捕了兩千多人，監獄放不下了，全關進糧庫的糧囤子裡，一個大糧囤子裝五十多人，吃、屙、尿全在裡面。

「眞缺德，這麼熱的天，那糧囤子裡悶死人的。」嬸嬸嘆口氣說。

我問叔叔這裡面有多少涉嫌天安門抗議示威的人。叔叔說有十四個人，其中有四個是北京跑出來的，在他們身上都搜出了傳單，這些人現在都要送回北京市公安局。

叔叔告訴我，現在中央的精神是從重從快嚴厲打擊，昨天市局報了十幾名死刑犯，按過去的標準都不夠槍斃，一個十八歲的小伙子偷了二百元錢就給判了死刑。

後來我才知道，那三天全國所有的公路、水運、航空全部封鎖，各城市的居民委員會和警察一起挨家查「戶口」，發現可疑人就要逮捕，我所在的市三天逮捕了兩千多人，而全國像這樣的縣市有兩千多個，從此可見紅色恐怖之一斑。

我在叔叔家住了一個多月，叔叔家藏書不多，我都給翻爛了，一本《三國演義》過去要讀一個月，現在只兩天就看完了。叔叔家哪都好，就是農村的親戚太多，而且叔叔常把他們當心腹，把我的事告訴他們。後來我發現知道我眞實身分的人太多了。

4

一天我正在讀書，一個農民闖了進來，他說我應該叫他三舅。他一開口就和我談天安門的抗議活動，他對王丹、柴玲、吾爾開希以及我和封從德都知道，甚至連我們的通緝令他都能背下來，只不過他把吾爾開希說成是烏拉巴西。他說賈家窩棚的人都知道我曾在那個村子躲藏，賈義喝醉了酒在大壩上對著幾十個鄉親吹牛，說他掩護學生領袖。村長也在場，村長還不錯，把賈義訓了幾句，說他喝多了，說的話不可信。賈義不服：「不可信？他現在藏在哪我都知道，我不告訴你們。」

我一聽，頭皮發炸。這消息如果讓公安局知道還得了？如果把賈義抓去，不用嚴刑拷打，一瓶酒下肚他就什麼都招了，那時不僅我要被逮捕，叔叔表弟全要遭殃。

我問三舅，有多少人知道我住在叔叔家。三舅說：「老鼻子了，起碼有五十人。這還是往少裡說，不過，這些人決不會出賣你的，誰跟誰呀。」

我點燃一支煙，思索著：這不是誰跟誰的問題，東北農村的農民大多性情耿直，說話辦事不會拐歪抹角，還愛逞個英雄，萬一越傳越多，被有心人或貪心人知道，會向公安局報告的，舉報像我這樣著名的「要犯」，不僅可以入黨做官，而且還會得到一筆相當大數目的獎金。

那天夜裡，我一夜未睡覺，外面警車一叫，我就以爲是奔我而來，立即掀開地道口做準備。天快亮了，我乾脆坐起來，拿起筆給叔叔嬸嬸寫了封信，對給我的掩護表示感謝，然後躡手躡腳地收拾行裝。一把磨得飛快又鋒利的鐮刀，一個簡單得不能再簡單的背包，裡面除了牙具外，還有兩本地圖冊和五百元人民幣，我尋找我來時穿的那套破衣服，謝天謝地，表妹沒有把他燒掉。我換上農民裝，悄悄出了叔叔家的大門。

太陽出來時，我已經走出了這個城市，我一看錶，六點三十分，那正是叔叔起床一邊聽新聞聯播，一邊做體育活動的時間。

5

松江平原的九月份已是金秋時節，滿山的庄稼都熟了，開始動鐮刀了。由於包產到戶，種田多的人就要雇用盲流幫助割地。管吃管住，割一頃地是八十塊錢。價錢沒有太大的出入，只是伙食有好有壞，有的主人仗義，每頓可上六個菜，饅頭油餅可勁兒吃；有的主人小氣，吃的就差一點，不過可以吃飽，吃不飽的人家沒人幫他們割地，讓庄稼爛在地裡。

我做工的第一家是在一個緊靠呼蘭河邊的村子裡，一個姓杜的種田大戶種了十二頃地(一百二十畝)他雇了七八個人給他割地。我拎著鐮刀走到他們的村時，杜掌櫃的把我領到他家，我又飢又餓，已經三天沒有在屋子裡睡覺了。夜裡我把破布包裡的塑料布打開，倒在樹林中就睡，好在蚊子已經不太猖狂了，但晚上已經很冷、半夜常常凍醒，不得不生火取暖。

杜家對我來說已是天堂了，他家三間大房，我是他雇的第一個「盲流」，第一夜自己一個人睡在西屋的熱炕頭，舒服極了。

不過我割的一天地杜掌櫃不太滿意，儘管我把吃奶的勁兒都使了出來，但一天到底只割了兩畝玉米。十年前我在農民插隊時割玉米是全村的快手，這十年不割了，體力也不行了。晚上，杜掌櫃的燙了一壺酒，讓我自己喝，他去公路上找農工去了。

晚上，果然來了六個「盲流」，一個又高又大的漢子看來是領頭的，我已經睡下，他來後把我向炕梢方向一推，他躺在了炕頭，我不想惹事兒，又不願意夾在他們中間睡，就乾脆到炕梢去睡，這樣可以把臉面向牆，免得聞他們的汗臭味。

那些人也不洗腳，倒頭就睡，夜裡鼾聲如雷，咬牙放屁叭答嘴的，什麼響動都有，搞的我半宿沒睡好覺。

第二天一到田地，那個領頭的漢子就給我好看了，他輕蔑地看我一眼，哈下腰，揮動了鐮刀，你會覺得他割地是一種藝術表演。我忽然醒悟到這不是看表演，他是「領頭」的，是掌櫃的代表，也就是說他割多少我就得割多少。我忙哈下腰，使出了渾身解數，一不小心腿被鐮刀割個口子，鮮血流到了腳間，但無論我如何用勁兒，仍被他們越甩越遠。

中午掌櫃的送飯來，他們一擁而上，把我那份也給吃光了。待我割到吃飯的地點時，水桶裡只有稀稀的玉米渣子水飯和他們咬剩下的鹹菜。他們躺在玉米杆上，哼著下流的黃色小調，臉上沒有一絲歉意，倒是掌櫃的不好意思了，說一個人五張餅，原以為夠吃，沒想到，他請我別計較，下午回家去休息，工錢照給。

那個壯漢滿臉嫉妒：「媽的，小子還眞走運。」

我請他把嘴巴擦乾淨再說話：「把媽媽帶出來！你敢再罵一句我就敢砍掉你吃飯的傢伙！」

他沒想到我會憤怒，他膽怯地看了看我握緊的鐮刀，他從我那雙冒火的眼睛裡可以看到，他要再敢罵一聲我的媽，我會把他砍成肉醬。而他躺在玉米杆上，身旁沒有防身的工具。掌櫃的趕緊來打圓場。說都是闖江湖的，不容易。他還用毛澤東的話說，我們都是來自五湖四海，爲了一個共同的目標走到一起來了，所以要相互幫助才是。

我沒有吃中午飯，也沒有休息，又揮動鐮刀割下去，到晚上收工時，我割的地和他們的一樣多。

那些人開始對我刮目相看。晚上他們有時打撲克也叫我，但我不和他們賭。除了打撲克，熄燈以後照例吹一陣牛，各自吹自己的光榮歷史。那個壯漢坐過牢，所以可吹的資本也多。他們猜我也坐過牢，或是從牢裡跑出來的：「那人的眼睛好嚇人」，他們這樣形容我。

除了吹牛，他們就談女人，那六個人都沒有妻子，有兩個好像有相好的，出來掙錢後回去給相好的當「邊套」。他們沒有一個曾經像我一樣有美滿的家庭的。

在他們議論女人時，我常常想到自己的妻子和女兒。雖然現在中國已不是株連九族、滿門抄斬的年代了，但她們精神上受到了打擊和煎熬也許是我難以想像得到的。尤其是李雁，她要應付警察的搜查和盤問，要忍受綿綿的思念和無耐的寂寞。雪兒體弱，經常生病，她一個人挑起家庭這個重擔，她能挺得住嗎？

十幾天過去了，我手上的血泡一層套一層繭子已結得厚厚的，微微隆起的肚子也消失了，我離開杜掌櫃的家裡後又去了另一個村。我就這樣一個村一個村地走，不到萬不得已從不坐汽車也不乘火車，路上遇到好心的小四輪司機會讓你上去坐上一段，但他們決不減速，看你跑的快不快，你跑的快能上去算你走運，跑的慢上不去算你倒霉。

那幾個月我什麼都幹過，割地、打場、給主人擔水、燒水甚至幫助做飯，我已經把自己完全放在農民的位置上，我很少說話，甚至一天也講不了幾句話。

寒霜過後，天開始下雪了。農村的活也越來越難找，那時我已經流浪到接近內蒙古地區的一個地方，一個和我一起割過地叫劉四的盲流家在那個地方，我和他一起到了他的家鄉，沒有活做，我就幫他上山伐木，然後用小四輪拉回家。每天吃過飯，我便和他用鋸把那又硬又臭的樺木鋸成一尺多長的小段，然後用大板斧劈成四瓣，留作一個冬天的燒柴。我不要工錢，爲的是混口飯吃，有個窩住。劉四家裡只有一個媽媽，身體很硬朗，對我也不錯。劉四沒什麼愛好，愛擺兩盤象棋玩玩，棋藝臭不可聞，我讓他幾個子照樣贏他。

日子一天天過去，一九八九年秋要過去了，沒事我常看地圖，蒙古離我住的地方很近，我想：爲什麼不能從蒙古逃出去呢？

晚上聽ＢＢＣ，得知逃亡到海外的朋友們在繼續爲結束共產黨的一黨專制而奔波吶喊，心裡也不免癢癢的，心想，總不能當一輩子盲流吧！

劉四家也沒什麼活兒可做了，我總不能在他家這樣住下去，於是離開了他家，沒有邊防証，過不了邊境檢查站。我只好乘汽車向南走。

我知道，這樣亂走是很危險的。

於是，我冒險潛入了哈爾濱，找到一個叫憲弟的人，他是我兒時的朋友，高中畢業後他當了幾年兵，轉業後分配到哈爾濱一個工廠當工人，找了一個不錯的老婆，因爲他妻子的舅舅是省檢查院的一個什麼處的處長，這對他很有幫助。

我在憲弟家暫住了下來。我同他談了想逃亡到海外的想法。我以爲我已經在國內藏了半年，通緝的二十一名大學生領袖已大多被逮捕和逃到了海外，現僅剩我一個，目標越來越集中在我的身上。所以現在該逃出去了。成功了，就和朋友們一起搞海外民運，失敗了，無非是坐牢！這與我這樣流浪也沒有什麼大的區別。

6

窗外落雪了。

紛紛揚揚的雪花使我興奮起來，第一次大膽地靠近窗子，窗外一片潔白——冬天到了。算起來，我在憲弟家已躲藏一個月了，白天憲弟和妻子上班，孩子送到托兒所，便把我鎖在家中，任何人敲門也不開。幾天前憲弟請假了，帶著我的書信去看我的妻子和孩子，還沒有回來。

我每天心急如焚，被捕的危險和給朋友帶來災難的危險每天在困擾著我。我就如困獸，每天在屋子裡不停地走動，一本中國地圖冊和世界地圖冊被我翻爛了。現在，對我來說，最安全的是逃離中國，在這樣惡劣的環境下我已挺過去半年的時光了，無論對誰我都可以說得過去，我沒有最先跑，而是堅持了一段地下，這也使中共說我們早就和外國的情報機關有聯繫一說不攻自破。

幾天以後，憲弟回來了。

那天晚上，弟妹炒了許多菜，憲弟打開一瓶汾酒，我們哥倆個喝了起來。他開始給我敘說此行的收穫，他看到了我的妻子和女兒；我的妻子李雁每天都要到公安局去匯報，如果不去，公安局就會到我的家中找她；妻子的單位，太原市第三律師事務所還不錯，怕她害怕，每次都派一個男律師跟她去公安局，有時候，妻子上下班或走在馬路上，後邊也會跟一群人指指點點：「這是張伯笠的老婆……」妻實在忍不住，回頭和他們理論：「為什麼跟著我，我們家張伯笠又沒幹什麼壞事！」那群人並不惱：「我們想保護你，沒有別的意思……」

「四嫂不容易啊！」憲弟把杯中的酒一仰脖了下去，感慨地說：「眞不容易，一個人帶著孩子，公安局的警察總和她拍桌子，讓她提供你的線索，嫂子也和公安局的人拍桌子：『我們雪兒他爸在天安門廣場被你們打死了，應該是我向你們要人，你們問我他在哪，我問誰去？我向誰去要我的丈夫去！』」

我的眼眶發熱，多好的妻子！我暗暗發誓，待到能重新聚首的那一天，我一定用加倍的愛讓她得到幸福。我願吻遍她的全身，從腳到眼睛，吻去她滿臉的淚痕，告訴她，我是多麼的愛她，經過生離死別的愛情才會更加醇厚悠遠。

我問憲弟：「我寫給她的信你給她了嗎？」

憲弟又一揚脖把杯中酒喝乾，用粗大的手抹了抹嘴，眼圈紅紅的，半晌，他哽咽著說：「四嫂看了你的信，什麼也沒說……她捧著信，哭得昏天黑地……還有，你寫給雪兒的信，嫂子說，她會每天都讀給雪兒聽，一直到她自己能讀懂的那一天……四哥，嫂子不容易啊……」

弟妹坐在我身邊，一邊抹眼淚一邊給我挾菜：「別先顧著說話，多吃點，四哥，你現在不能想的太多，自己的身體要緊，古人說的好，留有青山在，不怕沒柴燒，鄧小平蹦跳不了幾天了，共產黨的氣數也到頭了，你弟年年被評為優秀共產黨員，你們在北京一遊行，他第一個叫好。」

「別打岔！」憲弟對弟妹揮了揮手。

我喝了一口酒問：「見到雪兒沒有？」

憲弟搖了搖頭，「我沒有見到孩子，她又病了，在醫院住院，不過你放心，除嫂子照顧外，你岳父岳母也幫忙照顧。」

我的腦海裡浮現出雪兒那紅撲撲的小臉蛋。她是那麼弱小，弱小得不如一株小草，小草還足以支撐自己的生命，而雪兒呢？她生下來時才五斤四兩，剛剛滿月就患了肺炎，醫生要給她輸液時竟然無地方下針，最後把腦門黑黑的頭髮剃光，長長的針扎向小小的頭。雪兒伸著手哭著喊著叫著，那雙淚花花的眼睛乞求地看著我，我心在顫抖，我完全懂得她眼睛裡的全部含意，她把她的小生命完全地托付給了爸爸，而爸爸也多麼想替你去承受一切苦難啊！為了你弱小的生命，爸爸要變得堅強，爸爸迫不及待地要為你獻身。但是，現在我的小女兒又住進了醫院，她又在呼喊爸爸了，而爸爸卻不能在她的身邊給她一絲安慰。

憲弟看出我的心情，握了握我的手，安慰我說：「雪兒沒啥大病，還是老毛病，有很多叔叔阿姨到醫院看她。對了，聽嫂子說，你的好哥們鄭義的夫人去醫院看雪兒了。」

我趕緊抓住他的手，急切地問：「你快說，鄭義和北明怎麼樣？」

弟說：「雪兒常住院，六四鎮壓後沒幾天就住院了，嫂子說，有一天北明帶著水果去看雪兒，不巧她沒在，北明就給她留了一個條子，北明說，要她堅強起來，帶好孩子，等著夫妻重新聚首的那一天。她還說，她可能不久就會被捕，但她並不怕，只是不能常來照顧你們，有什麼困難可去找大院的其他朋友……。」

「後來呢？」我問。

「聽嫂子說，後來北明就被捕了，關在太原的一所監獄裡，據說還懷了身孕，鄭義跑了，可能也和你一樣，不知跑到哪裡去了，反正沒抓到……。」

我心裡一陣難過，小明，我的好嫂子，謝謝你，在最危險的時候還去看望雪兒和李雁！可是，我多擔心你啊，懷著身孕，關在冰冷的鐵牢中，小明，你要挺住，你絕對是哥們兒們的驕傲，我爲鄭義有你這樣的妻子，我有你這樣的朋友驕傲！

憲弟又說了趙瑜，也被捕了，不過聽說「認罪較好」已經釋放了，山西其他作家如柯雲路夫婦也被捕入獄，李銳不知跑到哪躲起來了，總之，山西青年作家中的骨幹力量幾乎全軍覆沒……。

我爲我們山西漢子驕傲，爲晉軍驕傲！

7

「篤篤篤……」有人敲門，

我趕緊躲進貯藏室，憲弟和弟妹把我的酒杯藏起，碗筷收起，然後去開門。

貯藏室安有一盞台燈，我坐在一個破沙發上吸煙，偷聽著外邊的說話。

他們說話的聲音很小，我聽不太清楚。五分鐘後，弟把貯藏室的門打開了，對我說：「出來吧，接著喝酒。」

我低頭走出來問：「誰來了?走了嗎……」

話音未落，我突然發現我的面前站著一男一女兩名警察。

我嚇了一大跳，弄不清發生了什麼事，是憲弟出賣了我?!

憲弟忙介紹說，這兩位是他的朋友，男的和他在部隊時是一個班的戰友，女的是男的老婆，他們現在都在鐵路公安局工作。弟說他們只是多個腦袋差個姓，絕對的哥們兒!

我只好硬著頭皮和他們握手。兩人對我十分客氣，男的說久仰，女的說不太像。

憲弟解釋：四哥，他們說通緝令的照片和你不太像。你現在鬍子那麼長，比照片要大十歲。

大家坐了下來，那位男警官點燃了煙說：「四哥，現在哈爾濱對你很不利，前一段省公安廳廳長親自到你家鄉的縣坐鎮，想在望奎縣把你捕到，但一直未捕到你，這幾天他們也撤回了哈市，據他們和中央重案組一起分析的結果：你沒有離開哈爾濱市。」

分析得這樣準！

「有什麼根據沒有？」我問

「還有更重要的！」他打斷了我的話。「前幾天我們全國鐵路公安幹警的電話會議上，北京鐵道部公安局長在會上向全國幹警下達了命令：如果發現了張伯笠有拒捕行動，可以當場擊斃……。」

我感到一種從未有過的躁熱，就像是一個被判了死刑的人等待執行一樣可怕。

憲弟用拳頭把桌子一捶：「操他媽的，這麼狠，哪個狗屁局長下的令，我先殺了他一家三代再說！」

憲弟妹忙制止他：「就你能！你先稍停一會兒，讓四哥心靜一靜。」

我此刻反而平靜下來，一個大膽的決策在我腦海中形成；我必須儘快離開朋友家，無論被擊斃還是被捕坐牢心裡都坦然，以免連累朋友。我的通緝令寫得十分清楚：一經發現立即拘留並送北京公安局，這就是說，我們二十一個人無論在哪兒被捕都必須要送北京，各地方公安局無權處置，由此可見，鐵道部公安局也沒有隨意處決我的特權。

我問：「公安部有指示？」

他說：「有可能。」

弟妹說：「四哥，警察抓你你可千萬別跑，先舉兩隻手投降。」

我說：「問題是你不拒捕他們照樣可以開槍擊斃你，然後說你拒捕。」

弟妹說：「不會吧？共產黨真能這麼狠嗎？」

憲弟說：「婦人之見！共產黨啥壞事不幹？當時我還相信他們絕不對大學生開槍，決不秋後算帳呢！結果如何？不但用機槍，坦克都上去了，國民黨也做不出這事兒來！」

妹說：「那你還不退黨！」

憲弟長吸了一口氣：「嗐，我一個普通黨員，退了黨，這個政權也倒不了，還給自己找麻煩，還是在黨裡混吧，好處總是有一點，我好事做不了，壞事也不想做，對得起良心就行了。」

那個一直沒說話的女警察說話了：「你現在正在做一件大好事，你在掩護一個著名的通緝犯。二十一個學生領袖中，咱們黑龍江省籍的就張先生一個，還是你掩護的，能說沒做好事嗎？將來平反時，全省人民都會感謝你的。」

我說：「現在卻是，如果被發現，你要跟我一起坐牢。」

憲弟說：「媽的，牢不也是人坐的嗎？王丹能坐，我也能坐！」

那個警官還告訴我們，中央下發了我們二十一人的「罪行」材料。他說這份材料下發到省軍級，據說，在那份材料中，我的職務最多：北大籌委會執行委員；《新聞導報》總編輯；絕食團副總指揮；保衛天安門廣場指揮部副總指揮；天安門民主大學校長，而中央稱天安門民主大學是「新時期的黃埔軍校」，如果我被捕，判的一定會很重，也許會判死刑或死緩。

我說：「看來，我只有逃出中國了！」

兩人點了點頭。

憲弟站了起來：「逃出中國？從哪兒走？香港？緬甸？蒙古？蘇聯？你想從哪走？」

我告訴他們，我想從蘇聯走。

從香港逃亡當然是最好不過？但王軍濤、陳子明的被捕已說明香港的地下通道已被中共公安所掌握，我甚至不知道從哈爾濱到深圳的路上是否會被警察擊斃。

緬甸、越南、老撾、蒙古路途遙遠，況且地理不熟，沒有通道可以聯繫，成功渺茫。

而蘇聯和中國只一江之隔，戈爾巴喬夫又提倡新思維，對「六四」屠殺也進行了譴責，或許能將我引渡到西方。

有病亂投醫，與其坐以待斃，不如闖出一條路，或許就是生路。

不管弟妹多麼不情願，我主意已定，我永遠忘不了六月十三日中央電視台新聞聯播節目中我們二十一人通緝令後那段殺氣騰騰的文字，也忘不了六月九日鄧小平接見戒嚴部隊軍以上幹部時咬牙切齒的那句話：「百分之一的原諒都沒有。」雖然對鄧小平這個殺人元凶人民將來會清算他的，但眼前我面對的是他們專政的絞肉機在威脅著我，沒有人懷疑它的殘酷和鋒利。所以對我來說，活下去已是最迫切最實際的了。

一天晚上，弟妹大包小包地抱了許多東西到了我住的房間。一件藍色羽絨服，一件皮夾克，一條牛仔褲，一雙棉登山鞋，一條萬寶路香煙，還有一條紅雙囍，一條阿詩瑪；除此之外還有衣褲、毛衣毛褲以及十幾塊電子錶。

我有些手足無措，這些東西要一千多元啊！

弟妹一邊給我試衣服，一邊說：「本想給你找幾件舊衣服，但你弟個子高，他的衣服你穿著都大。我倆一商量，買新的吧，出一次國，也不能太寒酸，讓老外笑咱中國人。」

我苦笑著：「這叫啥出國呀？按中國的法律這叫叛國。再說，能不能成功還很難說。」

弟妹說：「叛什麼國？你國家搞的好，外國人該往中國跑了，你亂抓人亂殺人，誰還傻傻的伸著脖子等你下刀哇？這些手錶你帶著，聽說在蘇聯這玩意能賣好價錢。我想給你換點盧布，又不知到哪兒換，這幾天托人好說歹說換了一百美金，你帶著或許能用得著。」

看著這個簡樸的家，唯一值點錢的東西是一部彩色電視機，而為了我他們什麼都捨得，我感動地說：「弟妹，叫我怎樣感謝你們呢？」

「感謝什麼？」妹很平靜地說：「這些東西算是我借你的，你如果跑到了國外再還我，如果被抓了，我這錢也就白花了，但重要的是你要活下去。」

第二天的晚上，我們吃過了晚飯，準備出發了。憲弟和弟妹在依依惜別。弟妹不知道，她的丈夫送我會不會能再回到她的身邊。

分別是痛苦的，而這是一種什麼樣的分別呢？每一個人都不知道有沒有再見面的可能。

憲弟提醒我：「四哥，咱們該走了！」

我站起身來，給弟妹深深地鞠了一個躬，然後推開門，走進了黑暗的夜色中……。

第十三章

亡命蘇聯

1

哈爾濱火車站在夜色包圍中。

天氣很冷。鵝毛般的大雪輕輕地飄著，典型的俄羅斯建築已被大雪覆蓋，只露著圓圓的尖頂。

哈爾濱，滿族語是「曬魚網的地方」的意思，我青少年時代一部分時間在這個城市度過。現在就要告別她，心裡眞有些依依不捨。

熙熙攘攘的人群中，幾輛警車十分顯眼。一小隊接一小隊的警察和戴紅袖標的治安人員不停地檢查候車旅客的證件和車票。據中央電視台公布，全國已經進入「春節運輸」期間，旅客暴增，乘坐特別快車和直達快車的旅客可以優先進入候車室候車，而慢車和普通快車的旅客只好在寒風中機械地排著列列長隊，在警察和車站工作人員的吆喝下等待乘車。

夜裡十一點鐘，我和憲弟出現在車站廣場。寒冷的天氣和飄飛的雪花給我創造了僞裝的條件——我戴著厚實的風雪帽，一條印花大圍巾把臉捂得只剩一雙眼睛，眼睛上戴著一副當地青年人多數喜歡戴的變色眼鏡。憲弟穿著一件又厚又重的羊皮軍大衣，提著我的手提包。而我只拎了一個公文包，裡面裝著僞造的身分證和邊防通行證。

一隊武裝警察從我們身邊走過，若無其事。但當他們走到蘇聯紅軍紀念碑下一個青年人身邊時，卻閃電般把那個毫無提防的青年人擊倒在雪地。旅客們忽啦啦圍了過去。憲弟要去看看，我沒同意。對我們來說，現在最好把好奇心收起來。

不一會，那個青年被押上了警車。昏暗的燈光下看不清他的臉，只看見他高昂著頭，長長的頭髮在寒風中飄拂。

據說，在他的身上搜出了一支五四式手槍。

車站的氣氛頓時緊張，武裝警察顯然在不斷增多。他們像獵犬一樣在人群中嗅著，大概是尋找持槍青年的同黨。但他們不知道，被中共人大「平息反革命暴亂」報告中污衊要殺死四千六百萬共產黨員的「新時期黃埔軍校」（天安門民主大學）的校長，他們全國通緝追捕半年而一無所獲的張伯笠就在這候車的人流中。

我感到情況對我們不利，立即拉著憲弟走出長長的隊列。爲了不引起懷疑，我們到書販攤前買了幾本書，一本《天津文學》增刊、一本《當代》文學雙月刊、還有一本是海南島出版的雜誌，封面是我和王丹等二十一人的照片，照片上的我正拿著麥克風向天安們廣場的同學講話，那肯定是秘密警察當時拍攝的。

車站的警察開始搜查旅客的旅行包，檢票口也增加了十幾個警察。而我所要乘坐的開往北方城市的列車已經開始剪票。

憲弟問：「怎麼辦？」

我說：「別慌，跟我走。」

在考入北京大學作家班之前，我在鐵路跑的幾年記者使我對中國最主要大站的情況瞭如指掌。在中國大陸，每一個車站都有通勤口，即鐵路內部職工上下班走的小門。這個小門一般旅客不知道，即使知道了一般也不敢走，因爲門旁邊有個警衛室。但據我所知，門衛多是老職工，而他們一般不過問過往的職工，問題是你必須像是一個鐵路職工。

我所乘座的列車午夜十二點四十五分從哈爾濱火車站發車。

我和憲弟十二點三十分出現在車站廣場南側一里之遙的「職工通勤口」。小小的角門不時有拎著飯盒的職工出入。門旁的警衛室裡燈火通明，透過窗子可以看到一個戴紅袖標的老頭正在就著一碟花生米喝老白干。

沒有警察！我的判斷是正確的。

我給憲弟使了個眼色，於是大搖大擺地向通勤口走去，憲弟緊跟著我，腳步顯然有些猶豫，我想提醒他放自然點，否則是很危險的，但是已經來不及了，我們已經出現在門衛的視線之內了。

我順利地走進了通勤口。然而遭糕的是，老門衛開門出來擋住了憲弟。

我的反應是敏捷的。自通緝令發佈之後，我曾和警察發生過多次正面衝突，我不知道我爲什麼會在關鍵時刻表現得冷靜機智，這使我常常化險爲夷。

我還沒等老門衛開口盤問憲弟，便用標準的哈爾濱腔調罵開了：「媽了巴子，就會磨蹭！眼看遲到了，這個月的獎金要是泡了湯，看全班弟兄不剝你的皮！」

憲弟反應得很快：「操他媽的，老子一不想入黨、二不想入團，能把老子怎麼樣！」他一邊說一邊推開老門衛走進了站台。

老門衛在後邊做開了思想工作：「小伙子，火氣不小哇！這年頭該忍就得忍，打死強嘴的，淹死會水的，對不？哪個段的？」

我忙回答：「機務段。」

憲弟說：「媽個臭X，不是人幹的活！」

老門衛用火柴棍撮著牙花子：「嗐，小伙子，哪個段都一樣！」說完，他向自己那燈火通明的警衛室走去，一邊走一邊搖頭：「這年頭，都這麼大火氣……。」

二十分鐘後，混在站台人群中的我順利地蹬上了火車。

而前面的旅程是未知的，連我自己都懷疑能否活著走完幾千里路的全程。

但是，列車畢竟駛離了夜幕下的哈爾濱，一個對我危險最大的城市。

2

列車嚴重超員。

過道上和車門口擠了許多沒有座位的人。

我和憲弟只擠到兩個車廂的連接處就再也擠不動了。我迅速在燒水鍋爐旁擠了一個位置，我不想進車廂，車廂裡燈光太亮，被警察認出的可能性很大。

列車裡亂糟糟，煙草味、汗臭味和其它說不清的味道四處瀰漫；打撲克的、吹牛聊天的、嗑瓜子的很是熱鬧，幾名鐵路警察帶著十幾名戴紅袖標的旅客在各車廂巡視，這些戴紅袖標的是從旅客中選出的，叫「列車警民聯防小組」。這些人不管什麼事，到餐車開個會，發個紅袖標，回到車廂照舊睡大覺。

憲弟拿出香煙，隨手遞給他身邊的兩個穿皮夾克的小伙子一人一支，那兩個小伙子一看是美國「萬寶路」，也就老大不客氣叨在嘴上。我想提醒憲弟少和別人說話，以免出事。但已經來不及了，憲弟已叨著煙卷，和那兩個人擺開了「龍門陣」。那兩個「皮夾克」的前前後後放了幾個大袋子，不知道裝些什麼，來往的人覺得那袋子礙事，想發作，但一見那兩個「皮夾克」和憲弟的塊頭，便把話咽進了肚子。

列車離開哈爾濱一個小時後，兩名警察帶著兩名「紅袖標」擠了過來。當他們走到我面前時站住不動了。

「誰的袋子，打開檢查！」警察大聲喝道。

那兩個「皮夾克」說是他們的。警察立刻友善多了，和他們寒喧起來，兩個「皮夾克」讓警察給他們解決臥鋪，警察滿口答應。顯然，他們認識。

一個「紅袖標」摸摸袋子，看看我，看看那兩個「皮夾克」，又看看呑雲吐霧的憲弟，似乎想詢問什麼。

憲弟不高興了，大手一揮，那「紅袖標」就地轉了個圈。

憲弟說：「戴個紅袖標就是人了？看什麼？你看我像王丹呢？還是像吾爾開希？」

周圍爆發出一陣大笑，連那兩個警察也笑了。那兩個「皮夾克」大漢笑得更開心。一個皮夾克說：「那王丹和吾爾開希一個在秦城監獄，中央委員待遇，一個在法國當民陣副主席，和李鵬一個級別，你他媽有那福份見到他們嗎？瞧你那屌樣！」另一個「皮夾克」說，「那二十一個學生領袖中的張伯笠是咱們省的人，聽說逃回黑龍江了，說不定能被你碰上立功晉祿呢！」

人群又一陣哄笑。

我雖然緊張到了極點，但也只好陪著笑。

一個「皮夾克」說：「這半年都快過去了，那二十一個學生頭兒該抓的抓、該跑的跑到外國去了，就咱們省那個張伯笠愣是沒消息，你說怪不怪。」

那個鐵路警察接過「皮夾克」遞過的煙卷兒，一邊點燃一點說：「咋沒消息，前幾天我們局長去北京開會，公安部說張伯笠現在帶人在長白山打游擊呢！」

我嚇了一跳，這是我在北京大學的宿舍裡說過的一句玩笑話。

「皮夾克」說：「媽的，還是咱東北人有種！」

鐵路警察說：「不過是猜測，還聽說他已在黑龍江活動，你們分局沒布置抓他？」

我的警惕是對的，那兩個「皮夾克」是警察。

「皮夾克」說：「抓，布置了，抓了半年了，就那麼巧給咱碰上了？前幾天又佈置抓，說在佳木斯一個農場發現了張伯笠，一個小隊開去了，抓住一個流浪漢，根本不是，扯雞巴蛋！」

另一個「皮夾克」說：「人家什麼腦袋？咱們是什麼腦袋？讓咱們小學畢業生抓大學生，笑話！能抓到他我不也上大學了！再說，現在誰扯那個雞巴蛋！都是黑龍江老鄉，讓北京戒嚴部隊來抓嘛！當官是他們，入黨是他們，長工資也是他們，咱們算個屁？弄兩錢兒養家糊口才是正事兒。」

警察問：「這趟弄多少？」

皮夾克：「二百件，一會給你們倆弄件穿穿，這次是內蒙古產品，皮子軟，好貨！」

警察笑著帶「紅袖標」走了。皮夾克在後邊喊：「臥鋪兩張，別忘了！」

警察走了，「皮夾克」成了這裡的中心，從談話中我知道了二人的身份：某市公安分局的偵察員，到哈爾濱弄皮夾克回去賣，一件可賺三十元至四十元，他們跑這一趟，每人可賺三四千元人民幣，比他們一年的工資還多。

經過了剛才的驚險，我膽子也壯了，蹲在車門口的滋味也眞不好受，我拿出香煙，遞給兩位「皮夾克」，一邊爲他們點煙，一邊問：「哥們，這臥鋪還眞不好買，是吧？」

一個皮夾克說：「咋不好買？看你有沒有錢！你肯出錢我給你買。」

我問：「要多少錢？」

皮夾克：「一張硬臥十八元，你給三十六元加一包萬寶路煙我就能給你買來。」

我拿出一張一百元面額的人民幣和兩包萬寶路煙：「那就勞駕大哥幫忙了。」

那皮夾克瞧瞧我：「我說著玩呢！沒想到你還眞肯出血！」

我裝作輕鬆：「反正公家報銷。」

憲弟說：「他是我們廠的供銷科長，沒問題。」

那「皮夾克」把煙塞進衣袋裡，拿著鈔票向餐車擠去。半個小時後，他擠回來了，手裡拿著四張臥鋪票。他對我和憲弟說：「走吧，幫我拿兩個袋子！」

我們昏頭昏腦地擠過了幾節車廂，終於進了臥鋪車廂，這和喧鬧的普通車廂是兩個不同的世界。車廂裡燈已經熄了，我爬上上鋪，躺了下來。累極了。

列車在風雪中向北前進。

現在，無論燈火通明的普通車廂怎樣擁擠，警察的眼睛怎樣警惕，那都是另外一個世界了。

也許是太累了，我居然睡著了。

睡夢中似乎是每次從北京回家一樣，前面迎接我的是妻子和女兒的甜蜜親吻……。

3

翌日上午，我們順利地到達某市並換乘開往邊境的公共汽車。汽車開得飛快，憲弟偷偷告訴我，昨夜他一夜不曾合眼，總怕警察突然抓走我。

汽車駛過松花江，江面已完全封凍，像一條凍僵的白蛇向遠方蜿蜒。下午二點鐘，汽車駛進了一個叫雙龍山的鎮子，在雙龍山過後有一長二十五米的水泥橋，中共的武裝警察一個支隊駐守橋頭，過了橋就屬於邊境地區了。

我必須過橋。

汽車上的旅客常常談橋變色，據說守橋的武警非常凶狠，沒証件的人常常被毒打，甚至羈押起來幫他們幹粗活，幾個月不放人。

我和憲弟雖然都擁有邊防通行證（僞造的可亂眞），但我仍不敢闖邊防檢查站，我的通緝令隨處可見，而黑龍江的邊防對我會更加特殊關注。我決定在橋前一段距離就下車，然後想辦法偷越過邊防檢查站。

汽車在檢查站前面沒有站牌，遠遠的已經看到橋頭飄揚的五星紅旗了，我要求司機停車讓我們下去。

司機很不高興，繼續開車，沒有絲毫要停的意思。

邊境檢查愈來愈近，我心急如焚。

坐在司機身邊的售票員是一個年輕漂亮的姑娘，她聚精會神地看著我，悄聲問：「你是不是沒有邊防通行証！」

我點點頭。她又瞧了瞧我，嘆了一口氣。

我查覺到她那大眼睛中閃現的同情，便遞給她一包萬寶路香煙，求她給司機說說情。

她拿過煙，扔給司機，然後告訴我要沿山邊走，千萬不要進山，進山容易迷路，後果不堪設想……。

汽車扔下我們開走了，在汽車揚起的雲霧掩護下，我和憲弟迅速地下了公路，躲進林海雪原。按照我的設想，我們只要在四個小時內繞過邊境檢查站，就可以趕上最後一次班車。

下雪了，而且雪愈下愈大，紛紛揚揚的大雪如棉絮似鵝毛，天氣異常寒冷，大概在零下四十度左右。我們在齊膝深的雪地艱難跋跡。大雪在幫我們忙——它掩埋了我們的腳印，這使我們不致於被巡邏的邊防軍發現行蹤。

邊境檢查站的五星紅旗成了我們校對方向的座標軸心。我們從一個林子奔向另一個林子，借樹木的掩護，以防被高高的「大架子」上的值班哨兵用高倍望遠鏡發現。然而，四個小時後我們仍未走出這片林海雪原，我發現我們迷路了，而天色已經完全黑下來了。

我的周身已被汗水漬透，兩腿發軟，兩隻腳似乎不是自己的。憲弟也是一樣，儘管天氣出奇的冷，他還是脫下羊皮棉襖，用手帕揩著滿頭大汗，騰騰的熱氣從他的額頭昇起。

我說：「先歇會吧！」於是兩人無力地將自己的身體扔在雪地上。我點燃一隻香煙，而憲弟則趴在雪地上大口大口的吃雪，像是一隻飢渴的狼。

朔風從樹梢掠過，發出怪怪的聲音，風雪中偶爾能聽到狼和別的什麼野獸的咆嘯。憲弟從旅行包裡拿出一把不銹鋼菜刀。菜刀是防身最好的東西，警察發現了也不會把它算做不准攜帶的利器，但對付流氓或野獸它比匕首要方便得多。

憲弟用菜刀砍了兩根樹枝，遞給我做枴杖，於是我們又站起來繼續走，惟一給我們點希望的是遠處傳來的機動車輛的發動機聲音。

星星被凍得閃著眼睛，雪白的山頭反著微弱的星光。兩個小時後，我們終於走出了山林。

而對白雪皚皚一望無垠的開闊地，我和憲弟小聲地歡呼起來。在不遠處，兩支雪亮的燈柱在飛速前行。我們找到公路了！

驀地，一只雪亮的比汽車燈光要亮幾十倍的探照燈柱在我們前面不遠的地方掠過，我急忙把憲弟按倒在雪地。我發現，我們十多個小時的跋涉其實才走了公路上直線的幾千公尺！但情況不同的是，我們已經成功地繞過了邊境檢查站。

4

公車已經沒有了，其它車輛很難見到一輛，即使有，在這寒冷的午夜，司機多數不會冒險給兩個大漢停車。於是我們撤進了山林，尋找一處背風的山坳，用林邊農民遺棄的向日葵桿搭了一個「帳蓬」，儘管四處透風，但卻擋住了漫天飛舞的雪花。

我和憲弟靠得緊緊的坐下。這才覺出又飢又渴又冷。帶的麵包已經凍成冰塊，咬不動。幸好我買了一些巧克力，憲弟拿出一瓶白酒，我們一邊吃巧克力一邊喝白酒。十幾分鐘後，我們渾身的汗漬已變成了冰冷的水珠，身上又濕又潮，手和腳已經麻木。

多希望有一堆火啊！但邊境檢查站就在千米之外。憲弟已經睡熟，他枕在我的腿上打著呼嚕。十分鐘後，我推醒他。這種天氣睡覺會凍壞的。

我的羊皮手套因爲被汗水濕透，現在凍得和鐵一般堅硬，我搓著麻木的手，突然想起當年在農村插隊時在山上取暖的辦法——爲了避免引來山火，幾個人用短木柴點燃「小火」，然後雙手捂住。我把這個想法告訴了憲弟，他很興奮，立即站起來，把「帳篷」可能露光的縫隙又用向日葵桿堵了堵，我把「帳篷」裡的積雪清了清，從背包中拿出了在哈爾濱車站買的幾本雜誌，然後一張張點燃。爲了讓紙燃燒時間長一些，要把紙張團成紙蛋，這樣亦可避免火苗太亮。我凍僵的手在小小的火苗上暖了過來。憲弟一邊往火堆上加紙，一邊哼著歌。那是在東北流行的一首囚徒唱的歌，當地的青年人都喜歡唱，他們給這首古老的民歌塡上新詞，但歌名仍叫《十二月》：

正月裡，正月正，
年輕的朋友做事情，
做錯了事情要法辦吶哥們兒呀，
政府送我上法庭啊嗯嘿喲……

二月裡，龍抬頭，
我在獄中不自由，

　　一天到晚挨審訊吶哥兒呀，
　　身上沒有好皮肉呀嗯嗨喲……

憲弟小曲哼得很浪，味道濃濃的，尤其在「哥們呀」和「嗯嗨喲」後的拖腔給人以無窮的回味。

我從懷裡掏出妻子和孩子的照片，火光下，女兒的臉蛋紅紅的，像是一個滴著朝露的紅蘋果，這兩張照片是我逃離北京時在影集中抽出來的。半年來，我把這兩張照片放在內衣的口袋裡。由於時常被汗漬透，照片變得又軟又濕，我用手帕揉掉照片上的汗漬。照片後面妻子寫的娟秀的小字。已經模糊：「雪兒十五個月：早早起床好精神。」同在一片國土，我已經有近十個月沒有見到剛剛會叫爸爸的女兒和妻子了。此刻，她們一定在溫暖的家中熟睡，她們會想到我嗎？她們會理解我嗎？我好像看到雪兒伸著手臂在喊：「爸爸，爲什麼不回家抱我！」而妻子那哀怨的眼光告訴我，這半年來，她在爲我承受警方的不停訊問，我彷彿聽她說：我要垮掉了……

明天或者後天，我也許能成功地越過國境，也可能在越境時被逮捕或槍斃，如被槍斃，我毫無遺憾，或許能換來心裡的安寧，如被逮捕或成功逃亡國外，我不知道何時能見到妻子和女兒。而此刻，在這千里冰封的原野上，我只能默默地爲女兒和妻子祝福……。

　　「七月裡，七月七，

　天上牛郎會織女，
　神仙也有團圓日我說哥們呀，
　我和我妻兩分離呀嗯嗨喲……」
憲弟看我凝視著妻子和孩子的照片，突然不唱了。他是怕勾起我對往事的回憶。
我說：「唱吧，唱起來心裡好受點……。」
就這樣，風雪夜中兩個孤獨的逃亡者，一簇小小的火苗和一曲東北小調，留給了黑暗的寒夜……。
我的腦海裡浮現出俄國十二月黨人流亡之情景，哼起了我喜歡的一首俄羅斯民歌……
　冰雪遮蓋著伏爾加河，
　冰河上跑著三套車，
　有人在唱著憂鬱的歌，
　唱歌的是那趕車的人……
　小伙子你爲什麼憂鬱，
　爲什麼低著你的頭，
　是誰叫你這樣傷心，

問他的是那乘車的人……

凌晨三點鐘，三本雜誌燒光了，小小的火苗熄滅了，四周一片黑暗。十幾分鐘後，我們被凍得實在受不了了，於是我們站起身來，摸上了公路。

凌晨三點鐘左右是被當地人稱爲「鬼齜牙」的時間，（比喻一天中最冷的時間，連鬼都被凍得齜牙咧嘴），邊防檢查站的武裝警察也都被凍得用皮大衣裹緊身子或躲在什麼地方取暖，這對我們行動十分有利。

公路像是一條凍僵的白蛇，靜靜地伏在雪原上，大片的雪花無聲的飄落。公路滑得很，我們倆經常被摔倒，但可喜的是，邊境檢查站終於被我們甩在身後，而且愈甩愈遠……

5

天朦朦亮了。漫天飛舞的雪花使眼前的這個小鎮像一幅俄羅斯的油畫，只有幾縷炊煙和偶爾的狗吠給了它一點生氣。

我和憲弟看見一個小酒館的門開了，便闖了進去。那掌櫃的爲我們炒了一盤豬肝和一盤豬大腸，我和憲弟要了一斤六十五度的白酒，二斤麵。算起來，我們從哈爾濱出發到這裡已經整整三十多個小時沒有吃口熱飯喝口熱水了。當餐桌上的杯盤全部空空如也時，我的身體才感覺到有了一絲暖意。

兩個小時後，我們擠上了開往A縣的公共汽車，車上擠得滿滿的，住在邊境村落的農民大多是走親戚或置辦年貨的。憲弟終於給我找到了一個座位，而我則開始嘔吐，我想可能是食物中毒。我昏昏欲睡，不停地嘔吐，五臟六腑翻江倒海，多虧憲弟在背包裡塞了一些空塑料袋。司機看我吐得一塌糊塗，在一個鎮子把車停了下來。他讓我們下車，說鎮上有醫院。

憲弟略一思考，同意了。他對我說：「你現在只有治病，別無選擇。」

憲弟說離這個鎮十幾里路有一個邊境小村，他有一個表姐住在村子裡。我們決定先去投奔她。我連說話的力氣都沒有了，只好聽他的安排。

憲弟背起我，艱難地向鎮外走去。我們不能在此久留，更不能去醫院。

天色很快黑了下來，昏迷中我聽到了狗吠聲，燈光告訴我，我們進村了。憲弟敲開了一戶農家的門……

當我甦醒過來時，發現自己躺在熱哄哄的土炕上，憲弟手裡拿著一個用飲料盒改製的油燈，一個五十多歲的女人拿著一支做鞋用的錐子，放在燈火上燒著。

憲弟看我醒了，便說：「嚇死我了，這是我表姐，沒外人，沒事的。」他還告訴我，我的病叫「攻心幡」或「羊毛疔」，是急性的傷寒，這種病有時幾個小時就可死人。多虧大表姐會「挑」，剛才我昏迷時大表姐已經挑破了我的肛門，放出了許多黑色的毒血。

我明白。這種土辦法我當年插隊時也見到農民們用過，說不出什麼科學道理，但有時還眞有效。大表姐把燒熱的錐子用毛巾擦了擦，算是消毒了，然後把我的襯衣解開，對我說：兄弟，忍著點。便把錐子向我胸口刺去……。

我感到一陣劇烈疼痛，扎過十幾次後，大表姐的錐子發生「嘎蹬嘎蹬」的響聲。她在我的胸口挑著什麼，一邊挑一邊說：「看看，這羊毛都生爪了，幸虧挑的早……。」

她一邊說一邊挑，似乎挑出了許多「毛」，我忍著痛不使自己哼出聲，十幾分鐘後，表姐從憲弟手裡接過一個水果罐頭瓶子，然後把一張白紙在燈火上點燃，扔進瓶子迅速扣在我那被刺得血跡斑斑的胸口上。我感覺像是一隻巨手伸入我的胸口，把我整個身體揪在了一起一樣。

表姐爲我擦掉額頭的冷汗，然後跪在炕上禱告，原來她是個基督徒，她向耶穌基督乞求保守我。我又昏昏沈沈地睡了過去。

說來奇怪，當我幾個小時後醒來時，不再噁心嘔吐了，昏沈沈的頭也清涼了許多，只是鼻孔下和嘴唇上長出一串串的水泡。

表姐拔下火罐：「嘖嘖，瞧瞧，拔出的血都是黑的！」

我點點頭表示感謝，並請憲弟拿煙給他們抽。憲弟拿出「萬寶路」遞給大表姐和蹲在門口一聲不吭燒爐子的人。憲弟說，那是表姐夫，他朝我笑了笑，滿憨厚的。

當表姐知道這煙要十二元人民幣才能買一包時說：「抽金子嗎？這支煙夠我買十盒火柴

的！」

我問她：「你知道我是誰嗎？」

她說：「知道！憲弟都告訴我了，前幾天電視裡還有你的鏡頭呢。」

表姐夫說：「那是通緝令。」

表姐：「反正是上了電視，管他什麼令。」

我說：「表姐，你們不害怕嗎。」

表姐：「怕什麼？你又沒偷沒搶沒殺人，也眞苦了你們，聽說你們在天安門七天不吃飯，何苦自己蹧蹋自己，有啥事應該求耶穌。」

我告訴她，我此行的目的——偷渡去蘇聯。

表姐嚇了一跳：「老毛子把你送回來怎麼辦？」

我說：「也許不會。我不想連累你們。」

表姐說：「等幾天吧，你現在的身體過不了江的。」

6

隨後的幾天，我又高燒不退，表姐爲我熬藥拔罐。還把家裡的雞都殺掉了，每天給我熬雞湯喝。讓我儘快恢復健康。

有一天我剛喝過雞湯，表姐從櫃子裡拿出一個紅布包對我說：「你喝了我的雞湯，也幫幫我，我不認識字，把這本書給我讀一下。」

我打開了紅布包，立刻被驚呆了，那是一本手抄的《約翰福音》。

「你信基督？」我驚奇地問。

表姐點了點頭：「我信了好幾年了，有時覺得活得太累，把主權交給神就好了。」

我好久沒有讀書了，雖然不信耶穌，但是有書讀總是好的，況且每天喝表姐的雞湯，也不好意思不給她讀。沒想到，讀著讀著就放不下了。每天都點著油燈讀。當讀到耶穌被釘在十字架上時，我已淚流滿面。那時我就想到也許有一天我會被捕，會被押赴刑場槍斃，同樣會有許多中國人麻木而又快樂地看著我。我忽然覺得人生毫無意義，無論你是為自己奮鬥還是為別人奮鬥。而耶穌臨死時說的話更使我震撼：「父啊，赦免他們，因為他們不知道自己在做什麼。」

以後數日，表姐向我傳福音，我雖然不信，但每次都和她認眞討論。這樣每天讀聖經，聽表姐爲我禱告，傷也漸漸地好了。

表姐很重視禱告，她家裡的雞被黃鼠狼吃了也向耶穌禱告，我笑她迷信。她說：「眞的，老四，你要逃往蘇聯，萬一遇到麻煩，你就求神，向神禱告，神會幫助你。」爲了不使她不高興，我應景似的答應了。

姐夫和憲弟每天到邊境「偵察」。他們畫了幾張路線圖，哪有邊防軍，哪有村庄，哪有公路均有詳細的記載，遺憾的是江對面蘇聯境內的地形卻不知道。

萬事具備，只等我身體復原就可以行動了。

一天，我感覺好多了，剛剛從火炕上爬起來，三個大漢來到表姐家。他們和表姐夫大聲說笑，讓他交公糧，表姐忙著燉小雞，炒菜做飯熱酒，他們拉我和憲弟一起喝。表姐說我和憲弟是他的表弟，這次過來做點小生意。其中一個穿皮夾克的大漢是村長，他問了我一些生意上的事，憲弟和他乾了幾杯後開始稱兄道弟面紅耳赤，他們把吃剩的骨頭扔在地上，看著狗和貓搶著吃。

村長問我：「生意怎麼樣。」

我告訴他，賠了。但老本還在。

村長笑笑，扔我一只「紅梅」煙，他把杯中的酒喝乾，朝我亮了底說：「有老本就不怕，常言道，留有青山在，不怕沒柴燒！」

於是，大家慢慢地喝酒，點頭附合。

直到喝到掌燈，人人都喝得舌頭硬了，村長才帶著另兩個人回家。

表姐夫去送村長，回來後把門掩上，緊張地告訴我們：村長認出了我，我的通緝令就放在村委會的桌子玻璃板下。他說村長是他的鐵哥們，人又講義氣，不會出賣我的。村長只是提醒我們注意，昨天下午村里開會，市公安局來了幾個人，說是我可能逃到A市農村，要求各鄉清查，讓我們注意點，別出事……。

我感到危險在逼近，決不能在邊境出事，這要給憲弟和他表姐家帶來災難的，我決定今天午夜之後過江。

一片反對聲。理由是我身體還未復原。

我急匆匆拿起筆，腦海裡浮現妻子和女兒的臉。我給她們每人寫了一封信。算是留給她們的遺書。我給女兒的信是這樣寫的：

雪兒：

今天是妳兩周歲的生日，爸爸祝你生日快樂！平安健康！爸爸本來想在昨天就給你寫這封信，由於情勢險惡，爸爸緊急轉移了，今天看來還安全，爸爸拿起筆來與你長談。

在我的面前，擺著你的一張照片。那是你媽媽在今年二月二十四日你剛滿十五個月的時候拍的。照片后面有你媽媽的題字：「雪兒十五個月，早早起床好精神！」照片上的你眞是一個美麗的小天使！你躺在大床上，伸著舌頭頑皮的微笑，翹翹的小鼻子、胖胖的圓下巴，圓圓的臉像是熟透的紅蘋果……「這張照片是你媽媽寄到北京大學的，爸爸的同學們都說雪兒是一個小美人。爸爸聽了好開心！

自從爸爸和叔叔阿姨們走向天安門廣場到現在，你的這張照片始終放在爸爸的貼身衣袋裡。當爸爸在絕食餓昏后甦醒過來時，看到你那迷人的微笑心裡有多麼甜美啊！爲了雪兒、爲了你們這一代人比我們幸福，爸爸可以忍受飢餓、甚至流血犧牲。你現在還小，和你談這些還爲時過早，但你終會長大成人，到那時你會理解我們的。

「六四」是中華民族的悲劇，獨裁者竟動用了幾十萬軍隊對手無寸鐵的人民開槍。然后，他們動用他們掌握的輿論工具，將這場民主運動說成是「反革命暴亂」，但是，墨寫的謊言掩蓋不了血寫的事實，終有一天，人民要清算這筆血債的。

今年六月十三日，獨裁者向全國通緝了爸爸和其他二十名叔叔阿姨，有的叔叔阿姨被捕入獄，有的叔叔阿姨逃到了國外。爸爸沒有走，也一直不想走，爸爸捨不得這塊生我養我的土地，也捨不得我的雪兒啊！

在這半年多的逃亡生活裡，爸爸每時每刻都有被捕殺的危險，中國鐵路公安局長下令，一旦發現爸爸，可以當場擊斃。爸爸現在十分危險，我甚至不知道能否安全地寫完給你的這封「遺書」……

窗外飄著雪花，世界潔白一片。望著飛舞的雪花，我想起了兩年前的今天……那一天傍晚，我在醫院的走廊裡焦急的等待，等待一個新生命的誕生。

那一天，窗外也飄著這樣的雪花，於是，你來到了這個寒冷的世界，哭得嘹亮，像吹響了進軍人生的號角！當醫生張阿姨把你交到我的手裡時，我被你震撼了！你是那樣的弱小，弱小的令人心痛！當你進入我的懷抱時，你不哭了，兩只黑黑的眼睛一眨也不眨地看著我，於是，我知道了我的責任……

我親吻了你的小臉蛋，發誓讓你幸福快樂地長大成人，像小樹一樣茁壯，像雪花一樣純潔，於是，爸爸媽媽爲你取了「雪兒」這個名字，你能理解我們的祝福嗎？

當時，爸爸是一個窮記者，媽媽休假沒有工資，經濟不很寬裕。每天夜裡，爸爸都要寫作到深夜，爲了賺些稿費來給你買營養品。每個月，爸爸媽媽精打細算，把你的奶蛋買全后，剩下的一點點錢就是爸爸媽媽的菜金。你媽媽沒有奶，每天夜裡你都要吃七、八次奶，爸爸媽媽輪流睡覺，爲了讓你能吃好。第二天爸爸還要起早上班。爸爸媽媽消瘦下去了，可是雪兒卻一天天的長大，我們心裡多甜美啊！

不久，爸爸考上了北京大學，那是爸爸少年的夢想。上學后與你在一起的時間少了，但爸爸每次回家你都有新故事。你會爬了，開始牙牙學語，爸爸寫作時，你常坐在爸爸的懷裡，在爸爸的紙上寫呀畫呀，你喜歡書，常常一個人拿著爸爸的書翻呀看呀，好像眞的會讀似的，看著你，爸爸好滿足！

可是，這一切都被獨裁者的血腥鎭壓摧毀了。有許多的叔叔阿姨和爸爸一樣不能回家，有許多的叔叔阿姨被捕坐牢，還有許多叔叔阿姨已經獻出了鮮血和生命……多少幸福的家庭妻離子散、家破人亡！爸爸也回不了家，見不到我的雪兒……

雪兒，爸爸要走了，走到很遠很遠的地方去，風雪很大，路很遙遠，爸爸是堅強的，不怕風雪，但是爸爸牽掛著你啊！今后的日子，你和媽媽相依爲命，日子多是艱難困苦，你從此失去了父愛，你注定要比其他孩子多品嚼生活的苦澀，爸爸對不起你，原諒這個不稱職的爸爸吧……

當爸爸即將告別這個苦難而又難捨難分的祖國的時候，多想親吻我的女兒，和你道一聲再見……

雪兒，你知道嗎？這封信也許是爸爸留給你唯一的遺物，等待爸爸的也許是死亡，也許是終生坐牢或長久的與你分離。

如果爸爸死了，每年春暖花開的時候，你爲爸爸採一簇小花放在爸爸的照片前，那樣，爸爸會和你心心交流，保佑你的平安，給你生活的勇氣。

如果爸爸沒有死，我們父女就會有相聚的那一天。爸爸期待著那一天，與我的女兒相聚，與你的媽媽團圓，雪兒，堅信吧，這一天終會到來的！

再見吧，我親愛的雪兒。聽媽媽的話，長大了好好讀書，等著爸爸。

永遠愛你的爸爸

一九八九年歲末

寫於逃亡路上

寫完信我翻開日曆，明天是十二月二十五日，聖誕節，日曆下面寫著：不宜旅行。

然而，我決定——走！

表姐看勸不下我，便開始和麵，切成寬寬的麵條，她說，要走也要吃碗她的寬麵，吃過後會路寬、心寬。

表姐夫一聲不吭蹲在地上，把我的皮包裝進一個尿素口袋，然後用麻繩繫成背帶。

憲弟把我寫給妻子和雪兒的「遺書」放在內衣口袋裡，淚水流了滿面。

大家誰也不睡覺，都在陪我聊天，大表姐夫說鄧小平活不長久的，勸我想開點，想法子活下去，他說他明天也去買部有短波的收音機，這幾天聽我收音機裡的ＢＢＣ聽得上癮了。他說，中央台的廣播聽了上句就知道下句說什麼，而ＢＢＣ不是這樣，儘說一些中國人不知道而又發生在中國的事情。

我於是把我的收音機送給了他。

半夜十二點鐘，表姐開始煮麵，我們就著辣醬，醃黃瓜唏哩糊嚕吃了起來，表姐端上晚餐剩的菜，我和憲弟，表姐夫乾了幾杯白酒。而表姐則在一旁爲我禱告，她是一個基督徒。她說她常常走幾十里山路去教堂做禮拜。一本聖經用紅綢布包著，她一字不識，但卻能背下許多章節。

我已經酒足飯飽了，表姐又爲我盛了一大碗。還用圍裙邊擦眼淚邊說：「兄弟，多吃點，想開點，主耶穌會保佑你的，我天天給你禱告。」

不信基督的表姐夫說：「有什麼用？唸佛似的。」

表姐不服：「你是罪人，你不懂！」

驀地，村西傳來了一陣狗吠聲，接著全村的狗像是被傳染了似的都狂吠起來。隨著狗叫，有人在敲門，聲音急促。

表姐喊：「誰呀？三更半夜的。」

一個女人的聲音：「大姐，是我，快開門！」表姐出去了，那女人和她說了幾句便急匆匆走了。

表姐跑進屋告訴我們：「警察和民兵進村了，挨家查戶口、查生人。」憲弟把酒杯一摔：「媽的，一定是村長告的密，看我給他放把火，燒死他兔崽子。」

我說：「別慌，咱們立即就走！這事和村長沒關係。」憲弟穿上皮大衣：「明擺著的，他走了，警察就來了。」表姐夫說：「不可能吧，他和我是多個腦袋差個姓，親兄弟一樣，不會的。」

我告訴他們，如果是他告的密警察就不會按慣例從村頭挨家搜查了，他們會直接包圍我們家，大家一個也跑不掉。

我穿戴整齊，表姐夫背上我的旅行袋，憲弟拿起手電筒，我們迎著寒風走出溫暖的小木房，走出狗吠聲聲的邊境小村庄。

天氣眞冷，但卻一片星光……

7

一九八九年十二月二十五日凌晨四點整，我佇立在黑龍江邊。黑龍江上的積雪有一米多深，冰排起伏，猶如冰浪滔天。過了這條江就是戈巴契夫領導的蘇聯了，而蘇聯正在改革，和西方國家的關係也在逐步改善，重要的是蘇聯的領袖戈巴契夫對天安門的鎭壓「深表遺憾」。這給我以自信：他們會秘密將我引渡給西方自由世界國家的。

幾個小時的急行軍使我們有些精疲力盡，憲弟一屁股坐在雪地上，用棉皮大衣擋住風頭點了一支煙。大姐夫搶下來扔掉：「這是什麼地方，還敢抽煙！」遠處是一個高高的邊防軍觀察哨，那觀察哨是一個高幾十米的木架子，架子頂端飄揚著中國的五星紅旗，但是那紅旗風吹雨淋顏色已褪，像是一面白旗在風雪中忽啦啦的飄。不知爲什麼，我眞想提醒那個邊防部隊換一面新旗，但這個念頭只一閃。我還有這個權利嗎？獨裁者已經把我列入這個國家的頭號敵人之一，而我卻是伴著這面紅旗長大。，過去，每次路過天安門廣場都要在五星紅旗下激動不已，一種莊嚴而又自豪的情感會在心頭蕩漾，令我熱血沸騰。而今天在國境線上，一個「叛國者」面對那面褪色的五星紅旗心頭湧上難以名狀的情感，那紅旗下的哨兵的高倍望遠鏡在我過江時會隨時發現我，他會向我開槍讓我把血流盡在中國境內。而我卻對著祖國那片生我養我而現在又要吞噬我的土地充滿了無限的眷戀。我緩緩地跪下去，對著南方，對著北京，對著我的雙親、妻子和女兒。我說：「媽媽，我走了……我不會給您丟臉……。」

我哭了。自六月四日凌晨我在天安門廣場民主大學的講台上看到軍人和坦克衝進那神聖的廣場時我流過眼淚後，這半年來多少苦難，多少痛苦都沒能使我流淚，而當我就要逃離危險投奔自由時，卻怎麼也抑制不了自己的感情。親愛的祖國，能理解我嗎？

憲弟也跪在雪地和我相擁痛哭，表姐夫則安慰我：「快走吧，留有青山在，不怕沒柴燒，現在你有家不能奔，有國不能投，總有一天……只要活下去……」

星星開始隱退，東方灰朦朦的，天快亮了。

表姐夫催促我：快走吧，天快亮了。

我站起身來，對憲弟說：「如果你四嫂要離婚，讓她把雪兒交給我父母撫養，你說，這是我對她惟一的請求。」說完，我頭也不回地奔上江面。

江上的積雪齊腰深，比我想像的要難走的多，每走一步都要付出很大的努力，我必須儘快越過江中那兩國交界線，這樣才能脫離邊防軍的射程範圍。

但願邊防軍的哨兵在瞭望塔上睡著了。

四個小時後，我終於逃到了蘇聯。

當我踏上蘇聯國土時，一輪又紅又大的太陽已從地平線上升起，白樺樹、松樹和火紅葉子的柞樹在陽光下更顯出俄羅斯的風味。沒有路，展現在我面前的是美麗的樹林，皚皚白雪以及雪地上被野獸踏出的小路。

早晨似乎是被凍僵了，沒有一點聲音，靜得令人恐怖，我拿出憲弟給我的菜刀。現在威脅我的已不是中共的警察和邊防軍了，而是野狼和黑熊。在這野狼和黑熊出沒的山林中穿行是十分危險的。我於是沿著江邊走，方向是東，哈巴羅夫斯克（伯力）就在那個方向。

中午，我終於發現前面有建築物了——一個高高的大架子，據我所知，中蘇邊境兩國都陳兵百萬，一般來說，中方有瞭望哨或邊防軍，蘇方也同樣會有，由於大病剛癒，體力尚未完全恢復，而昨夜的急行軍和今晨渡江已使我精疲力竭了，無人的恐怖使我變得更現實了，一切，靠我的體力和蘇聯邊境的情況恐怕我很難走到哈巴羅夫斯克，後來我才知道，蘇聯邊境五十公里之內根本就沒有居民。

當我艱難地走近瞭望哨時才發現，那個瞭望塔是在黑龍江中國那面，而蘇聯這面根本沒有。

我失望地繼續往前走，樹林中經常突然飛起一隻野雞或跑出一群野鹿、兔子、使你驚嚇一下。

天色漸暗下來，鵝毛般大雪從天而降，起風了，而且愈刮愈大。我發現遠處似乎有一幢房子，想奔房子去，也許會找到人，但是大風吹得我寸步難行，我雖然生長在黑龍江，但是這麼大的風雪還第一次見到——風捲起雪幾分鐘之內便可旋成一座房子高的雪山。這在黑龍江邊被稱爲「大菸炮」，十分可怕的，它常常把敢向它挑戰的獵人吞沒在大雪中。

突然，我在江邊發現了一個暗哨，暗哨建在低矮的灌木叢中，有些像中國的地堡，但卻是用木板建的，上面披著草綠色的僞裝，我跑過去避風，暗哨內已有很厚的積雪，幾個子彈箱和罐頭箱堆在一角，面對中國方向是瞭望窗，我站窗前望了望，江面全是開闊地，視角較佳。我把蘇軍的子彈箱拆了，在瞭望哨裡點火取暖，吃點乾糧，但好景不長，幾個小時後，大煙炮捲來的積雪已把這個瞭望哨埋住了，我不得不從瞭望窗爬了出去。

去哪兒呢？

逆風走已是寸步難行，順風走是今天走過來的路，沒有村鎮，沒有人煙。我突然想起剛才見到的那幢房子，現在雖然看不見，但我記得它在我經過方向的北面，路程也就只有兩公里左右。我別無選擇，只好奔房子方向找去。好在是順風，我被大風捲得幾乎飄起來。

一個小時後，天色全黑了，我看了看手表，北京時間下午四點整。我終於爬近了那幢「大房子」——那是一個碩大的棚子，用十幾米高的鋼筋支撐著鐵皮棚的裡面，堆滿了用機械打成大包的草，這一定是集體農莊的農民在秋季打的，爲牛羊過冬的草料。十幾米寬、近百米長的大棚子是草包堆到了十幾米高的棚頂，我走進棚子，風雪相對棚外減弱了許多，我一頭倒在草包上，再也站不起來了，兩條腿就和斷了一樣的疼痛。渾身的汗水隨著我的困盹變得冰冷，我在難耐的寒冷中打著哆嗦。兩隻眼皮上下打架，但我的意識告訴我，此刻，如果我睡過去，就有被凍死的可能。

驀地，附近的山林中傳來了野狼的嘯聲，那聲音像是啼哭的嬰兒，令人心煩意亂，毛骨悚然。野狼似乎很多，我的東南和東北兩個方向都傳來狼哮，而聲音也似乎越來越近。我連忙掙扎站起來，解下背在身後的背包，掏出火柴，我想點火，這樣可以安全一些，也可以暖一些。但問題是點火又不能在棚內，這樣大的風雪一不小心棚內的草就會全被點燃。

我拉起一捆草包，想把它立到棚邊順風的地方，但草捆太重，而我又疲憊不堪，勉強拉到棚外，但草捆立刻就被大雪蓋住，我無法點燃火柴，風太大。孤獨、恐懼、寒冷，無助和黑暗把我包裹在荒無人煙的雪夜裡。我不知道我能否活到天明，如果野狼開始襲擊我。我也不知道能否找到村鎮，我的兩條腿已經失去了知覺。我從懷裡拿出妻子和女兒的照片，她們仍在向我微笑。那種撕心裂肺的思念強烈地注入我的血液，我似乎聽到女兒在喊叫：「爸爸，你要活下去……。」

我喝了幾口酒，酒精使我覺得不再那麼寒冷，腦細胞也在酒精的刺激下活躍起來，我的心情似乎開朗起來。周圍的一切也似乎變化了，我藉著火光看見附近的白樺樹像是美麗的白衣少女，而柞樹則像是火紅熱烈的俄羅斯姑娘在跳舞，林中不時傳來的野狼嘯聲也似乎成了美妙的音樂。它使我想起了生命，我不再孤獨，因爲在這個風雪夜我們同命相憐……。

突然，我看見十幾米外有人走過來，但火光一暗那人又不見了，我拿起菜刀，艱難地走過去想看個究竟，那人突然被風吹得飛了起來，我走過一看，原來是蘇聯農民掛在鐵絲上的一條破毛褲，在風雪中孤嗒孤嗒地摔打著。我把它從鐵架上解下來，套在已經麻木的腿上，然後走進大棚，用菜刀砍開幾個草捆，鑽了進去。身上的汗水很快結成了冰，我上下牙不住的抖顫，人開始發高燒，我知道，在這寒冷的西伯利亞暴風雪之夜，我活不到天亮的……。

我突然想起臨行時姐姐對我說的話：「孩子，你要禱告，耶穌會幫助你。」

我雖然還不信，但眞的開始禱告，反正也沒別的辦法了。

我向主耶穌禱告、求神保佑我的父母、妻女、也保佑那些被捕坐牢的同學。我說神啊，如果你存在爲什麼不讓我死在天安門廣場，卻讓我死在這荒無人煙的大雪原？我跪了下來，向神訴說我的乞求：「主啊，你說你是『道路、眞理、生命』，我求你給我尋求眞理和生命的道路吧。」

就在我昏迷之際，一道大光照進黑暗，我頓時溫暖極了。我睜不開眼睛，但一個聲音說：「張伯笠，你死不了，你要爲我的名奔走。」

我匍匐在地，說：「主啊，如果你讓我活過今天，我就爲你所用，決不反悔。」

就在那一刻，我成了耶穌的信徒。

大光消逝了，只有怒吼的大風雪在草原上肆虐。在這攝氏零下四十多度的風雪之夜，我把我交給了上帝，在這耶穌誕生的聖誕之夜，風雪把我掩埋了……。

第十四章

KGB的鐵窗

1

當我醒來時，已經是第二天下午，我發現我正躺在一個黃頭髮藍眼睛的俄羅斯青年的懷裡。幾十個高大的蘇聯人圍著我，那抱著我的青年正在把熱水瓶裡的熱咖啡灌進我的嘴裡，他不停地呼喊著：「打瓦力西！打瓦力西！（同志）」當他們看見我睜開了雙眼後說了一句：子拉特烏西（你好）時，竟興奮得把帽子抛上了天空歡呼。

我發現，我的背包已被他們檢查過了，妻子和雪兒的照片正在十幾個俄羅斯男子漢的手中傳著看，他們叼著香煙，大聲地喧嚷。似乎在爭論什麼。一個滿臉鬍鬚的看似是領頭的人把照片還給了我。我告訴他，那是我的女兒和妻子。他說，他們也是這樣判斷的。我在中學時，中蘇兩國正處於一觸即發的對峙狀態。黑龍江省所有的學校都學俄語，我學過兩冊，但都是：繳槍不殺，我們優待俘虜；人不犯我，我不犯人，人若犯我，我必犯人，或一不怕苦、二不怕死之類的，現在用不上。不過，我帶了一本俄中對照小辭典，勉強我們相互能夠表達各自的感情。

大鬍子蘇聯人告訴我：他們是一個集體農莊的人，他們來拉牛草，在被大雪覆蓋的草堆裡刨出了一個人，當他們把我從雪裡扒出來時，發現我還活著。他說他用的鐵齒只刨到了我的腳，把褲子拉破了條大口子，他說如果刨到我的頭後果會很糟糕。他告訴我他知道我是中國人，但不知道我爲什麼要偷渡過邊境：「你有那麼漂亮的女人和女兒，這是爲什麼呢？」

我告訴他：我是北京大學的一名學生，組織和參加了八九民運，六四屠殺後，被中共公安部通緝追捕，從北京逃到了這兒。

那個抱著我的俄羅斯青年做了一個掃射的姿勢向我：「鄧、小、平——嘟嘟嘟嘟……？」我點點頭。他突然抱緊了我，我發現，從他那碧藍的眼睛中流出兩行淚水，他伸出大姆指不停地向我揮動，並且用快速的俄語向他的伙伴喊著什麼，他顯然很激動。他的淚水像是一股清泉湧進了我的乾涸的心田，我發現，他們都知道中共的暴行，而感情是站在我們一邊的。

大鬍子還告訴我，他們一個月才來邊境拉一次草。他說：如果他們不來就不會把我從雪裡扒出來，那我就會被凍死，他說，這都是上帝的安排，他說，我不懂蘇聯邊境的情況，蘇聯規定，靠近阿穆爾河（黑龍江）一百里路程內是不能有居民的，當時主要是防備中共的入侵，所以，我是走不到有人的地方就得凍死。他告訴我：他們決定把我送給軍方：「我們沒有別的辦法可想。」

我同意了。我別無選擇。

我想站起來，但除意識清醒外，兩條腳似乎是不屬於我自己。

那高大而英俊的俄羅斯青年抱起我，走到一台拖拉機前，把我扶上駕駛室。十幾輛拖拉機的拖車上裝滿了金黃色的草捆。俄羅斯青年摘掉拖車，另一個農民讓我靠在他的懷裡，拖拉機開動了，又寬又大的輪胎在雪原上滾動。風停了，雪住了，太陽照射在雪原上，白雪皚皚閃動耀眼的光，他們兩人各自載上墨鏡。我也打開背包，尋找我的墨鏡，但當我的手觸到了包裡的香煙時，我忙喊停車。俄羅斯青年把車停了下來，我拿出兩瓶高級高梁白酒和一條「萬寶路」香煙，從車上扔到和我再見的俄羅斯農民的面前，大聲呼喊著：「達斯維大里——（再見）」。

車下也響起了一片喊聲：

「達斯維大里——達斯維大里——」

我心頭一熱，淚水湧上了眼簾……

主耶穌，是你救了我，我值得您如此的愛嗎？

2

拖拉機開進了一座邊防軍營。

高高的瞭望塔下一幢白色的樓房，碩大的列寧畫像聳立在樓旁，路邊的板報上畫著戈巴契夫的肖像，一小隊蘇軍從樓房裡跑出，高筒皮靴踏著積雪的路面發出嘎嘎的聲響。

一個上士示意拖拉機停下，俄羅斯青年跳下車和他急促地講些什麼，他向後面的士兵擺了一下頭，兩個又高又壯的蘇軍士兵把我從駕駛座中扶出去，背進白樓。上了二樓後，他們把我放在一個長條的木椅上，那上士走進來拔出一支鋒利的刺刀，割斷我的鞋帶，幫我脫掉了已和腳凍在了一起的棉質旅遊鞋，襪子已和腳緊緊地粘在了一起，他脫不掉，便又找了一把大剪刀一點點剪掉我的襪子，那俄羅斯青年端來一盒白雪，把我的腳放在白雪中，他用雪拼命地爲我搓著腳。那蘇軍上士坐在一張木椅上，點燃一支香煙，手裡把玩著匕首，兩隻藍眼睛在監視著我。

我的腳放在雪盒中猶如放進了溫暖的棉絮裡，隨著俄羅斯青年的揉搓，我慢慢地感覺到了雪的冰冷。那上士和我說了一大堆話，我只聽懂了幾句，他是說：「不用雪我的腳要凍壞。」然後做了一個用匕首割自己腳的動作。

當我的腳已現出紅潤，而換過幾盆的雪也開始融化後，上士站了起來拍拍俄羅斯青年的肩，告訴他跟他去餐廳吃飯。他們走後，兩個蘇軍士兵站在了門口。我拿出煙給他們，他們搖搖手，但卻從自己衣袋裡掏出煙卷點燃。一股濃烈的劣質煙草味開始在暖融融的房間裡瀰漫。我想扶著椅子站起來，努力了幾次都失敗了，那個青年士兵走過來扶了我一把，我終於站起來了，並試圖慢慢地活動一下手腳。

沒有人來審問我。

他們正在仔細地檢查我的背包。並向我索取能証明我身分的文件。我給了他們一張《光明日報》。那是一九八九年六月十三日的報紙，上面登載著我們二十一名「高自聯頭頭」的通緝令和照片。除此之外，我再沒有可以証明身分的文件了。

下午一點鐘，兩個士兵把我扶進了餐廳。一個亞麻色頭髮的炊事員正在為我忙午餐，他一副快樂的模樣，不一會為我端上一大盤番茄湯，一盤牛肉和一盤鮭魚。他坐在我的對面，一面喝著蘋果水，一面笑咪咪看著我，看我只吃了一塊麵包，而奶油一動不動，他便又跑進廚房，為我炒了一盤米飯，我實在沒有食慾，但是為了不致於讓他失望，我大口大口地吃完了一盤飯。他高興極了，又給我倒了一杯紅茶，並放進兩大匙白糖。我想，邊防站的食品大概要比蘇聯民眾好的多吧？為表示對他的感謝，我給他一支煙，他看了看，點燃後吸一口連聲說好，我告訴他，那是美國煙，他忙掐滅了。我問他為什麼，他說他要回宿舍去抽，讓炊事班的小伙子們都能嘗到美國煙的滋味。我從衣袋裡把這包剛剛啓開的萬寶路送給了他，他臉紅了，一個勁兒推辭，我告訴他我還有很多，送給他是讓他戰友們嘗嘗。「美國的煙很好！」他用俄語說著，然後把煙揣進上衣口袋，謝過我後他才把那吸了一口的香煙重新點燃，有滋有味地吞著煙霧。

上士打開了餐廳的門，把我帶進了一個很大的辦公室。辦公室的正前面墻上掛著一幅碩大的戈巴契夫的標準像，像片下面的寫字台後坐著一個年輕的軍官，筆挺的呢制軍服使他顯得很英俊，從他所坐的位置，我猜他一定是這個邊防站的最高首長了，他肩章上的一杠三星告訴我他只是一個上尉。

上尉示意我坐在他對面的沙發上，他指著頭上的戈巴契夫問我：「他，你認識？」我告訴他：「我認識他但他不認識我。」

上尉笑了。向頭上伸了伸大姆指說：「他很好，比鄧小平好，你同意嗎？」

我說：「我同意。」

上尉站起來，把擺滿他桌子上的我的東西收起來，把証明我身分的《光明日報》也還給了我，然後問我想不想喝點咖啡。我告訴他我想睡覺，如果他不審問我。他說：「睡覺不行，我們在等人，我要把你交給他們。」

下午三點多鐘，我們等待的人終於到了，兩個身材高大的軍官走進了邊防站長辦公室，上尉站起來向兩人敬了禮，兩人還禮後走到我面前，和我握握手，年紀大一點的是一位上校，後邊的是一位少校，不僅年輕，而且有些像是亞洲人。他說，他是翻譯，我們可以先坐下來談。

上校用急促的俄語問話，我只能聽懂幾個單詞，少校爲他翻譯。

問：「你是張伯笠？」

答：「是。」

問：「除此之外還有什麼可以証明你身分的文件嗎？（他指著《光明日報》上的通緝令）」

答：「沒有。」

問：「你到蘇聯的目的？」

答：「要求貴國出於人道將我引渡到西方。」

問：「爲什麼不要求在蘇聯政治避難。」

答：「我不想影響兩國剛剛恢復的正常關係，況且蘇聯並沒有強烈譴責中共的六四屠殺。態度曖昧。」

問：「準備去哪國？」

答：「美國或法國。」

上校不再問了，他用俄語和翻譯說了些什麼，然後拿起邊防站的電話。這時，我和翻譯點燃香煙，慢慢聊起了天，他告訴我，他是在哈巴羅夫斯克師範學院中文系畢業的。他並沒去過中國，但我很驚奇，他的中文發音很準確，沒有外國人那種「怪味」。

上校放下電話走過來：「張伯笠同志，我們需要換一個地方。」

3

越野吉普車在積雪的草原上津津有味地走著，十幾分鐘後，我們上了公路。在車上，上校隨便問一些天安門廣場的情況。

一個小時後，我們的越野車開到了一個大門前，大門的兩側是綿延不盡的鐵絲網，兩個身穿軍呢大衣的士兵抱著衝鋒槍查驗了上校的証件，然後敬禮讓車輛開進大門。進大門後才駛上真正的公路。

我問翻譯，這裡面是軍營嗎？

翻譯笑了：不是，這裡面是蘇聯。

我恍然大悟，這就是早晨救我的集體農莊的農民告訴我的「邊境」，這道鐵絲網綿延數千公里，從鐵絲網到中蘇邊境有五十公里，而這五十公里是不能有居民的。所以說，進了這道由蘇軍警衛的鐵絲網才算進了蘇聯，我發現，蘇聯的邊境比中國的邊境要嚴格得多。

公路愈行愈平坦，兩側的村鎮也出現了。在公路兩側，車燈的餘光中會出現頂著雪花急急行走的老婦人，她們穿著厚厚的皮大衣而下面卻穿著裙子。

我們的「吉爾」越野吉普車在公路上行駛了近六個小時才駛進一個城市。火車的吼叫和飛機的轟鳴告訴我，這是一座很大的城市，我判斷它應該是哈巴羅夫斯克或是比羅比詹。當我問翻譯時，翻譯說：「對不起，現在不能告訴你這個城市的名字。」

吉普車駛進了一個很大的院子，那像是一座學院，但操場上在雪地上跑步的幾百名士兵告訴你那不是學校而是軍營。燈光下，士兵們大衣的下擺隨著身體而掀動，亮亮的刺刀在燈下閃著寒光，這使我聯想起看過的蘇聯電影《列寧在十月》中起義前的一串鏡頭。

吉普車在一座八層大樓前停了下來，那是一座白色的現代化建築，建築物前面的標誌告訴我，這就是著名的克格勃（KGB）部隊在遠東地區的一個總部。

在北京大學讀書時，也曾在圖書館閱讀過關於KGB內幕的書，這是一個令人聽後毛骨悚然的組織，斯大林和捷爾任斯基曾利用它殺死過多少人大概誰也算不出精確的數字。人們把它和屠殺、恐怖、無情、詭秘聯繫在一起。

而此刻我的命運已掌握在KGB的手中。

他們把我架到一個地下室，在一個審訊室中他們讓我脫掉所有的衣服，然後換上他們的一套囚服。一個醫生給我做過簡單的體檢，包括體重、血壓、身高、然後拍了各種角度的照片。

翻譯把我帶進一個沈重的鐵門，一個走廊裡站著四個又高又壯的青年士兵，他們向翻譯敬了禮，打開了一側小鐵門。

翻譯先走進去，然後士兵把我扶進去，這是一個有八平方米的房間，正面墻上有一個方方的鐵窗。

「這是牢房？」我問。

翻譯臉上現出一絲尷尬，「這是你休息的地方。」他沒有正面回答我。

我仔細打量了一下，昏暗的燈光下一張小床，小床上的白床單和毛毯使你覺得這更像是病房，鐵窗下一張小桌子和一把椅子，床和桌椅統統固定在地板上，除此之外，室內再無其他東西了。

翻譯拍拍床：「你可以好好睡一覺，這裡很溫暖！」

室內的暖氣燒得太熱，使只穿一件單衣的我有喘不上氣的感覺，這和昨天夜裡在大風雪中的感覺截然不同，那時，我把生命交給了上帝，然而是自由的，現在我把命運交給了人類，卻成了不自由之人。

跟著感覺走吧！我安慰著自己。

4

門外開鎖的聲音使我從睡夢中醒來。照例，士兵端來早餐，放在桌上後把門又鎖上了。鐵窗的上方射來一絲光亮，告訴你：新的一天到了。

這幾天每天照例被提審，多次是一位個子很矮的少校，他有一雙狡黠的灰眼睛，而且喜歡一邊問我問題，一邊從我的煙盒裡掏煙抽。他經常突然問你一個刁鑽的問題，然後眯著眼睛觀察你的表情。

昨天的審問中，他突然冒出這樣一句話：「你應該說實話，中國派你到蘇聯幹什麼？」

我疑惑地看著他，他擺出一副胸有成竹的樣子：「不錯，我們有可靠的情報和足夠的證據證明，你不是張伯笠，眞正的張伯笠在北京被捕，關在秦城監獄，而你不是，你是假的，你究竟是誰，來幹什麼！」

我不理他，看著他不停地揮動著拳頭，覺得他挺滑稽，我說：「我不是張伯笠？那我是誰？」

他逼進我：「你是誰，這正是我們需要合作才能解決的問題。」

我說：「如果我不是張伯笠，我也不知道我是誰了，抱歉，你能告訴我我是誰嗎？」

他臉色陰沉：「我會把你送給中國公安，讓他們幫助確定你是誰，我不喜歡你的幽默。」

我點燃一枝煙：「這個你決定不了，你不用嚇我，你知道我不怕你威脅。」

有一天，他擺來一個很大的彩色電視機。他告訴我那是他們蘇聯產的，效果極佳。我不敢苟同他，那大電視機樣子很醜，而且圖像效果也不太好。

他們給我放一部片子，是中國駐莫斯科大使館提供的：「北京反革命暴亂眞相。」小個子少校一邊放一面問我問題。

當王丹、吾爾開希、柴玲等人的鏡頭出現時他會立即停格，問我：「這個是誰？」我說：「電視裡不說了嗎？」

他說：「我問你，電視說你們是暴亂對嗎？」

我說：「不對。」

他指著群衆扔石塊的鏡頭說：「這是眞的吧？」他指立交橋下吊起的一個軍人屍體：「這是眞的吧？」

我說：「因爲他向人民開槍。」

他說：「他是軍人，他應該執行命令。」

我說：「那不是軍人，那是殺人機器。眞正的軍人也是人，他們絕不會去屠殺自己的人民。」

當我在天安門廣場紀念碑下講話的鏡頭出現後，他又定格了：「這個人是誰？」

我說：「那是張伯笠。」

他突然眼睛一亮：「你認識他？他現在在哪？」

我點燃一支煙：「他現在就坐在你面前，少校同志。」

他也從我的煙盒裡拿出一枝煙點燃：「目前還不能最後確定。」

慢慢地，我已經可以下床自己走路了，嘴上的水泡已經定疤，而且每天夜裡可以洗個熱水淋浴。他們給我的餐飯還算不錯，每餐四個菜一個湯，一杯紅茶。馬鈴薯是每餐都有的，其餘的是牛肉、魚肉和豬肉，青菜則很少，偶爾也有雞蛋。我吃不慣奶油，但每餐都有，後來我發現在士兵端走我吃剩的餐盤時，他們把奶油裝進紙袋或塑料袋留著自己吃。我知道，他們沒有我的伙食標準高。

走廊裡的四個士兵兩人一班輪流值班。我常常給他們煙抽，也抽他們的蘇聯煙。一個大個子士兵問我去過少林寺沒有，我說去過，他問我會不會武功，我嚇唬他說會一點，沒想到他很緊張，告訴我，千萬別想逃跑，他拍拍腰：「我們會開槍的。」我告訴他，我沒有要跑的意思：「這裡有吃有喝還可以洗熱水澡，我幹嘛要跑？」他明白我的意思後朝我伸了伸大姆指。

經常和我在一起的軍官除兩個少校外，還有一個上校，他很年輕，個子高高的，皮膚卻有些黑，似乎不是斯拉夫人。他很客氣，相比之下，那個看上去比他年齡還大的少校則很討厭。那個去邊防站接我的少校翻譯則每天都和我在一起，我們談得很投機。他們是不告訴我名字的，我於是給上校起了個名字叫「伊凡諾維奇」，給少校起了個名字叫「狡滑諾夫」，翻譯則免了。

一天早晨我剛吃完早餐，牢門開了，「伊凡諾維奇」上校和翻譯走了進來。上校說：「新年好！」竟然是用中文！

原來一九九〇年的元旦到了。

我說：「謝謝你們給我帶來這麼好的消息！」

上校很奇怪：「你不是有帶日曆的手錶嗎？」

我苦笑：「被狡猾少校收走了。」

上校說：「一會兒會送還你的。」

翻譯給我送來幾十本中文版的《蘇聯畫報》、《蘇聯婦女》、《蘇聯青年》等畫報：「挺無聊的，沒事躺床上翻著玩吧。」

上校說：「我們經過查證，已證明張伯笠沒有被中共公安機關逮捕，同時也證明了你就是張伯笠。」他說他們已經請示了莫斯科，我能否被引渡到西方要莫斯科決定。

他告訴我：「如果你同意，可以每天到外面呼吸一下新鮮空氣。」

於是，在這一九九〇年的第一天，我穿上了脫掉四天的棉衣，走出地下室。

那天陽光燦爛得炫目，過好久我才敢睜開雙眼。地下室的外面是一個只有四十多平方米的天井，四周是高高的圍墻，圍墻上是通著電的鐵絲網。四個ＫＧＢ士兵靜靜地站在鐵門旁，看著我在天井裡一圈圈地散步。

上校和翻譯與我握握手，在告別時，翻譯告訴了我一個驚人的消息：羅馬尼亞暴君齊奧塞斯庫被處決了，「人民勝利了！」他小聲說。

我太興奮了！中國的八九民運雖然失敗了，但是她所形成的衝擊波已經在東歐發生了重大影響，當時我還弄不清楚羅馬民亞人民起義的眞相，但齊奧塞斯庫夫婦被推翻總是一件大快人心的事。這會讓中國的獨裁者心驚肉跳！

我仰望藍天，一群鳥兒自由地從我的頭頂飛過，我多想和牠們一起飛，去尋找自由的天空！

幾天後，KGB一個將軍、五名上校和一個穿便衣的翻譯對我進行了一上午的審問。

他們是從莫斯科來的。

他們詢問了八九民運的全部經過。並詢問了二十一名學生領袖現在的處境。那個穿便衣的翻譯的中文好棒，如果他不是碧眼黃髮，我簡直會以爲他是中央電台的播音員。

我強烈地遣責了中共的屠殺和追捕，並希望蘇聯政府能以人道主義出發將我引渡到西方。我認爲戈巴契夫的新思維中已經提到了人道主義和人權問題。

一位年齡稍大一點的上校說：「我們已經決定將你送給中國政府。你會覺得怎麼樣？」

我回答：「我反對。」

他又說：「中國政府會槍斃你嗎？」

我說：「我不知道，也許會吧。」

他說：「你要知道，我們將你引渡給西方，中蘇兩國剛剛恢復的友好關係就會受到影響。」

我回答說：「但如果你們將我送給中國政府，如果中共的叛國罪加反革命組織、宣傳、煽動罪判我極刑，你們更會受到全世界的譴責，也會影響西方國家對你們的經濟援助。」

他很坦誠：「這正是我們的難處。」

末了，他說：「我們還需要等待，等待最後的決定。」

我回到牢房，禁食向主耶穌禱告，我相信主會救我的。

5

一九九〇年元月十日中午，伊凡諾維奇上校和少校翻譯走進我的牢房，他們把我帶到審訊室，兩人表情都很嚴肅，他們讓我換上我自己的衣服，檢查了我背包裡的物品，我發現，我帶的東西一件不少，那裡有幾十個電子表，是我準備用來換盧布用的，現在，也許用不著了。我在所有的清單上簽了字，然後輕描淡寫地問：「是要換個新地方嗎？」

他們沒有回答我，而是用厚厚的毛巾捂住了我的眼睛。只聽見翻譯小聲說：「對不起，但上級要求我們這樣做。」

我被攙扶著走出地下室，當我坐進一部車子時，車子立即發動了，我聽見車外有幾個人在和我「打斯維大里」（再見）。

翻譯解下我的「眼罩」，我看見幾個熟悉的軍官和看守我十五天的四個年輕的士兵，便伸出手去和他們一一握手，互道珍重。

吉普車開動了，我的眼睛又被罩了起來，四周一片漆黑，只能感受到熱呼呼的暖氣不斷撲來，我躺在車座上昏昏欲睡，坐在前面的伊凡諾維奇上校在和少校翻譯用很快的俄語交談著什麼。我判斷，他們要將我送給中國邊防部隊。因爲他們說到了「解放軍」這個詞。

吉普車大概行駛了六個小時後，翻譯爲我解下了罩在眼睛上的厚毛巾。天色已近黃昏，白皚皚公路邊閃過一個小鎮，幾個身材高大的蘇聯婦女穿著厚厚的皮氅在等公共汽車，那具有俄羅斯情調的木屋在車窗旁閃過。不久，吉普車開到了有鐵絲網的大門口，一個蘇軍士兵給上校敬了個禮。放我們出了門。

當我們開到邊防站時天已徹底黑了下來。上校下了車，翻譯和司機陪我坐在車上，不一會，那個年輕的邊防站長和一個上尉陪上校走了過來，後面跟著一隊穿著羊皮大衣的士兵。

上校坐進車，我被翻譯和上尉擠在車後座的中間。

上校透過翻譯告訴我：他們政府決定將我送給中國政府。上級決定由他負責此項任務。此刻，我的猜測被証實了，但我仍不相信蘇聯政府會那麼愚蠢，那一定是ＫＧＢ的決定，而ＫＧＢ一直控制在蘇聯的強硬派手中。

我冷笑一聲：「謝謝你上校同志。你的任務可以說是光榮而艱巨。」

吉普車在雪地上顚簸前進，十幾分鐘後車停在黑龍江邊。

上校拿起紅外線高倍望遠鏡向中國一方瞭望，我想，他也許是等待中共過來接我的人。

上校一邊觀察一邊說：「張伯笠先生，我們沒有通知中共的邊防部隊。我們考慮到你有那麼小的女兒……所以從人道主義出發，讓你自己回中國去，至於能否安全，看你的運氣了。」

這突如其來的變化使已經做好被暗殺或長期坐牢思想準備的我沒有任何欣喜，我反而覺得無可適從，——我回中國後該去哪裡？

我不知道。

上校讓司機關掉汽車發動機，四周很靜，沒有一絲風，天氣異常的冷。上校告訴我，中國的邊防部隊距我過江的地方有十多里路程，只要我一直過江，不會有危險的。他又說：「我希望你到任何時候不要說出你到蘇聯的事。我們也一樣，把這段經歷埋在肚子裡吧。」

我同意了。

我伸出手去：「那麼再見吧，我不知道我們以後還能不能見面，我把你當成朋友，上校同志。」

他驀地把我緊緊地抱在懷裡，他的聲音也變得抖顫：「朋友，請你理解我們，這不是我的本意，這是上級的命令……我只有祝福你安全……」

少校翻譯也抱住了我，他的淚水滴在了我的臉上，他只是緊緊地抱著我，一句話也沒說。

我說：「別爲我擔心，即使我在中國再潛伏兩年，他們也抓不到我，因爲人民站在我們一邊，他們的獨裁政權崩潰的日子不會太遠的……」

月亮出來了，又大又紅的月亮像是一個大紅火球，滾出白雪皚皚的地平線。

我毅然踏上黑龍江，堅定地走進黑暗……

第十五章

遣返中國

1

黑龍江像是一條凍僵的龍，橫臥在白雪皚皚的遠東大雪原。

江面的雪齊腰深，每走一步都要使出全身的力氣。我的身後是蘇聯，前面是中國；身後是ＫＧＢ部隊執行驅逐我的官兵，前面兩側是中國邊防部隊的瞭望塔。我必須小心地移動身體，我把厚厚的羽絨服翻過來，深灰色的面朝外，以和雪的顏色相似。

前面有一個荒島，那是一個有爭議的島，中國和蘇聯都把那島劃入自己的版圖，我必須盡快離開那寬闊的江面，跨越那黑黝黝的荒島。

坐在幾棵樹下，我才回頭向蘇聯方向望去，我以爲ＫＧＢ的官兵該開車回營了，但仍沒有動靜，我冷笑了兩聲，他們以爲我還會潛回蘇聯嗎？我發誓，當我再去蘇聯的時候，要讓他們把我當成貴賓，否則，我決不踏入這個專制國家。

可是，我的祖國比他們還專制，而且我這個被通緝的「要犯」又回到法律對我生效的國家，以後的命運是什麼樣呢？那一定會更艱難和更危險。

月亮昇起來了，風在樹梢上呼嘯，我劃了十幾根火柴，終於點燃了一支煙。去蘇聯時帶的美國煙已經吸完了，剛才要過江時，蘇聯的那個少校翻譯送給了我兩包煙，當時沒在意，現在對著煙火一看，竟然是雲南的石林牌。ＫＧＢ不許我身上留一點蘇聯的痕跡，那是怕我被中共逮捕後發現曾到過蘇聯。按他們的邏輯，我過江要不了幾天就會被逮捕，所以他們做到有備無患。

我站起來，扔掉煙蒂，我發誓，決不讓中共抓到我，我要和KGB打這個賭！

四個小時過去了，我仍然走不出這個荒島，我原想從林子中間穿過去，沒想到島上全是無邊無垠的灌木叢，任我再有多大的本事也難行一步，那些灌木互相糾纏在一起，拔不開，扯不斷的，而我正闖過島子中心，找不到返回的路，只好像條蠻漢似的使著牛勁和那個灌木及深雪鬥爭。後來我精疲力盡了，身上冒著騰騰的熱氣。癱倒在灌木叢中，那時只要有一條餓狼出現，我就成了他們的宵夜點心，但餓狼只在四周狂嘯，卻沒有到我的身邊。

我環視了四周，不知前面還有多遠才能闖出灌木叢。那種感覺就像是民間傳說的「鬼打牆」一樣，是走不出去的。我終於向大自然屈服了，我戰勝不了它。於是我順原路往回走，半個小時後我走回到我從江面上島的位置。我再不敢涉足這個黑黝黝的荒島，我沿著荒島的岸邊走，儘管雪很深，但還是比在島上「披荊斬棘」省了許多力氣。

繞過了荒島後仍然是江面。

爬過江面後仍然是荒原。

我知道，我現在已經踏入中國領土了，通緝令開始對我生效了。

我不知道公路和村鎮距離這裡有多遠。我又冷又累，最大的奢望就是能找到一個好心的人家睡上一覺。

驀地，我發現了一條十幾米寬的江叉子，兩岸是密匝匝的江柳，獐狼野鹿在江叉上走出了一條深深的小路，路兩邊是齊腰深的雪，我跳進那條窄路，像跳進了窄窄的戰壕。我猜測，這小路大半是蘇聯的野鹿踩出來的，一到落雪後，蘇聯遠東地區的野鹿便成群結隊「偷渡」到中國境內，因為中國境內盛產大豆，而蘇聯境內沒有種糧食的，牠們抗拒不了大豆香氣的誘惑。沿著這條小路「偷渡」到中國也許是最安全的。

路太窄，我不得不像時裝表演的模特兒一樣把腳走成一條直線。走了近三個小時，我仍沒發現公路或村莊。我開始懷疑我的判斷：是不是又返向蘇聯境內了？

我看了一下錶，已是凌晨三點鐘了，我離開ＫＧＢ上校他們已經十個多小時了，但卻仍沒有找到江邊的公路。

就在這時，我發現小路的前面有兩盞綠燈一閃，我頓覺毛骨悚然，直覺告訴我，我遇到了最可怕的東西：荒原上的餓狼。

我和那只餓狼相距十幾米，互相對峙著，誰也不繞路，但誰也不能前進一步。雲彩遮住了月亮，只有凍得眨著眼睛的星星把慘淡的光灑在雪地，看不清狼的表情，但我想牠一定很高興，因為這裡是牠們的世界，而我不過是一個迷路的羔羊。

我決定把路讓給牠，我跳上「戰壕」，爬上河岸，折斷一只小楊木杆，那楊木杆是朽木，只要一用力就會斷，但我舉槍似的舉著它，狼照樣害怕，我想起一句成語：「麻杆打狼，兩頭害怕」，當時眞的是這種情勢。

那狼見我讓了路，大搖大擺向前走了幾步後，又一屁股坐下了。

我原以爲牠走過去，然後我好繼續趕路，但這個無賴卻不走了，我也只好有打持久戰的準備了。我把火柴拿出來，把周圍的干樹枝集中了一堆，把羽絨服脫下來遮住風，點燃紙張，引燃了柴火。當火點起來時，那狼膽怯地向後退了幾步，我得意地點燃一支香菸。

我們就這樣對峙著，一直到天亮。我不能前進一步，牠又不肯後退一步。而我身旁的火是不能熄滅的，這逼迫我不得不手忙腳亂地去周圍檢柴草，當太陽昇起來牠大搖大擺地離我遠去後，我已累得精疲力竭了。

我在火堆旁睡著了。天黑之後，我吃了幾口餅干和雪，在夜色籠罩下繼續趕路。我走路的速度越來越慢，兩條腿機械地向前移動，我眞不想再走了，想坐下來，躺下去，永遠不再走這艱難的道路。

2

已近午夜，我終於走出了這個江叉子。前面是一片寬闊的江面，西邊很遠的地方閃著星星點點的燈光，那一定是中國邊境的一個市鎮。而蘇聯方面的探照燈光則偶爾從黑暗的天空掠過。按照我對中國邊境地區的了解，那個有燈火的市鎮也許是鄉一級人民政府所在地，不遠的附近一定會散落著一些小的村落。

果然被我猜中，在江面上走了一段路後，我終於發現了雪橇的痕跡和馬的蹄子印，就像一個在荒莽中長期生活的人看見了人類文明的燈火。我又發現了人們點火留下的痕跡。我沿著這些「文明」的痕跡繼續前行，終於有了條車轍印出現在江面上，沿著那深深的車轍印我終於走出了江面。

鵝毛般的大雪在無聲無息地飄落，陸地上的風比江面上的風小了很多，我的鬍子和頭髮上已經結滿了白白的霜，江岸上的雪雖然沒有江面的雪深，但卻很堅硬，每一步都陷很深，我已經沒有力氣了。在這樣惡劣的氣候下兩天的跋涉況且只靠白雪充飢渴使我的體力已快消耗殆盡。

突然我發現了黑黝黝的房子，屋子上面還有蜘蛛網般的電視天線，我懷疑自己看花了眼睛。定神一看，沒錯，是一個小村莊。

欣喜之餘，我又開始警覺起來，村子裡有沒有軍隊或派出所？

我靠近村子，細細地觀察，這是一個只有十幾戶人家的小漁村，村邊放著一排漁船，村子裡黑黑的，偶爾傳來一兩聲狗吠。

村東頭的路邊上有一房舍的窗子裡亮著暗淡的燈光，我蹺手蹺腳地走過去。一條大黑狗猛撲上來，在高高的籬笆裡向我示威。我不知所措，在這緊靠蘇聯的小村，每一個生人都會被懷疑是偷渡者。我擔心的正是這個。

「吱呀」一聲，門開了一個縫，一個男人向外望了望，立即想把頭縮回去。我忙喊了一聲「大哥，看狗哇。」

他開門出來，雙手捂著耳朵，走到門前看看我：「你嚇了我一大跳！哪疙瘩來的？」

我說：「跑小買賣的，藉口水喝。」

他把門開了，喝住要撲上來的凶犬，把我請進了屋。

屋裡燒得很熱，火牆下的爐子裡木頭火燒得正旺。炕上盤著腿坐著一個年輕的少婦，她正在給懷裡的孩子餵奶，昏暗的燈光下看不清她的臉，但她那印在牆上餵奶的影子使我想起一幅聖經故事的油畫。

主人請我脫掉羽絨服，讓我坐在一條白楂的木凳上，我一坐下就再不想起來了。

主人燒開了一壺水，給我倒了一滿碗，還加了白糖。我向他表示感謝，並拿出蘇聯少校送我的「石林」煙給他，他到燈下點燃，吸了一口說：「媽的，這才是正牌石林，俺前幾天買了一包石林，是他媽假貨，這年頭，啥都搞假的。」

我點頭附和，從背包裡拿出餅干給他吃，他不吃。我一邊喝白糖水，一邊吃餅干。

他問我：「半夜三更從哪來，到哪裡去？」我告訴他我是做小買賣的，賣衣服和電子錶什麼的，本來是搭車去縣城的，結果車壞了。

他說，縣城離這有兩百多里的路程，你這樣走怎麼行？

我說反正一邊走一邊賣貨，衣服賣完了，還有些電子錶。

他要看看貨。

我打開破布包，從中拿出二十多塊電子表任他挑選，那些錶是我逃往蘇聯前買的，聽說電子錶和牛仔褲在蘇聯很値錢，我當時換不到盧布，只換了一百美金，所以買了那些電子表準備逃到蘇聯境內後換麵包吃。沒想到這回派上了用場。因爲春節近了，什麼活也沒有，這個時候再說找活幹難免受人懷疑，再說，我穿的衣服也不像，逃往蘇聯前我換了一套很不錯的冬裝：牛仔褲、羽絨服和登山鞋以及絨絨帽。一看就不是農民，不過說是做小買賣的倒還很像。

這人挑了一塊電子錶，是戴項鏈的那種。他問妻子：「怎樣？」

他的妻子看了看說：「挺好的，買了吧。掛牆上挺好看的。」

主人內行地說：「這錶不能掛牆上，又不是鬧鐘。這要掛脖子上，吊在胸脯前，好看。」

他問我：「我說的對不對？」

我忙附和：「對對，大嫂要是買我只收個本錢就行了。」

那只錶我賣了他八塊錢。我把其他的表收好，暗自慶幸總算找到了一個合適的身分：賣錶的小商販。

兩大碗糖水喝下去，身子暖和多了，我的上眼皮和下眼皮開始打架，睏意來了，我有些招架不住，本想向主人要求睡一夜，但一想到這離邊境太近，弄不好會出事，所以強撐著站起來和主人告別。

主人告訴我，離村一里遠有公路可到烏蘇鎮，鎮上有旅店，睡一覺第二天可搭長途客車去縣城。

我謝了他。又開始向公路移動。公路像是鯉魚背，中間高兩邊低，路面光滑如鏡，雪被來往的車輛壓成了又硬又滑的冰，一不小心就要滑倒。公路上風很大，而我在向烏蘇鎮走時正是頂風，寒風吹得我有些喘不過氣來。但我必須走下去，沒有目的地走下去，我最大的願望就是能遇到一個不靠村莊的房子，那裡有對什麼事情都遲鈍的老人，他們能讓我躺在熱炕上睡一覺。

我正逆風雪走著，發現前邊的路旁躺著一個人，一架破自行車扔得很遠，大雪已經把他的身子蓋上了，只有頭還露在外邊，我走近他身旁，嚇了一跳，此人竟然能在這零下四十度的嚴寒中鼾聲如雷。

按我的經驗，他一定是個醉鬼，要不了幾個小時，酒力一過，他就會被凍成僵屍。

我把他推醒：「大哥，醒醒；大哥，醒醒。」

他翻身坐起，迷迷糊糊地罵：「他媽的，給錢！不夠……哥們！」

我說：「大哥，你這樣會凍死的。」

他酒有些醒了，跌跌撞撞地爬起來，去撿自行車，車子還沒扶起來，腳下一滑，人和車子都跌在冰雪中。

我忙走過去，把他拉起來，扶正車子，我說：「大哥，你是去烏蘇鎮嗎？」

他打了個嗝：「嗯哪，咱是烏蘇鎮……鎮民！」

我說：「來吧，咱們一起走吧，正巧我也去烏蘇鎮。」

他竟然會說謝謝。

3

和他一起走，我有了「安全感」。這條邊境的國防公路經常出現軍隊的車輛和巡邏的車輛，在這午夜時分一個人在邊境線旁的公路行走很容易引起懷疑，而和一個當地「鎮民」一起走則安全多了。

那醉漢拉著我跌跌撞撞地走。冰雪常把他滑倒，有時連我和自行車一起被他絆倒，經常摔得人仰馬翻。他一邊走一邊敘述，我聽明白了，他姓周，是鋼鐵工廠的工人，一個朋友從他手借了三百元錢，用了一年還沒還，眼看過年了，他老婆逼他去要錢，他去了，朋友說沒有錢，給他弄了十幾斤凍魚，就這樣兩人喝上了老白干，他心情不好，喝的多了些。

醉漢跟我說他眞不知道回去跟老婆怎麼交代。老婆很厲害，弄不好連屋門都不准他進。他和我說，他老婆常常這樣，不准他進她被窩是常有的事。今天債未討到，回家還不知道怎麼和老婆交代呢。

我安慰他：老婆就是老婆，無論她怎麼凶，還是心疼丈夫的。

他點頭稱善，又開始述說他老婆的好處，他說他原來在縣城裡有一個很不錯的工作，後來就因爲多生了一個孩子，被開除公職，注銷城市戶口下放到烏蘇鎭，言談中充滿了對過去城市生活的回憶：「那時候，星期天放假可以常帶老婆孩子看看電影，逛逛商店，現在完了。不過我老婆從來不埋怨我，她也知道，埋怨也沒啥用。」

我們邊走邊談，漸漸地接近了烏蘇鎭。烏蘇鎭靠黑龍江的一邊矗立高高的大架子，那是邊防軍的瞭望塔。一只探照燈機械地在江面上掃來掃去。

我問醉漢：「大架子上能有幾個解放軍？」

醉漢說：「媽個×的一個沒有，那些狗小子早回熱被窩睡覺去了，誰在那上邊苦熬干休的。」

儘管如此，在經過大架子下時我仍提高警惕，但是，沒有人過問我們，我們順利地進了小鎮。

醉漢問我：「大哥，要不先到我家歇歇腳，明天再趕路，天也快亮了。」

我順水推舟，同意了，心裡不由一陣狂喜，終於有一個可以躺一下的地方了。

穿過一個又一個的小胡同，我們踩著嘎吱嘎吱作響的雪進了一家民宅，那是一幢北方常見的茅草房，一條大黑狗狂吠了兩聲，當發現是他的主人回來時，忙不停地搖著尾巴跟在我們身後，他的黑毛上布滿了白霜。

屋子裡的燈還亮著，顯然是女主人在等自己的丈夫。

果然，當我們進屋時，我發現炕頭圍著棉被坐著一個俏麗的女人，她杏眼圓瞪，破口大罵：「你個挨千刀的，我還以爲你叫狼叼去了！你看看，天都快放亮了！才知道回家！」

醉漢辯駁：「錢沒要來，他說沒錢，我有啥辦法？」

那少婦罵道：「錢沒要來不會早點回家，死人吶你？這大冷天出個好歹的咋辦？我一看你那死樣子就來氣……」她突然發現了丈夫身後的我，停止了罵人，問：「這位大哥是……」

我還沒有自我介紹，那醉漢說：「要不是這位大哥，我可眞餵狼啦，他看我喝醉了睡在道路上就把我整回來了。」

少婦忙起來下了炕，一邊把我請上坐，一邊埋怨丈夫：「大哥來你咋不說？讓我丟人現眼的！」

醉漢道：「你像機關槍似的，連氣都不讓我喘，還怪我……給我們弄點吃的吧，大哥可能餓了。」

我又飢又困，不想再等她去做菜了，便打開背包，取出兩盒餅干和一瓶老白干。這都是我去蘇聯前買的，沒想到又帶了回來。我發現醉漢的兩個兒子已經被驚醒了，他們倆趴在被窩裡，露出兩個小腦袋，有興趣地看著爸爸媽媽鬥嘴，我把餅干扔給他們倆，又拿出一袋來當下酒菜，酒還沒燙，我迫不及待地喝了一大口，頓覺那酒像冰一樣從嘴裡咽下去，馬上又在心中燃燒起來，我被嗆得喘不上氣來。那醉漢忙把酒放在開水中燙上，對我說：「大哥，不能喝涼酒，會得病的。」

少婦給我們熱了兩盤剩菜，拿了一小碗辣椒醬，我邊吃邊喝，也顧不得和他們說話，不一會把兩盤剩菜和幾個剩饅頭全吃光了，一瓶老白干也讓我們兩喝得快要底朝上了。

吃完飯已經是早晨四點鐘了，少婦把孩子往中間推了推，在炕頭給我騰出了一塊地方，我一拐一拐地走到炕邊，但鞋卻脫不下來了。由於腳出汗，腳鞋已凍成一體。我不敢讓醉漢和妻子看出來，便不去脫鞋，頭朝下蒙頭便睡……。

當我被叫醒時已是第二天中午了，醉漢搖著我的腳叫：「大哥，起來吃飯。」

我睡眼矇朧地爬起來，頓覺全身上下像針扎般疼痛，我掙扎下炕，洗過臉，少婦已為我們準備好了飯菜：一盤炒花生米，一盆豬肉酸菜燴粉絲，一盆炒豬肉白菜，一盤炒乾豆腐，幾個又大又白的饅頭裝在一個編織簍子裡騰騰地散著熱氣，自去年的十二月二十五日我離開中國逃往蘇聯後，還未有見到這麼豐盛又可口的家鄉菜哩。我垂涎欲滴，忙坐下來，醉漢盤坐在我的對面，從一個熱氣騰騰的大茶杯中拿出一個燙酒的酒壺，爲我倒滿一大杯，我們邊吃邊喝，我發現，醉漢原來是一個很英俊的小伙子，跟我年紀相仿，我們各自介紹自己的生活，我把在漁村的那番話對他說了一遍，他也感興趣地要看看錶，我下了炕，從背包中拿出來那十幾塊電子表給他們看，那少婦拿著其中一塊愛不釋手，我乾脆就送給了她。她高興得連說謝謝。

酒逢知己千杯少，我儘量多吃少說，那醉漢卻滔滔不絕。無意中他說的一段話引起了我的注意，他說離此鎮一百多公里外有一原始草原，草原上不僅獐狼野鹿多的是，還有大群大群的烏雞，那東西很貴，一對可賣百元，他說他曾和朋友去打獵過。

我問他在那打獵睡什麼。他說他們睡窩棚。在黑龍江江叉子上有一條野鹿河，他們在河邊有窩棚，我說我也想去打獵，一個人沒家，在哪還不是混日子？天冷了，也該找個窩了。他說那塊地很有前途，吃的有、燒的有，野鹿河邊除了草原就是原始樹林，不僅可以狩獵，也可以打魚，夏天下網，冬天也可以打冰眼，他說那個欠他錢的光棍就在那片山腳下的草原混了一年，現在已經有人進去放火燒荒開墾土地了。

我心一動，那倒是一個世外桃源，沒有政府，沒有警察，也沒有老百姓，這對我這個驚弓之鳥也許最合適。

就在我們快要喝完酒的時候，醉漢的兒子領進了兩隻半大的小狗崽兒，一只虎頭虎腦的黑色小狗崽歡蹦亂跳地跑到我的腳下，咬住我的鞋帶拉著玩，那模樣既滑稽又可愛，我把他抱起來，他就伸出舌頭舔我的臉，我被舔得癢癢的，忙躲開他的小嘴巴。

醉漢說：「大哥喜歡狗？」

我說：「從小就喜歡，老弟要是不介意，把這條狗送給我吧。」

醉漢說：「什麼好玩意？我家那個大母狗一窩下了九個崽子，盡是公狗，和我老婆一樣。」

那少婦罵道：「放你媽的屁！我就不信你種高粱會長出玉米！」醉漢的兒子好像不太同意我把狗帶走，他靠近他媽媽說不給我這條，請我從其他狗崽子中挑一個。被他媽媽訓斥了一番：「留著那麼多狗有什麼用？餵你大腿呀？叔叔抱走，是狗的福份。再說，叔叔給你的餅干你白吃了？忘恩負義的東西。」那小男孩不敢再說什麼，只是噘著嘴，以表示不滿。

我從衣袋裡拿出一支鋼筆，那是我在天安門廣場爲許多外國記者和同學們簽字用過的筆，我把這筆送給了那個小男孩。我不能和他說這支筆的光榮歷史。我告訴他：「叔叔從小就沒唸啥書，但卻喜歡唸書的人，這支筆送給你，願你將來考一個好大學。」

那男孩很高興，他告訴我他長大一點要考北京大學。

我問他爲什麼？他說：「老師說北京大學是世界最好的大學。」

我很感動，告訴他老師說的對。

4

下午三時，有通往縣城的汽車，我抱著那個小黑狗崽兒，背著背包，一拐一拐地乘上汽車，一個多小時後我下了車，沿著那條我熟悉的小路向十幾里路以外的一個村子走去。那個村子就是我逃離中國時的最後一站，表弟的表姐在那裡。我無處可去，只好先回到這裡，身體復原再作打算。

掌燈時節，我終於一步一步艱難地挪進村莊，村里剛剛發電，有柴油機發出的聲音，有電視的人家已經聚滿了看電視的人。小風捲起雪霰在村子中間唯一的一條路上漫遊。我避開正路，沿村邊的小樹林進了憲弟表姐家。

我一走進屋子便覺熱浪撲面，屋子裡顯得很熱，被擦得乾乾淨淨，只是沒有人。我把小黑狗放在炕上，他一點也不怯生，仍往我懷上撲，我拍拍牠的腦門，牠便跳到地上，東嗅嗅西聞聞。

我放下背包，一頭扎到炕上，再也不想動了。那時候就是警察進了村口，我也不會再走一步了。

迷迷朦朦之中，我聽到門吱呀聲開了，憲弟的表姐回來了，她一進屋便發現了小黑狗，驚奇地喊：「呀，哪來的小狗崽子！」驚呼之餘，她發現了躺在炕上的我，她自言自語：「這是誰？誰躺炕上睡著了，誰呢……」她上了炕、看到了我的臉嚇得媽呀一聲：「是老四？四兄弟？」

我掙扎著坐起來：「表姐，是我……」

表姐急扎扎的：「哎呀，那天你走我就後悔了，這天寒地凍的，那天刮了一天一夜的『大煙炮』，全家人誰也沒睡覺，我是一個勁兒向主禱告，保佑我的四兄弟平安。你大姐夫守著你給的收音機聽ＢＢＣ，想聽到你逃到外國的消息，一天沒有，十天沒有，半個月過去了還沒有，你大姐夫說：『完了，四兄弟不是凍死了，就是讓老毛子送給鄧小平當禮物了。』這下好了，活著回來了。我去給你做飯去，你先好好睡一覺。」

我淚眼矇矓，終於見到親人了，多少天的屈辱都湧上心頭。我哽咽著說：「大表姐，謝謝你。」

大表姐替我脫鞋，鞋脫不下她就用剪刀剪，把鞋和襪子都剪碎了，她一邊剪一邊垂淚：「嘖嘖，這腳完了，讀了半輩子書的人，哪受得了這樣的罪！」她忙到屋外弄了一筐白雪，用雪給我搓腳，我的雙腳已經失去知覺，並不感到涼。

後來，腳是保住了，磨破的地方開始結疤長肉芽，半個多月我不能下地，我躲在大表姐家的小黑屋內，吃喝全是大表姐服侍，她把家裡的十幾只小公雞全殺光了，每天給我燉一隻，這使我的身體復原得很快。

半個月後，我終於可以下地自己行走了，小黑狗也長高了許多，每天跟在我的屁股後面轉來轉去，我給他起了個名字叫虎子。大表姐一家人都喜歡牠，剛生小孩的外甥女小琴經常把自己的奶擠到碗裡給虎子吃，這使虎子渾圓滾胖，皮毛油亮。

在大表姐家雖然得到了很好的休養，但我每時每刻都有危機感，全村有一半人認識我，村民冬閒沒事，經常東家走西家竄，誰家來個生人有什麼新聞傳得非常之快。村長也知道我從蘇聯回來了，他來過一次，我也未瞞他把目前的狀況告訴了他，他請我先安心養傷，等傷好後再做打算。春節期間，公安派出所的警察不是回城裡探親就是天天打麻將，只要沒有人告密，安全系數很大。

就這樣，一個月過去了。日子很平靜，電視裡每天都有江澤民、李鵬等人的鏡頭，老百姓一看到他們就轉台去看動畫片，我想看又不敢說，怕引起人們懷疑。大表姐不太會保守秘密，無論是親戚還是鄰里，都知道我是個大學生，但眞實的姓名並不是人人知道。

一天，村長來告訴我，市公安局來了幾個人到村里調查，說是北京大學的一位作家逃到了該市，現在全市布置查緝，爭取春節前逮捕歸案。我一驚：「那是衝我來的。他們怎麼知道我逃到這兒？」

村長說現在警察還在鄉政府，是不是衝你來的還不知道，不過是先躲躲爲好。

我十分贊同，如果警察來大表姐村調查，只要誰無意中說一句不小心的話也會把我暴露出去的。

但是，躲到哪裡去呢？

大表姐夫說他有一個朋友，在黑龍江邊開荒種地，那兒只有他一家，現在人回內地探家去了，他在河邊蓋了個草房，也許那兒能住人。村長說，他也有一個朋友，也在那開荒種地，相距也就是三五里路，悶了可走動走動。

大表姐不同意去：「眼看要過年了，到那兒去干啥？天寒地凍的，不凍死也得餓死。」

我安慰表姐：「我又不是不能勞動，生活可以自己料理，重要的是安全。」

於是我開始準備我的東西：一面袋子大米、一面袋子麵粉、一根刀鋸、一柄板斧、一套被褥、一料桶豆油、一塑料袋大粒鹽、一只手電、一把菜刀、一個飯盆、兩個飯碗。還有我的小伙伴虎子。

5

翌日早起，一輛小四輪拖拉機載著我、大表姐夫和他的大兒子上路了。天氣很冷，我們不得不常跳下車跑步取暖。六個小時後，我們下了車，卸下車上的物品用一只小雪橇拉著，下了公路，沿著兩道淺淺的車轍印向荒涼的雪原深處走去。黃昏時分，我們來到野鹿河邊，而車轍印卻被風雪掩埋了。我們正在爭論是過河對還是不過河對時，三只野狼站在我們的前面。虎子嚇得一個勁往我兩腿中間站，我把牠抱起來，輕輕地拍著他：「別怕，有我們在。」

那三隻狼很不高興地慢慢向河對岸走去，他們一定是不歡迎我們打擾了他們平靜的生活。

大表姐夫堅持走回去，明天再找路。我不同意，想繼續往前走，但大表姐夫已經回頭走了，我只好又跟他返回公路，當我們找到一個可以借宿的村莊時，已是深夜了。一個車馬店接待我們。第二天我們又從原路開進雪原。在黃昏時分終於找到了位於野鹿河邊的那個茅草屋。

這是一個又矮又小的的土房，牆壁是用樹木拼的，然後用泥巴抹平，房頂披著厚厚的大葉樟草，房子已被大雪埋了半截，窗子上的塑料布已經被風鼓破，像破鑼似的呱嗒呱嗒作響。我們把門邊的雪清理出來，打開門進了屋，屋裡很暗，我打開手電筒，仔細地觀察這土屋內的環境，這兩間土屋外面是廚房，扔擲著一些鐮刀、鋤頭、麻繩、鐵絲等雜物，一個鍋台上面沒有鍋，看來主人走時已將鍋放到朋友家了。裡間和外間沒有門，過了裡面是一鋪長長的土炕，炕上沒有炕席，已被進屋避風的野鴨和鳥類屙滿了屎，屋地上全是從破碎的窗子旋過來的雪。

我們立即動手，拿出帶來的塑料布把窗子先釘好，然後釘門，清除屋內的積雪和鳥糞，房子四周全是參天的柞樹，我們砍倒了一根鋸成一尺長的小段，然後用大斧劈成木棒子，再把木棒子塞進火炕裡，點燃後，看著許久不住人的土炕上冒出熱騰騰的蒸氣，大姐夫說這屋不能住人，起碼得燒上三天四天才能住人。我們把帶的糧食等東四安置好後，走出屋門，去尋找那個村長的朋友家，他家距離我們這個土屋五里路左右。

我抱著虎子，迎著刺骨的寒風，深一腳淺一腳跟著他爺倆在雪原上跋涉，一個小時後我們發現野鹿河的對面有盞燈光，過了河已看見那幢土屋，院子裡還有一台「七十五型」東方紅鏈軌式拖拉機，已被大雪埋了半截。

兩條大狗撲過來，狂吠著向我們示威。一個女人把門露了個縫問：「誰呀？」

大表姐夫說：「是我呀！大寶他媽，看住你們家的賴皮狗。」

那女人把門打開，顯然是老熟人，罵道：「我尋思是誰呢，是死老吳！怎不讓狗咬死你！」

老吳也開玩笑道：「尋死（思）你還不上吊？咬死我你不哭成淚人才怪呢！」

那女人突然發現了我和大表姐的大孩子鐵蛋，忙說：「喲，鐵蛋也來，還有一個大哥不認識，這死老吳，也不吭一聲，見面就鬧。快、快進屋，這死天凍死人的。」

我們進了屋，也是兩間房，但燒得很暖和，我們脫掉鞋坐進炕裡，火炕燒得燙屁股，舒服極了。

老吳問：「大寶他爸呢？」

那女人說：說是去烏蘇鎮上買鹽去了，說不定又要上了，他呀，一見麻將就邁不動步，還沒吃飯吧？我去給你們做飯吃。」

老吳說：「別麻煩了，有啥剩飯熱熱就行了。」

那女人橫了他一眼：「要是你自個來，剩飯都不給你吃！我有剩飯還餵狗呢！這不有客嘛！這位大哥……」

老吳說：「我小舅子，從老家來的，在家做點小買賣，賠了，出來躲躲債主。看能不能翻點地種，不願意種，賣也是筆錢。」

那女人說：「原來是大姐的弟弟呀，我和大姐像親姐倆，那我就叫你大哥吧。」

我說：「別的，我叫王老四，你叫我四哥吧。」

那女人輕輕一笑，拿起一個鋁盆出去了。我說：「大寶他媽，你別忙活，有啥吃啥吧。」

她說：「不麻煩，現成的凍餃子。」

不一會。他端上一大盆水餃來，我們守著鋁盆吃了起來。當我快吃飽時才發現，這餃子的肉有一種特殊的鮮味，既不是豬肉，也不是牛肉，有些像羊肉，又不完全像。那肉紅鮮鮮的煮熟後成了一個蛋兒。我問大寶媽：「這是什麼肉？」她告訴我：「這是麅子肉，麅子是這兒的特產，滿山都有。」

那是一種鹿科動物，食草、跑起來似流星趕月。

那一夜，我們就在那女人家睡下了。半夜，女人的丈夫回來，坐在坑邊吸了幾只煙才進女人的被窩。女人小聲地和他講著我們來的經過。那男人吹熄了油燈說：「睡吧。」

那女人說：「贏了輸了？」

那男人說：「沒玩。」

那女人說：「騙鬼！」

那男人已發出了鼾聲。

第二天，老吳和兒子按原路回家了，我和新認識的鄰居小李也就是大寶爹和王三姐就是大寶媽東拉西扯聊天。吃過下午飯（那裡的冬天短，所以只吃兩頓飯）後，我從他家扛了一口鍋，帶著虎子回到了我那個小草房。從此，我在這片荒原上住了下來。

總算有個窩了。雖然四處泥巴牆，但卻能遮擋風雪。世界離我很遠，警察離我也很遠。

但每當晚上六點三十分或早晨六點三十分，我打開半導體收音機時，ＢＢＣ就會把全世界發生的每件新聞告訴我，也把逃到海外的和關押在監獄的朋友和同學們的情況告訴我，這世界又和我拉得很近很近。

我很滿足，整整半年多的逃亡和躲藏，終於找到了一個可以安穩睡覺的安全島了。

感謝神，我每天都向神禱告，不要讓我再疲於奔命的逃了，我真的好累好累。阿門！

我開始讓自己的思想沈下去，和自己的肉體一樣，沈在這荒無人煙的雪原裡。

第十六章

野鹿河邊

1

如果你現在問我什麼最可怕，我會毫不猶豫地回答你——孤獨。

孤獨伴陪著我，斬不斷，甩不掉。虎子一天天長大，牠喜歡依偎在我的懷裡，靜靜地聽我和牠談話。我一天講不了幾句話，沒有需要用語言交流的對象。

那兩間土房四處漏風，我好不容易弄了幾筐土，燒了一壺開水，和成泥巴，摻進一些碎草，把那些露風的地方都堵上了，但牆壁太薄，屋裡不能停火，一停火人就凍得受不了。所以我每天大部分時間要到附近砍樹木，然後鋸成一尺多長一段，用大板斧劈開作柴用。晚上睡覺時被窩是熱的，早晨醒來時被子上面一層白霜。毛衣毛褲像冰塊一樣。我必須把它們放在被窩中熱過來後才能穿。

也許是緊靠大河的緣故，炕是濕的，燒了十幾天後才慢慢的乾爽，我在炕上鋪上乾草，然後再把被子和狗皮鋪上。不久，我身上生了許多虱子，還有一串一串白花花的蟲子，跳蚤和臭蟲也很多，牠們每天在吸我和虎子的血。

半個月後，我染上了一種可怕的皮膚病，從腰到腿上長滿了疥瘡，每天癢得我翻來覆去睡不著。白天我就用伐木、劈柴來拼命地懲罰自己，這樣累得直不起腰後可以在夜裡睡著覺。但後來那些瘡口越爛越深，越長越多，癢得我不得不在牆上或樹上蹭，或用手去撓，身上常常被我撓得鮮血淋漓。我不敢去醫院，怕被發現。有一天我癢得實在挺不住了，我便把虎子關在屋裡，獨自一人冒著風雪向最近的烏蘇鎮走去。

中午，我走上了公路，然後搭上了一輛過路的拖拉機。在烏蘇鎮的供銷社門旁，我看到了一則防火通告，一個判刑的公告和一張通緝令，通緝令上是我的名字和長相特徵，而照片卻不知被誰給撕掉了，也許是好心人，我心頭一熱。這個小鎮不大，穿軍裝的人卻很多，邊防軍加上武警加上警察大概比老百姓還要多。

我在鎮醫院外徘徊了許久，還是沒敢進去，和一個當地的農民打聽，知道有一個中醫在家裡看病。我找到那中醫家，他給了我兩包藥，說馬上就會好的，收了我二十元錢。我拿了藥又到供銷社買了五條劣質卷煙，買了兩瓶酒和一瓶醋。當我提著這些東西剛要走時，發現櫃台上有賣書的，大多是金庸、梁羽生的武俠小說。每套都二十多元，我仔細瀏覽，竟然發現了老鬼的長篇小說《血色黃昏》，老鬼是我的朋友，我們是在八九民運中認識的，我從ＢＢＣ中得知他已逃亡到了美國，沒想到這邊陲小鎮還有賣朋友寫的書。我翻開那厚厚的小說，竟是第二版印刷，訂價人民幣八元七角。

這部小說我們在北大作家班研究過，因爲老鬼的《血色黃昏》是新新聞體小說，在形式上有些突破，張鍾教授曾讓我們討論過。我爲了應付討論，曾草草地翻過一遍。而現在看到這本書則感到十分親切。

我摸了摸口袋裡的錢，又猶豫了。八元七角對我來說不是一個小數目，買鹽夠我吃半年的，買煙也夠我抽一個月的，但我還是一咬牙買了老鬼的《血色黃昏》，心裡想，老鬼在美國得知不知作何感想。兩年後我逃到美國時，老鬼開著轎車來看我，然後把我拉到他家聊了一個通宵，聽我說起這段故事，老鬼感動得險些掉下淚來。

那天我從烏蘇鎮回到我的土屋已是半夜了。我開門進屋，虎子就撲過來，哼哼啃我的腳跟，我知道牠餓了，一整天沒吃什麼，屋子裡奇冷無比，我放下買的物品，到外面抱回一大捆劈好的木棒子，架在灶裡，用白樺樹皮點燃，開始洗鍋。鍋內的水已結成了冰，待冰化掉我便舀了兩大碗麵，做了半鍋麵疙瘩湯，我和虎子你一碗我一碗，把半鍋疙瘩湯喝得乾乾淨淨。

虎子吃飽了，就一會兒炕上一會兒地上地撒歡，我則點燃一根劣質的黑紙色卷的「琥珀」牌香煙，一邊吸著，一邊哼著「三套車」，那是一首我喜歡的俄羅斯民歌：

冰雪覆蓋著伏爾加河、
冰河上跑著三套車，
有誰在唱著憂鬱的歌，
唱歌的是那趕車的人。

小伙子你爲什麼憂鬱，

爲什麼低著你的頭，
是誰叫你這樣傷心，
問他的是那乘車的人。

你看吧我這匹可憐的老馬，
牠跟我走遍天涯，
可恨那財主要把牠買了去，
今後的苦難在等著牠……

在唱歌的時候是我最幸福的時候，我把我的情感全部傾注到了那起承轉合的曲調中。在唱歌的時候，我是多麼滿足。儘管我的聽衆只有虎子。虎子有時聽得高興也會汪汪地和我一起唱。但每當唱完歌，我伴著虎子聽著風雪的吼叫和窗子上塑料布呱打呱打的單調抽打聲時，不由想起那轟轟烈烈的八九民運，想起天安門廣場的日日夜夜，想起北大的未名湖，想起美麗的妻子和幼小的女兒，禁不住潸然淚下。

2

花了二十元錢買的藥並不見效，我把藥都塗光了，疥疹不僅沒好，反而更多，爛得更深，我後來自己想了個辦法，把水燒開了，然後倒進米醋，用米醋水洗傷口，每洗一次都像被刀割一樣，全身疼得使你求活不能求死不能。一瓶醋洗光了，仍不見效。

春節快到了，而我的糧食由於有虎子幫我吃也快沒有了，我把兩頓飯改爲一頓，每天只吃稀的，虎子也不能給牠儘吃飯了，白天我帶牠上山抓老鼠吃，既能給牠補充蛋白質又能訓練牠的捕抓能力。山上的老鼠非常多，又大又肥，看著虎子吃得又香又甜，一個多月沒吃一口肉整天空著半根腸子的我也想燒幾隻老鼠吃了。

有時閒得難受悶得難受，我就去五里路以外的那個有拖拉機的大寶爹的窩棚去散散心，每次可以和大寶爹將上一天象棋，然後吃頓飽飯，或許還能拿回半筐土豆。但我畢竟不能總去。總去人家吃，又沒什麼回報人家總是不好意思。

不過我從大寶爹的家學會了下麅子套或兔子套，用鐵絲弄成圈圈，留一頭拴在麅子或兔子在雪地踩出的小路旁的樹上，那些傻東西一不小心就會鑽進套中，然後越掙扎越緊，最後被勒死。

我在我的窩棚附近的樹林中下了許多麅子套和兔子套，每天帶著虎子巡一遍套，不但可以活動筋骨，重要的是忘記了疥瘆的癢痛。

春節的前一天，我終於套到了一個麅子，那是一個公麅子，又肥又大，頭上兩隻角支支著，舌頭伸出好長，我把牠拖回我的小窩棚。虎子撒歡似地在前面帶路。到家後，把麅子頭朝下吊起來，開始剝皮，剖肚，卸下四條大腿和里肌肉，用麻繩吊著放在房沿下晾上，然後把內臟和排骨放進鍋內，放上點辣椒，點火煮肉。虎子則把地上的血連泥一起啃得乾乾淨淨。然後抱著麅子頭津津有味地啃著。我點燃一支煙，一面吸一面看著虎子，一種近乎於母愛的情感從我心頭升起，我想，只要有我在，決不讓虎子餓著！

3

春節到了，大寶爹來請我到他家去過年三十兒，我一個人和一條狗，他家四個人和兩條狗。他說合到一起過年吧，餃子餡已經和好了，包完餃子咱們摸幾把撲克。

我帶著虎子跟著他走了。風把雪捲起來，在雪原上打著滾，雪粒打在臉上針扎一樣疼痛，我們踹著大雪殼子到了他家的窩棚。我把一隻麅子大腿送給了大寶媽，作爲春節的禮物。大寶爹拿出一包紅梅牌香煙，很瀟洒地打開，抽出一支遞給我說：「過年了，抽根好的。」我忙把自己的劣質雪茄煙塞進煙盒裡，接過他的煙點燃了。這種煙我過去經常吸，而現在只有過年在別人家抽上幾支了。

大寶媽放上飯桌，擺上幾大盤熱炒菜，一壺燙熱的老白干。我一邊上炕一邊說：「來來，一起吃吧！」大寶媽忙說：「你們哥倆先喝著，還有菜沒炒呢！」

我讓大寶和二寶哥倆給我嗑頭，過年了，按風俗要給孩子壓歲錢，五塊錢有些顯少，十元錢又有些拿不起，我給兩個孩子每人六元錢，六六大順，取個吉利。

不一會，小炕桌讓大寶媽給塞滿了，豬肉、粉絲、鮮菇、野鴨、肉炒干豆腐、蒸白肉……我們倆開懷暢飲。我好久沒吃到這麼豐盛的飯菜了，快要吃飽的時候，我才發現這屋子亮光了許多，原來墻上貼了一層白報紙，使屋子顯得又溫暖又乾淨。大寶爹告訴我：他花了四元錢買了兩斤報紙，把墻一糊，貼兩張年畫，兩副對聯，就算過年了，他問我貼不貼對聯，說手裡還有一副對聯和剩下的報紙可以送給我。

我說我一個光棍，貼不貼對子也過年了，不過報紙給我我可要，捲個煙抽，上大便都有用。其實我想看那些報紙，原來我都說自己不認幾個字，沒唸過書，所以他們也知道我是個文盲。我突然發現牆上的報紙上有十幾張是去年六月十四日的《人民日報》和《光明日報》，上面赫然印著我和王丹等二十一人的照片和通緝令。我有些緊張地看了看大寶爹，我發現他也在偷偷地看我。我忙喝了一口酒，低頭吃菜，掩飾了過去。

大寶爹喝了一口酒說：「昨天糊完墻他才看到報紙上的通緝令，原來只聽說反革命暴亂，現在一看報紙上那二十一個人的照片就知道共產黨又在唬弄老百姓，這二十一個人不是北京大學就是清華大學的，才二十歲左右，能搞啥反革命暴亂！」

他又說：「這二十一個人中有一個是咱們黑龍江省望奎縣的人，叫張伯笠，是北京大學的學生。」

我假裝漫不經心地說：「是嗎？」

他爬著來到了牆邊，指著報紙上我的照片和下邊的文字說：「四哥，你看看，這兒寫得清清楚楚：張伯笠，男，二十六歲，黑龍江省望奎縣人，北京大學作家班學員，身高一米七十五左右，較胖、圓臉、雙眼皮、翹鼻子、厚嘴唇，東北口音，你看這還有照片呢……」

大寶媽端了一大碗野雞肉進屋放在桌上，對驚魂未定的我說：「四哥，你說他發神經不？昨天糊完牆，他躺炕上看那個叫張伯笠的照片，硬說長的像你。」

我說：「我看看。」我蹲在炕頭的牆邊，看那張《人民日報》說：「別說，還眞有點像，主要是鼻子像，他是翹鼻子，我是鼻子翹。」

大寶媽咯咯笑著：「就說是呢，我說了，人家那個張伯笠是北大的作家，就是坐牢也比咱吃的好，咱哪有那個福氣見到這樣的大人物。再說，四哥連大字也不識幾個，還不如我們大寶他爹呢！可他硬給你往姓張的大學生頭上套。」

我笑笑：「下輩子吧，也念個大學。」

大寶媽說：「我想都不敢想，這大寶二寶將來能認個字，別把自個的名字寫錯我就滿足了。」

大寶爹坐回來，把杯中的酒一口喝乾，揮了揮手：「老娘們兒別跟著瞎打岔！你懂啥？我說四哥就是那個張伯笠是有根據的。四哥，你把鬍子刮掉，穿上西服，就是張伯笠。四哥，咱們眞人面前不說假話，從你來那天我就懷疑，快要過年了，又不是農忙季節，一個人到這荒原野地來幹什麼？別看你東北話說的挺地道，有時也會露出一兩句京腔。昨天拿報紙回來糊牆，看到那個張伯笠照片我就說是你，四哥，你說實話，你究竟是不是張伯笠？」

看著他那期待的目光，我感到他沒有惡意。半年多了，沒有人知道我是張伯笠，我也沒有再叫這個名字，張伯笠已經從這個世界消失了，取而代之的是一個滿臉鬍鬚的王老四。

我說：「說實話，我現在也不知道我是不是張伯笠，但我覺得這都不重要，重要的是我認識了你們，並與你們成爲了朋友，至於是張伯笠與你喝酒還是王老四與你喝酒都一樣。現實是我在與你們喝酒。」

大寶爹愣了一會，突然一拍大腳把半碗酒舉起來：「四哥，我明白了，你要是瞧得起我就把這碗酒乾掉！」

我舉起手中的半小碗老白干，一飮而盡，他也一揚脖，把酒喝乾了，然後用手把嘴一擦說：「四哥，你放心，老弟雖然是農民，也讀過十來年書，天下大事我心中也有個小九九，我絕對向你保證，我絕對保密。你們是中國人中最有種的人，現在是臥著的龍趴著的虎，只要把命保住，有一天會龍騰虎躍。有甚麼困難或用得著我的地方吱一聲，那就是你瞧得起兄弟！」

我很感動，又在自己的碗和他的酒碗中倒了半碗酒說：「兄弟，四哥謝謝你！」

他一仰脖，又把酒乾掉說：「說這話就見外了，謝什麼？你們是爲了誰？還不是爲我們老百姓！我要是大學生，也他媽跟他們拼了！共產黨沒幹啥好事！」

大寶和二寶拿著油餅逗虎子玩，大寶爹大寶媽和我邊喝酒邊聊天，我發現，不戴假面具的生活是多麼愉快和幸福的事。我向他們介紹了北京當局鎭壓民主運動的情況，幫他們分析共產黨對農民的層層盤剝。那天也不知喝了多少酒，反正喝得暢快淋漓。

我知道我喝多了，怕胡說些什麼不該說的話，則堅決要回我自己的窩棚。大寶爹和大寶媽堅決反對，讓我住在他家。但我堅持要走。他們爭不過我，便用布口袋給我裝了半口袋凍餃子，讓我半夜煮吃，按中國人的風俗，年午夜在除舊迎新的時候都要吃餃子。

我背著餃子，深一腳淺一腳往回走，天已經黑了，如果沒有遍野的白雪一定是一個伸手不見五指的黑夜。虎子像一個黑精靈在我的前面爲我引路。我只覺得每一步都踩在棉花堆上，像騰雲駕霧一樣順風飄去。離我的窩棚不遠了，我摔了最後一個跟頭，趴在雪地，再也不想走了，虎子用嘴扯著我的衣袖拼命地往窩棚方向拖。我咬咬牙，搖搖晃晃站起來，終於回到了我那個又冷又涼的小窩棚，一進門就吐了起來，五臟六腑彷彿全吐出去了。吐完了，把被一扯，衣服也未脫就睡了過去。

當我醒來時，農曆一九八九年已經過去了。屋裡黑洞洞冷溲溲的，我摸出火柴，把煤油燈點燃，燈火被風吹得左右搖晃，我拖進屋一堆木柈子，塞進灶坑點燃，然後把一大堆冰放進鍋裡，準備燒開後煮餃子吃，有了火，有了光，加上我把半導體打開收聽中央台的春節聯歡節目，屋裡就顯得暖和了一些。我突然想起剛進屋的時候似乎是吐了。我打開手電仔細一瞧，原來虎子已把我吐出的髒物全吃到了肚子裡，牠醉得趴在地上睡了過去，任我怎樣拉牠叫牠也不醒，我把虎子抱起來，讓牠舒舒服服地躺在鋪滿乾草的小窩中。

冰在鍋裡融化了，騰騰地冒著熱氣。剛來的那幾天我還天天早晨到河上打冰眼吃河水，但不知怎麼搞的，也許是缺氧的關係，河水變得越來越臭，我不得不改成吃冰。好在離河近，每天刨幾大塊冰就夠了。

水燒開了，我卻找不到了餃子，突然想起了，一路跟頭把式地摔回來，半口袋凍餃子說不定被我扔到哪去了。遠處傳來了一串爆竹聲，那一定是大寶爹放的。

我孤獨地坐在土炕上，從懷中貼身的內衣口袋裡掏出了妻子和女兒小雪的照片。借著煤油燈光細細地瞧深情地看。我已經有半年沒見到妻子了，雪兒則更長，自八九年第一學期開學後我就再也未見到她。我的耳邊似乎響起了雪兒咯咯的笑聲……

那一夜，我坐到天明，把三十多年走過的路像過篩子似的過了一遍。我覺得我的這三十年過得充實而有意義。人畢竟不能專為自己活著。當一個人置身於一場偉大的運動中後，你會感到心靈的昇華。

4

那最難捱的春天是那麼漫長，我和虎子相濡以沫、相互攙扶著盼著冰雪融化的初夏到來。疥瘡愈發嚴重，白色的內衣已經被染上斑斑血漬，我癢得受不了時，不得不在大樹上和屋墻上蹭，從腰往下沒有一塊好皮膚。在孤獨和奇癢的雙重折磨下，我曾想到過自殺，有許多次在夜深人靜而我又癢得難以入睡時曾拿起匕首對準自己的靜脈，奇怪的是，每當我要狠心割下去的時候，虎子都趴到我的腳下發出低低的哀鳴，似乎在說：你就這樣狠心丟下我嗎？

是的，虎子還很小，離開我在這荒山野外的大雪地裡牠不餓死也要凍死。牠雖不是我的同類，但牠同樣具有生命，我如果一刀下去失去的是兩條生命。

我丟下刀，跪在地上向神禱告。我求神憐憫我的靈魂，但從未向神乞求憐憫我肉體的痛苦。

我是個懦夫，我沒有權力結束自己的生命。我為人丈夫，為父親也為人兒子，在父母身上我沒能盡到孝道，在妻子女兒身上我沒能盡到責任，更何況天安門廣場死傷了那麼多優秀的青年，而我是一個倖存者，我的生命已經不屬於自己，我應該是死難的同學和朋友生命的繼續，我應該堅強地活下去，和苦難疾病以及獨裁者去鬥爭，以完成他們未竟的事業。

死畢竟比活著容易，而能在心靈肉體雙重折磨下活下去實在不是件易事。我決心活下去，也看一看自己對苦難的承受能力。

沒有糧吃，每天是稀飯鹽水，我就到遠處農民種的豆地裡剝開大雪拾豆莢，回來用水泡乾淨後煮成鹽豆吃，兩隻手常常凍得和紅蘿蔔似的。偶爾套到一隻麅子或一隻野兔，那是我和虎子最快樂的時候，我們會把獵物吃得什麼也剩不下，連腸子我都不扔掉，就連骨頭都是虎子喜歡的東西。後來我發現了一種好吃的東西，那是一種水老鼠，牠的皮毛很珍貴，肉也鮮美，有些像雞肉，牠們把窩建在距離水面很近的河邊，我在牠們的洞口下套，常常套到又大又肥的水老鼠。虎子也開始抓黃鼠狼了，那東西被追急了會放出一種難聞的氣體，又騷又臭，當地人稱牠為仙，不太惹牠，所以牠膽子也特別大，常常會在我的面前大搖大擺，但在我的棒子和虎子的利齒下牠常常成我的下酒菜。而牠的毛皮可以賣給供銷社，一張黃鼠狼皮可賣十元錢，一張水鼠皮可賣二十五元錢。我積攢了水鼠皮和黃鼠狼皮各十來張，領著虎子走出荒涼的雪原，在烏蘇鎮把皮子賣掉，然後我在鎮中一個私人開的小酒館飽餐一頓後，搭了一輛小四輪向一百多里路外的大表姐夫家駛去。

在大表姐夫家我述說了我的病情，我求他們到哈爾濱去找一個人，我出路費，給我帶些藥品回來，最重要的是治疥瘡的藥，我把賣毛皮的三百多塊錢拿出來交給了大表姐。後來大表姐親自跑了一趟哈爾濱，給我帶回來五十多管廣州白雲山製藥廠製的一種叫做「疥得治」的藥膏。除此之外，我的朋友按我信中的要求給我帶了大量的黃蓮素，四環素，速效感冒丸，安宮丸等藥。按「疥得治」上說明的要求，我用冷水洗身後，把藥膏塗遍全身，兩個星期後，疥瘡竟奇蹟般的不見了，只是身上和腿上留下了一顆顆黑色的疤痕。

朋友還讓大表姐帶來兩千元錢和一封信，信中鼓勵我要咬緊牙關活下去：「寶劍鋒從磨礪出，梅花香自苦寒來。」她告訴我，光經受住了人的考驗還不算，能經受住自然的考驗才可「成仙」。她希望我經過「在血水中煮三次，在鹽水中泡三次」後，成爲一個保爾柯察金式的拖不垮、打不倒的眞正的男子漢。

5

春天到了，我這個土窩棚的主人也要回來種地了。我必須要蓋一個窩棚。那幾天天氣有些轉暖，時常在零下十幾度左右，我常帶上虎子到野鹿河對岸的一個半島上去伐木。我選好了蓋房用的木材，便用刀鋸一點點地砍伐，伐倒一根後把枝砍掉，用繩子一步一步往我選好的地方拉。趁著雪還沒融化，拉起來還省些力氣。

我選擇蓋窩棚的地點非常理想，背靠著野鹿河，和我現在住的窩棚斜對著，直徑大約有兩千公尺左右，那是那個半島上最高的地段。發洪水也不怕，且四周有幾棵參天大樹，如果發水我還可以爬到樹上去。前後左右全是密密匝匝的山丁子樹和柳樹，房子蓋的又不會很高，如果不走到附近是發現不了我的窩棚的。

我把大小木材拖到房場後，每天用鐮刀剝樹皮，用大斧砍掉枝子，然後自己比劃著砍了房架子。

有一天我發現，這裡原來是狼窩，三隻大灰狼平靜的生活被我打破了。牠們每天都坐在離我五十米左右的地方看我剝樹皮，牠們不進攻，我也不當回事，不去惹牠們，每天吃過早飯照舊來剝樹皮。牠們也照舊坐下來。十幾天過去了，我們就這樣比耐力，後來還是那三隻狼屈服了，牠們悄悄地把家搬到離我不遠的一片山丁子樹叢中去了。

三隻狼走後，我倒像缺少了一點什麼。每天看著那三隻英俊的大灰狼，神經繃得緊緊地和牠們較勁兒，好像生活又變得不再寂寞，我開始喜歡那三隻狼，遺憾的是牠們卻搬走了。我忽然覺得空盪盪的。

冰雪漸漸地融化了，成群的天鵝、野鴨又飛回了雪原。

三月的一天夜裡，我從ＢＢＣ聽到了「民主女神號」廣播船從法國航行的消息，激動得一夜沒有睡著覺。我不停地吸著煙，高興極了。自去年六月我逃離北京後，還沒有任何一件事能令我如此的高興。我從心裡感謝嚴家其、萬潤南以及海外新聞界的朋友們，民主女神號那長鳴的汽笛似吹響了我新的征途的號角，我不再孤獨，不再悲觀，我覺得我又成了一個戰士。

收音機中每天都有民主女神號航行的消息，中共氣急敗壞，又是抗議又是威脅，什麼流氓手段都用，我常常聽聽收音機竟興奮得不能自持，眞過癮！

不久，我住的窩棚的主人回來了，還有他的妻子和兒子。他姓吳，是一個血性漢子。

於是，大家幫我在河對岸把我的窩棚蓋了起來，吳大哥雇了兩個長工也來幫忙，遠在百里之外的大表姐夫和大寶爹媽也來幫忙，房子不大，也好蓋，但大框起來後，人們都忙自己的去了，我只好每天踩著快要融化的薄冰去對岸和泥，抹牆、打坯、搭炕、做門窗，每天顧不得做飯，都是吳大哥家的小三子叫我到他家吃飯，吳大嫂待人也很熱情。

一天，大寶爹來找我，他建議我最好種點地，這樣以免被別人懷疑，他說他的一個朋友去年在這附近開了十幾頃地，如果我要租種一年，一頃地給他一百元錢就可以，因爲他不想種了，要到別的地方去開地。

我連夜走了一百多里，到大表姐家去取錢，大表姐夫在村子裡只有一塊地，所以也想種點，他的女婿也想要點，於是我就每家六十畝地，由我先給他們把錢墊上，平時我幫他們經管著，種地、鋤地、割地時他們自己想辦法。

大表姐夫還要和我一起種點水稻，我也同意。我回去開地，他想辦法弄抽水機和稻種。

就這樣我租下了六十畝旱田，大寶爹又開拖拉機給我在河邊開了二十畝水田。

種水田要先打好池埂子，二十畝地的池埂子對我來說就像萬里長城的工程那樣浩大，我用了二十多天，每天早起晚歸，終於把池埂子打好了。

春天到了，我開始播種希望的種子。

第十七章

那山、那人、那狗

1

遠東大草原的春天是短暫的，大雪剛剛融化，夏天就到來了。

這時我才發現這裡自然環境的奇特。野鹿河的兩岸看似平坦的草原，但實際上那「草原」大多是飄浮的草筏，而下面是深不可測的沼澤，多少不知深淺的獵人和野獸一起被這沼澤吞噬掉了，當冰雪融化時，偶爾可以看到野獸的屍骸，人的頭骨，沼澤散發著惡臭，成了蚊蟲和瞎蠓的滋生地。

而當初夏到來，一場透雨過後，沼澤上開滿了黃色的黃花菜以及各色的野花，從完達山的山腳望去，宛如一塊巨大的花毯，一望無垠。野鹿河像是一條黃帶子被人隨便地拋在了這塊碩大的花毯上。

我的小窩棚就在這個神奇的花毯中。

虎子已經長的又高又壯，像個大狗了。牠最近十分驕傲，因爲牠在河邊的草地中抓到了一條梅花鹿，那隻鹿剛剛能站立起來，還不會走路，據猜測只生下來幾天，因爲小鹿只要生下十五天就會跑了，人是抓不到的。那天我帶虎子去打獵，正行著，虎子突然扔下我向左側的河邊草叢衝去，接著我聽到了一聲像山羊似的慘叫，當我衝到時，虎子正把小鹿撲倒，小鹿的脖子被牠已咬出了血。我喝住了虎子，抱起了那個小梅花鹿，牠驚恐地看著我，那眼神使我想起了我的女兒小雪，她被醫生從產房抱出來交給我的時候就是用這樣的眼神看著我。我憐愛地把小鹿抱得緊緊的，飛也似地往窩棚裡跑，虎子高高興興地跑在前面，尾巴搖來搖去，等著我把戰利品的骨頭和血給牠吃。

我回到窩棚，把小鹿放在炕上，從塑料包裡拿出朋友從哈爾濱捎來的消炎粉，塗在小鹿的傷口上，然後用我的舊背心撕了一條布給牠包上。牠疼得直打哆嗦，驚恐地看著我。我就輕輕地撫摸牠的頭，讓牠安靜下來。虎子不解地看著我，因爲每次我們倆獵物歸來，我都會把獵物掛在房樑上，剝皮、剖膛、卸肉，然後把骨頭和內臟先給牠吃。我知道虎子的想法，便把牠叫過來，拍拍牠的頭，又拍拍小鹿的頭，我說：「你們都是我的孩子，從此以後要像親兄弟一樣。」我告訴虎子：「你比牠大，要照顧牠，保護牠，絕不許你欺侮牠，懂嗎？」虎子懂了我的意思，牠偎在我身邊，看著驚恐未定的小鹿，眼光卻柔和多了。

但是，小鹿養不活，牠還不會吃草。我晚上煮了一鍋玉米渣子粥，把米湯舀出來。用小匙一點一點地餵牠，但牠不會吃小匙，弄得滿嘴巴都是米湯，卻沒吃進去多少。我一想，這樣下去非餓死不可。第二天天剛朦朦亮，我就跳進河裡去起魚網，初夏，河上的冰剛剛融化乾淨，河水刺骨的涼，但野鹿河的魚特別的多，大都是半斤左右重的鯽魚。我用一百元錢在烏蘇鎮買了四片五十米長的三層掛網，三片二寸五網眼的，一片一寸五網眼的。剛剛開河，魚很多，一寸五掛的更多，但魚很小，大多是一兩多重的，有小鯽魚，鯉魚和老頭魚、鯰魚等，我也沒時間摘了，把那些魚和網一起往屋地一丟，背上三十斤大魚，趁著天剛亮，向烏蘇鎮走去，趕的早，可以賣上好價錢。

臨走時我沒忘掛上我的「通告」。我的通告是我用歪歪斜斜的字寫的，內容是：

敬告朋友：

本人上山打獵，米在炕燒（梢），鹽在鍋台上，火柴放在鹽灌（罐）旁，餓了請自己動手，然後物歸原處。

王老四

開春後，打獵的、打魚的人不時出現，這荒原上十幾里見不到人家，吳大哥又在對岸，沒有船過不來，過往的獵人和打魚人沒幾個是安份守己的庄稼人，你人不在家，他連什麼都敢給你拿。我自貼這個「告示」後，非常見效，過往的「朋友」自己做完飯後，有時躺在炕上睡一覺，走時往往扔兩塊錢或一瓶酒一包煙的，我的東西從來不丟，我也從不鎖門，我的門是幾把木棍釘的，上面釘上塑料布，眞可謂是防君子不防小人，不過這告示一貼，小人也變成了君子，人心都是肉長的，王老四既然這樣大度，別人也不能小器，這是東北人的特徵。

2

中午我趕到了鎮上，把魚推給了魚販子老楊，他給我兩元錢一斤，我賣了六十元錢，顛顛地跑到供銷社花了三十元買了四袋奶粉，然後又買了一個奶瓶，兩個奶嘴，老楊給了我三斤鹽票，我買了三斤水洗鹽，又買了些劣質香煙，飯也沒顧得吃，買了一斤餅乾。一邊走一邊吃，風風火火往家裡趕。

掌燈時，我終於回到了窩棚，遠遠的，卻見窩棚亮著燈，虎子很奇怪跑到幾里之外接我。牠不停地向我身上抓，抓得我滿身都是泥。我預感家裡有人來了。

警察？這是我第一個反應。但我馬上否定了。我的屋子裡除老鬼的《血色黃昏》外沒有任何有文字的東西，我有時偷偷寫一些永遠寄不出去的信，寫完後都裝在塑料袋中放在一個墻洞裡，一般不會被人發現。

我大著膽子推開了門，燈光下一個滿臉鬍鬚的壯漢盤腿在我的小炕上大吃大喝。見我回來，他也不下地，也不打招呼，眼皮搭拉著看著盆裡的魚，嘴在不停地咀嚼，我一看，好傢伙，他把寸五網上的魚全燒上了。

我放下東西，遞給他一只煙，按我過去的脾氣，眞想一拳把他打出去，他盤腿坐那兒像個主人似的，而我卻成了過路客。不過自通緝令發布後，我從來不讓自己發火的，什麼事都忍、忍、忍，古人云：「小不忍則亂大謀。」

他抬起眼皮看看我，終於說話了：「你就是王老四？」

我回答是。

他把筷子一放，端起小碗喝了一口酒，然後一放，粗門大嗓地說：「你跟沒跟泥瓦匠睡過覺？那鍋台搭的是啥雞巴玩意。做頓飯把眼睛薰成孫悟空了。」

我一愣，這人說話怎這麼粗，我仔細觀察他，一支單管獵槍放在他身邊，一條又高又大的黑狗豎著耳朵虎視眈眈地看著我，如果我敢動他主人一下，牠絕對會衝上來把我撕成碎片，那是一條德國狼狗和蒙古細狗的混種，這種狗是很珍貴的，獵人都喜歡，相比之下，虎子顯得呆頭呆腦，一個勁兒向我兩腿腿中間蹭。

操！遇到土匪了。我心裡罵著，臉上卻擠出笑，拿出一支煙遞上去。他看也不看，接過去湊到油燈上點燃。

我搭訕著問：「這位大哥……」

他粗門大嗓地：「不是大哥，是二舅！」

「二舅？」我嚇了一跳，哪冒出個二舅？山上的規矩是無論多大都以兄弟論稱，走江湖就是這樣。

他喝口酒，然後把酒碗往我的面前一放：「上炕喝酒。」

我也餓了，脫鞋上炕，鞋裡都是水，因爲我要過幾道齊腰深的窪地，所以褲子也是濕的，但在陌生人面前，我不能洗，那樣會引起懷疑，因爲當地的盲流都這樣。

他看了我一眼：「這罪不好受吧？大學生！」

我嚇得差點跳起來，手中的酒碗也抖了一下，但我馬上鎮靜下來，喝了一大口酒。仔細地想著對策。顯然，此人不是吃官飯的，但他又是誰呢？

「你是誰？」我低沉地問。

他把鬍子一捋：「老吳你認識吧？他管我叫二舅你不就管我叫二舅嗎？」

我放下心來，但心裡埋怨憲弟的大表姐夫，怎麼可以把我的身份隨便告訴別人呢？這樣會很危險的。這些人我不怕他們去告密，他們絕不會那樣做，怕的是他們出去胡亂吹牛，說自己見過北京大學生領袖云云，那就危險了。

我問他是路過還是來打獵。他告訴我想堵魚。在距離我的窩棚十里之外有一道季節河，一到秋天馬哈魚訊期江水就會漲上來並帶來大量的江魚，他計劃在季節河中間搭上一道網，使水撤盡後魚就會被搭在網的另一端：「弄得好，十萬八萬斤魚不成問題！」他自信地說。

二舅（我們權且就這樣稱呼他）讓我和他一起幹，如捕到魚就對半分紅，我同意了。

於是兩人喝酒，談著一些捕魚狩獵的經驗，和一些家事，當然我只有聽的份兒。我知道了，二舅是一個心靈手巧的農民，因爲窮，一直找不到老婆，他是個孝子，守著老媽過日子，後來經別人介紹娶了一個被別人「休」掉的女人。那女人風流漂亮，二舅把她看得極嚴，也不下地幹活，天天和她關在屋子裡做愛。終於，那女人的肚子大了，給他生了個兒子，他才放鬆了對她的看管。第二年，那女人又給他生了個兒子，兩個兒子使他更放心了，便又操起獵槍上山打獵了。就在他上山的幾天裡，那女人隨著一個男人跑了，一跑就是八年，現在孩子都十多歲了，還沒找到娘的下落。

「媽的，我只不過是借她肚子造了兩個兒子。」二舅忿忿地說：「女人就是那麼回事兒，你以後會明白的。」他煞有其事地說。

我想起了妻子李雁，她會離棄我嗎？絕不會，她是一個有文化的人。

吃過飯，我沖奶粉餵我的小梅花鹿，有了奶嘴，小鹿吃得高興極了，牠顯然是餓極了。一頓就吃了一袋奶粉的四分之一。我愛撫地摸著牠的頭，那毛皮光滑得像嬰兒的皮膚，牠信賴地依偎著我，像是孩子依偎著母親。

二舅冷笑道：「你餵牠奶粉，餵得起嗎？乾脆殺掉，明天咱們倆下酒，小鹿肉又嫩又好吃，就是有點羶，加點辣椒就好了。你這有沒有辣椒？」說著他就下地找辣椒，看那樣子就像馬上要煮鹿肉似的。

我有些不客氣警告他：「坐好，閉上你的嘴？你要敢把我的鹿吃掉，我就敢把你的狗吃掉，不信你試試。」

他竟然老老實實地坐回了炕上。過一會突然對我說：「你看清沒有，這不是普通的鹿，這是梅花鹿，很值錢的，據說賣給動物園能賣到六千多塊錢。」他湊過來摸著小鹿的頭，小鹿似乎知道他不懷好意，一個勁往我身後躲。

二舅對我說：「我有個主意，你別給牠奶粉吃，餓上牠兩天，然後把牠繫在河邊的大樹上讓牠叫，牠一叫，大鹿準來，然後我藏在附近瞄準一勾火，一槍就幹倒牠，那咱可以賣了小鹿吃大鹿，鹿皮歸你，怎樣？」

我說：「你別出壞主意了，我不會這樣做的，這種動物是國家保護的，很珍貴，不能再殺了！再說，我已經使牠們母子分離了，再誘殺大鹿，天理不容。」

他罵道：「媽的，書呆子，你不打，別人見了也打，那些當官的和公安局的盡用衝鋒槍打。你不信？就像在天安門廣場打你們那樣打，保護？保護個屁！」

從此，二舅在我的窩棚住了下來，他的狗叫黑子，是一個有身孕的母狗，二舅對黑子的感情很深，就像我和虎子的感情一樣。

我給小梅花鹿起了個名字叫梅梅，牠很懂我的意思，長的挺快，一個月後牠竟可以吃草了，我到外屋燒飯牠跟到外屋，我進屋睡覺牠跟進屋子，用嘴巴撞我的頭，我到外面劈柴牠也跟著，並不跑，站在我附近吃草。虎子和牠相處得很好，虎子從來不咬梅梅，梅梅也不怕虎子。二舅也不再想吃梅梅或捕殺梅梅的母親，每天織他那一大堆被老鼠咬得大窟窿小眼的粗線網，或有時拎著槍出去轉悠一圈打回幾只野鴨子或野兔子下酒。

有二舅常看家燒飯，我便把大部分精力用在庄稼上，水稻已撒完了種籽，黃豆也播完，只等一場透雨了。

3

農曆忙種的第二天，是陽曆的六月四日，我離開天安門廣場整整一年了。早晨起來，走出茅屋，天暗得像黑鍋底，閃電挾著傾盆大雨呼嘯而至。我的小茅屋風雨飄搖，屋頂的房草被風捲起，飛揚上天空，我爬上屋頂，但被風捲了下來。我只好呆呆地看著房草被風一捲捲地挾走。二舅幫我種完地回家看母親和孩子。把黑子和獵槍都扔給了我，黑子和虎子在風雨中追逐飄飛的房草，似乎想幫我把草追回來。

窩棚裡開始露雨，我抵抗不住大自然的肆虐，只好把虎子黑子叫進屋。脫掉被淋透的衣服，在火灶旁點燃了木棒子，我把幾天前就準備好的黃色的紙裁成一尺見方大小，然後把一張一百美元的鈔票壓在上面，表示每一張紙都是一百美元的鈔票。那張百元面額的美鈔是我逃蘇聯時憲弟給換的，是用了一千二百元人民幣換的，有的紙我寫上了名字，胡耀邦、駱一禾等，更多的紙沒寫名字，因為天安門的死難者的名字更多的不為人知，不過我想他們在九泉之下會收到我「寄」給他們的禮物，懂得我一個逃亡者的哀思。

我呆呆地坐在火灶旁，眼前的火苗化做了東西長安街和天安門廣場的火光，我彷彿又聽見了《國際歌》聲，那聲音是那樣激昂和雄壯。

按照古代的風俗，我把紙錢一張一張投進火灶，看它們化爲灰燼，看那些紙灰像灰色的蝴蝶在我的頭上翩翩起舞。

我脫得一絲不掛，面對著那堆紙灰長跪下去，像一個懺悔的基督徒在對著上帝懺悔。

茅屋外風雨交加，茅屋內小雨淅瀝，幾隻青蛙蹦到我的面前吃驚也看著我，梅梅則低下頭溫柔地喙著我的又髒又亂又濕的頭髮。

我想起那些天安門廣場的冤魂，我在懺悔我的「罪惡」，作爲「保衛天安門廣場」的副總指揮之一，我對六月四日的流血心裡難過，如果我們按原計劃在五月二十八日撤出天安門廣場，開始進行下一層次的校園民主建設，我們也許會避免這樣大的流血。在整整一年的逃亡生活中，我更深刻地體會到人的生命是超越一切的最高準則。而且那場運動中間，我實際上在思想上也存在著激進的情緒，正是由於這些激進的情緒導致了一些決策的失誤。作爲一個決策者不僅要考慮到良好的動機和理想的成果，更重要的是要考慮到所用的手段。而我們的腦海裡殘存著爲了目的的美好和純潔不惜用鮮血和生命去換取這樣理念。

我們沒有達到用最小的代價取得最大的成果，而是付出了高昂的代價。

毫無疑問，八九民運最大的成果是使共產黨失去了在人民心目中的「合法地位」，逼得他們撤下了自己的假面具，使人民眞正認清了他們的本質。

但是如果我們能更成熟一些，會幹得更漂亮，然而我們未能做到。

我向死難的同學發誓：「我要用畢生的精力結束共產黨的一黨專制，完成你們所未竟的事業。」

紙灰慢慢地升騰。淚流滿面的我從土牆的暗洞裡拿出一支鉛筆，面對那些死難的英雄，我寫下了我的思想和志向：

其一

英才年少論是非，棄得榮華知爲誰；
自幼勤苦讀馬列，而立研究新思維。

其二

十年一筆時有愧，一朝人民喚風雷；
揮毫已譜狂飆曲，大風起處帝王悲。

其三

萍蹤飄泊雨雪霏，慈母妻兒斷腸淚；
爲得自由遍環宇，樂飲黃蓮不皺眉！

讀寫完後，我在後面寫了一行這樣的小字：六四週年祭雨打茅屋時。

那一天，一堆紙灰，一支鉛筆，一首詩詞，一瓶白酒，一眼淚水，一腔悲憤，一縷思念伴我度過了逃亡一週年紀念日。

那一天沒有太陽。

大雨下了三天三夜。

4

三天三夜的雨淹沒了我去烏蘇鎮唯一的小路，沒有煙抽了，所有能找到的煙頭都被我找回來，剝出煙絲，用報紙條捲起，貪婪地大口吸著。兩天後，翻遍所有的角落再也找不到一絲煙草和半個煙頭。於是我就爬上門前的柞樹，採下樹葉，放在鍋裡炒乾，揉碎，用報紙捲著抽，這種代用品也冒煙，苦苦的，抽幾支後，舌頭便被燻出了水泡。

二舅的黑子比虎子機靈，速度快又有捕獵經驗，所以我上山打獵喜歡帶著黑子，讓虎子和梅梅看家。黑子是捉獾子和黃鼠狼的好手，每天上山我即使一槍不放，也可以拿回獵物。我對黑子的感情也逐漸加深。

兩個月後，二舅還沒有回來，黑子的肚子一天比一天大，沒那麼多的糧食給牠和虎子吃，我就下網捕小魚，這兩隻狗都不吃生魚，我要把魚用鍋煮熟，撒上鹽，然後餵牠們。如果魚不多，我常常先餵黑子，虎子很聽話，當黑子吃食時，牠常常靠在我的腿上伸著舌頭看，等黑子吃剩下了才能換到牠。

梅梅已長得又高又大，牠和我有很深的感情，還是像個跟屁蟲似的走哪跟到哪，即使跟到屋外看我曬網牠也不跑，我眞倒希望牠跑掉，牠也該自己去屬於自己的大自然中去生活了。但試著帶牠走了兩次山，牠和虎子一樣，最終又跟回來，在小茅屋中牠的那堆草上臥下來，牠習慣把那兒當成家了。

於是我也未再勉強牠。因爲我也喜歡牠和我在一起生活。

盛夏到了，黃豆地鋤過了，趟了第二遍；水稻田也不必再擔心野鴨子，只是兩三天划船過河抽點水。我新認識的兩個朋友帶著一支嶄新的雙管獵槍從漠河來我這兒打獵，每天吃住在我這兒，他倆是表兄弟、一個姓何，一個姓王，都很尊敬地稱呼我叫四哥。

一天中午，我們三個人吃了一盆生魚絲，喝了一瓶老白干，剛剛睡著，我就被狗的狂叫聲驚醒，我只穿了一條短褲，出了屋門向河上望去，寬寬的河面上很平靜，只能看到我的魚網的浮飄一排排整齊地排列，有的魚網漂已下去，那準是掛著魚了。

「老頭兒，我們在這呢！把船划過來！」河對面傳來了喊叫聲。

我抬頭望去，三個人站在河對岸向我揮手，距離遠，看不清他們穿的什麼衣服。

我上了船，向河對岸划去，但當快要划到對岸時我才發現他們那橄欖綠的服裝，是警察。

我的心跳加快了，他們來幹什麼？是針對我的嗎？

划船掉頭跑，顯然來不及了，我已划進入了他們的射程之內。再說，萬一他們不是針對我的，豈不自己暴露了身份，再想找一個這樣的「根據地」也不容易，租的那麼多土地，種的那麼多庄稼怎麼辦？

我橫下一條心，把船迎著他們划過去。船靠了岸，三人跳上了船我才仔細去看，兩個穿警裝，一個穿便裝，三個人找了個乾淨的地方坐下了。一個警察問我：「你是種地還是打魚？」

我說：「地也種、魚也打、打點魚當菜吃，不然的話，吃啥？」

那個警察挺高興：「這麼說你這兒有魚了？」

我說有。他們說他們還沒吃飯，讓我給他們弄點魚吃，我發現他們並不是抓我的，心情輕鬆了下來，問他們是幹什麼來的，他們告訴我是普查人口的。

那個穿便衣的一直未說話，他一邊吸煙一邊不停地觀察我，我儘量放鬆自己，用力地划著船漿。划到我的茅屋後面，把船停下，我從水中拉出我裝魚的網袋，十幾條一斤重的大鯽魚撲愣愣直蹦，他們很高興，讓我全給他們燒上，然後兩個警察進屋睡午覺去了。

那個穿便衣的隨手遞給我一支紅梅牌香煙。我替他點燃，他說他是在鄉政府工作，他的弟弟認識我，所以他也知道我這個人，「一看四哥就是一個豪爽的人。」他說。

我和他弟弟關係很好，於是我們心照不宣，我一邊殺魚，一邊和他談著庄稼的長勢。把魚放進鍋裡，把我們吃剩的大米飯放在帘子上，塡足水，放上辣椒和鹽，蓋上鍋，開始燒火，不一會兒鍋裡就冒出了魚香味。甚是誘人。

突然，屋裡發出了爭吵聲。我只聽一個喊道：「我身爲警察，有權沒收你的槍！」

我和穿便衣的朋友趕緊進了屋，只見小何拿著槍站在炕上，兩個警察也端著手槍站在地下，小王則不見了跡影，氣氛十分緊張。

我站在了他們中間，讓他們冷靜下來，但雙方都不冷靜。

警察說：「把槍放下，否則我們就不客氣！」

小何說：「你還能把我的雞巴咬去咋的？老子不尿你！你要跟我來混的，讓你走不出這草甸子，不信你試試！」

警察說：「你媽了個×的，老子怕你？放下槍啥話都好說，不然你小子可別後悔。」

我和那個穿便衣的幹部問咋回事，一個警察說，原來他們發現了小何帶的槍，便問誰的槍，而小何卻不尿他們，把槍拿到手。警察要收他的槍，因爲這個地區是禁止狩獵的。「除老鼠以外，什麼也不許獵。」小何說他來好幾天了，除了打到了幾隻烏鴉什麼也沒打到。他也不打了，明天就回家。警察說你走可以，槍得先交給我們保管，待你辦了狩獵証再來取。小何知道，槍一到他們手就別想再取回來，於是不給，雙方吵起來，小何把槍端起來就要玩命，兩個警察也端起了槍。小王則跑了出去，這個小何和小王都是天不怕地不怕的流氓，一支槍一千多元錢，他們不會輕易讓警察拿走，但要真的在我的窩棚裡開火，無論誰死，我都脫不了干係，如果我被帶到公安局很快就會被識破。另外，如果開火，小何只能打死一個警察，而他會被另一個警察槍斃，也許小王會在樹林中打黑槍幹掉另一個警察和穿便衣的人，那我得馬上逃亡，還要背上殺人犯的嫌疑。

我迎著小何的槍口走了過去。

小何厲聲地：「四哥你別過來，你再走我就不客氣開槍了！」

我說：「喝了兩盅尿水就亂撒野，把槍給我，你槍裡的子彈早被我卸了！」

小何一愣，低頭看槍，我已上了炕，從他手裡把槍搶了過來，掰開槍管，兩顆子彈便掉在我的手上，兩個警察行動很快，衝上炕，把小何撲倒，按在炕上，兩個人沒手銬，向我要繩子，我說：「兩個大哥，這不好吧！」

一個說：「媽的，啥好不好，他竟敢用槍指著警察！」

我說：「你們沒看他喝多了嗎？眼睛紅紅的？算了，先吃飯吧，把他放了算了。」

穿便衣的幹部也說話了：「算了算了，把他槍沒收得了，抓他幹嗎？又沒啥油水，再說得給老四一個面子，他畢竟是住在老四這兒。」

兩個警察放開小何，小何也害怕了，一聲不吭，下地要走，我知道，他要一走，那把新槍眞就要不回來了。

我說：「小何，別走，給這兩位大哥道個不是，人家也是按上級條文辦事嘛，並不是眞和你過不去！」

小何站住了，幫我把飯桌放上，在開鍋盛魚時，小何說：「四哥，槍能要回來嗎？」

我說：「試試看，你聽我的，他們咋說你也別發火。」

小桌放上，一大盆魚端上，一斤白酒斟上，我陪著三人喝了起來，喝酒時我才發現，二舅那把破槍和小何的槍一起放在一個警察的身邊。我就說我那把破槍是一個朋友放在我這兒，那槍口鬆，子彈跑不了十米就往下掉，因爲我種的水稻常被野鴨子糟踏，所以放兩槍嚇嚇鴨子，還請高抬貴手，把槍留給我。

一個警察把我的槍拿到手看了看，知道値不了幾個錢，扔給了我說：「瞧四哥的面子，槍給你留下吧，打著啥好野味別忘了給我們哥們留點。」

我說：「能忘了你們嗎？巴結還巴結不上呢！」

談到那只新槍，我說罰點款算了，槍拿回派出所也得交給領導，又得罪人，再說了，現在誰不為自己想，那小何和小王都是亡命徒，哪天撲到鎮子上來個兩敗俱傷……何苦呢？再給我個面子，背個槍走幾十里路不如背著魚走，回去還能吃，我給你們每人帶二十斤鮮魚，咋樣？

一個警察說：「好，看你的面子，槍我們不拿了，魚也不要，罰款吧！」

我問：「多少？」

他說：「一千！」

我苦笑道：「你們看我這啥東西值一千？要是我有一千塊錢還住這破窩棚，種這兒的生地？我就有一百塊錢，幾位大哥拿去喝杯啤酒吧。」

另一個警察說：「不，我們不要你這一百塊錢。我們發現你為你的哥們兒兩肋插刀，是條漢子，所以想向你要一樣東西，這個東西值一千元。」

我把桌子一拍：「只要我這屋裡值錢的東西你都可以拿，把槍留下就行！」

那警察說：「好，四哥是個痛快人，我們想把你養的那頭鹿帶走！」

「梅梅?!」我的頭嗡的一聲大了，剛才這一陣亂吵，把牠忘了，這兩個混蛋什麼時候注意到梅梅了呢？

警察看我猶豫便說：「其實，四哥也不必為難，這個鹿值兩千塊錢，咱也知道四哥是走江湖的人，可你咋把牠運到佳木斯？你雇個車，賣完鹿也就剩一千元，這把槍不止一千元吧？

再說，剛才那臭小子拿槍威脅我們，我隨時可以逮捕他，讓他坐幾年牢！」

另一個警察說：「四哥要是爲難，就賣了鹿再拿錢去贖槍嘛。」

我強忍著怒火，笑著說：「哪裡，一頭鹿嘛，牽走好了！你們不說我還不知道，這東西值那麼多錢！」

一個警察得意地說：「這是梅花鹿，動物園收。」

我一想，梅梅去動物園也好，眞要是回到山裡去也不安全，說不定什麼時候成了獵人和警察的靶子。但畢竟養了牠幾個月了，有很深的感情。我走過去，梅梅舔著我的手掌，我強忍著淚水，把一個繩套套在牠的脖子上。我不敢表露自己的感情，怕引起他們的懷疑，我拍了拍梅梅的頭，在心裡說：「梅梅，我親愛的小寶貝，我是迫不得已啊！你知道我的難處嗎？」梅梅像個懂事的孩子乖乖地跟我走到了屋外。

小何說：「四哥，別的，那把槍我不要了！」

我說：「你不要他們也放不了梅梅的，還可能給我惹大麻煩，算了，梅梅能有這麼大的用處，也不枉我疼牠一場。再說，他們是想賣掉，又不是殺掉吃肉。到佳木斯動物園也許是梅梅的福分！」

警察牽著梅梅走後，我把桌上的一大碗白酒一口喝掉了，然後躺在炕上，淚流滿面。

小何送他們過河後回來，悄悄地收拾飯桌上的剩菜剩飯，不一會，小王拿著槍跑回來了，兩個人拿著槍走了。

後來，我從那個穿便衣的幹部弟弟的口中知道了他們牽著梅梅走到半路，梅梅說什麼也不走了，三個人強拉著到了公路，換了一個小四輪，就在推梅梅上車時，梅梅掙脫了他們，飛也似地跑下了公路，那兩個警察氣急敗壞掏出手槍開槍了，梅梅倒在血泊中……

他們把梅梅拖到車上，拉到鎮子的酒館裡，請了一幫人吃火鍋……

我病倒了，整天發高燒，高燒中總是覺得梅梅還在我的頭上舔來舔去。沒有力氣給虎子和黑子弄吃的，牠們便跑到草甸子上捉老鼠、黃鼠狼和野雞吃。

大寶爹來了一回，他說黑子和虎子最近常到他家和他的大白豬搶食吃，他不放心，便來看看，果然是我病倒了，他幫我做了一鍋飯，幫我把地上的魚網摘乾淨，掛在曬網架上，坐下來，想想，嘆口氣：「四哥，有句話不知當說不當說！」

我說：「有什麼不能說的？說吧！」

他點燃一支煙給我，然後自己又點上一支：「找一個女人吧！對你也是個照顧。」

我半晌沒說話，腦海裡浮現出妻子和女兒，我拿出他們的照片來：「你又不是不知道，我有老婆和孩子，」

他沈吟半晌說：「都一年多了，她還能等你嗎？」

我自信地笑了，她怎麼能不等我呢？我覺得這些農民想問題太實際了。李雁畢竟是生活在大都市的女子，她怎麼會像農民們想像得那樣平庸呢！她一定會等著我們重新聚首的那一天的。

5

盛夏，是蚊子的世界，野鹿河邊的蚊子大得出奇，多得出奇，我只有在早晨露水還未消時去河裡起網，否則蚊子會把你咬得渾身沒好肉。

有一天從稻田放水回來，驚喜地發現黑子生了十一個小狗，那些小狗在黑子的肚子上爬來爬去，還未能睜開眼睛。我好喜歡，一個一個地抱過來看，十一個小狗中只有三隻公狗其餘全是母狗。凡是打獵或打魚經過我窩棚看到過黑子大肚子的，都讓我給留一條小狗，十一個雖不少了，但也不能滿足這些朋友，按照當地的習慣，一般只留三四個，大狗也好餵，小狗也長的壯，但黑子是名貴狗種，我也捨不得把那些無辜的小生命扔掉。

所以只好下小眼網捕魚，有時划船到幾里路外一個盲流的窩瓜地去摘窩瓜，把窩瓜煮熟和魚一起餵黑子。黑子只有十個奶頭，我不得不在那些小傢伙吃奶的時候強行讓那又大又壯的下來，讓給又弱又小的。由於這些小傢伙吃不飽，半夜裡總是叫個不停，我只好用餵梅梅的奶瓶裝上飯米湯餵牠們。一個月過去了，牠們居然都活了下來。

到了秋天，二舅才回來，原來他偷了別人的拖拉機零件被抓到了監獄裡。他說是別人先偷了他的，他到派出所，派出所不管，他就去偷別人的，這次派出所管了，把他抓了起來。他不服氣，頂撞了派出所的警察，警察便把他用手銬銬在派出所院子的大鐵門上，他只穿一條褲子，上衣被剝光，成千上萬的蚊子開始向他進攻，剛開始他還用一只手搧打，後來打不過來了，打死一層又落上一層，到了半夜，他的身上蓋了一層蚊子，像是長了一層黃毛。派出所的所長走出來，讓他叫爹，他就放他。二舅說了一聲：「你是爹……」就昏迷過去。

他浮腫了兩個月，後來被放了，還要請政府、派出所、還有挨偷的人吃飯，殺了過年豬，吃得一乾二淨，身體好了一些，準備和我把網攔上，如能搞上幾千斤魚，也能把借的債還一還。

於是我和他走了十幾里路來到要堵魚的地方。江水已經漲上來，魚很多，一片網下來，兩小時去起網就會掛上十幾條大鯉魚和鯰魚。我們在河邊挖了個地窨子，像野人似地站進去，每天吃飯也要在蚊帳中，否則飯盒裡會掉進一層層的蚊子。幾天後，我們佈好了網，半夜常聽到鯉魚跳網逃跑的聲音。但二舅和我沒有發財的命，待江水撤下後，堵住的魚全進了一個方圓幾里路大的池子，那池子水深兩米，我們根本沒有能力把水抽乾。一個月的罪白遭了，苦也白吃了，那段時間我常常被蚊子咬得兩只眼睛只剩下一條細縫。

那幾天，二舅常把黑子帶出去，想獵熊，一只熊膽可以賣八千元錢，如能獵到一只熊，則可償還所有的債務。但除了獵到幾隻麅子和野兔外，並未獵到太大的動物。黑子那幾天吃得愈來愈少，好在小狗娃都能吃食了，有一大半已被人抱走了。

一天我帶著黑子背著二舅的破槍去稻田，在回窩棚的路上，黑子突然離開我，飛也似地向前面的草叢中射去，我尾隨追去，在野鹿河邊，黑子和一頭又大又壯的野豬在激烈搏鬥，那野豬身上是棕色的毛，兩只獠牙支在嘴上，小眼睛瞪得圓圓的，黑子機靈地躲閃著牠的獠牙，一豬一狗在荒草叢中展開了拉鋸戰，那個野豬想跑黑子就在身後追，待那野豬回頭咬黑子，黑子就往我這個方向跑。

我端起了槍，壓上子彈，瞄準了那個野豬的頭，在牠跑到我面前的時候牠發現了我，於是瘋狂地向我衝來，我不慌不忙地扣動了板機，眼前紅光一閃，那頭野豬撲倒在我的面前，子彈把牠的腦門打了個很大的洞。

那頭野豬足有三百斤重，我趕緊回去找二舅，讓黑子看著野豬，別讓別的什麼野獸來吃牠的肉。黑子疲倦地趴在了野豬身邊，兩只眼睛溫順地看著我，我萬沒想到那一眼竟是永別。

當我和二舅划船過來時，黑子已死在了野豬的身邊。

二舅痛哭失聲。我也非常地難過，弄不懂牠怎麼突然就死掉了。

我們把黑子葬在了我窩棚前。這樣我和二舅每天都可以看到牠。

野豬肉賣了三百多元錢，我全給二舅帶上，二舅帶著剩下的兩只黑子的後代回家了，把那只破槍留給了我。

於是，這山上又剩下了我和虎子。

虎子沒有黑子機靈，傻呼呼的，我帶牠出去打獵時，牠不像黑子那樣悄悄地跟在你身旁，而是在你前面大搖大擺地小跑，並不時回頭看著我，沿途所有的野獸都被牠衝跑了，而我的槍又打不了那麼遠，牠卻常回頭得意地看著我，那意思好像是說：「怎麼樣？我還不錯吧？」

無論怎樣，我是愛牠的，牠使我不再孤獨，有時竟然瀟洒起來，覺得這大荒甸子上的生活夠浪漫了，我已完全適應了，甚至想有一天能重見天日時在這兒買些地，搞個家庭農場，把這片荒原都開發起來。

那是我當年最大的夢想。

第十八章

荒原的最後歲月

1

西伯利亞的寒流過早地襲來。

彷彿一夜之間，滿山的樹葉由綠變紅，落葉像蝴蝶一樣隨秋風飛舞。庄稼成熟了。

常言道，三春沒有一秋忙。遠處的農民已經開始了收割，但我卻無奈地看著滿山的庄稼，不知所措。

這一年，我種了一百二十畝大豆，十五畝水稻，投到庄稼上的資金八千多元，這包括種子、油料、開荒、播種趟地的機械費用，好在都是賒帳，只待收割後賣完糧食還清欠款。這一年我默默地播種、默默地耕作，像母親期待孩子一樣精心地看著苗兒破土、拔苗、成熟，孤寂的心在勞動中充實，在這種忙碌的勞累中品嘗著期待的快感。

記得春天剛過，稻苗便齊刷刷猶如綠毯，我每天划船到稻地抽水施肥。有一天，我早晨起床去稻地放水，立即被眼前的景象驚呆了。成千上萬隻野鴨子集合在我的稻田，稻苗被拔光，一綹一綹飄浮在水面，我憤怒地向這群野鴨子開槍，牠們驚飛起來，撲天蓋地，遮住了陽光，牠們在我頭上盤旋，把屎尿拋在我的頭上，然後又興奮地撲在我的稻田裡。我頹然坐在田埂上，欲哭無淚，這些水稻光稻種就兩千多元，我不知道用什麼去還清這筆借款。

後來，我到幾十里之外一家專種水稻的朝鮮族農家請教。主人告訴我，這裡是野鴨子的世界，但牠們並不是有意和我過不去，因爲我沒有經驗，抽河裡的水時把小魚都抽到了稻田裡，鴨子們在吃小魚的時候便連同稻苗一起拔掉。

我問他有什麼辦法可以挽救。他胸有成竹地說：「把稻田的水全放掉，小魚便回到了河裡，鴨子當然不來了。再抽水時，用紗網把抽水機頭包住，這樣，小魚兒便進不了稻田了。」

我無奈地說：「已經晚了，苗已經被拔光了，重新播種已經來不及了。」主人說：「水一放光，飄浮在水面的稻苗便會落在泥土上，晒上幾天，它們會扎根的，但肯定會減產，不致於顆粒不收。」

我回來後，按朝鮮人的辦法做了，果然靈，幾天後，小苗又扎下了根，只是沒有原來的齊整了。這使我快樂了一陣子，覺得那稻田比過去還要美麗。

而今秋風一過，寒霜降臨，豐收的季節到了，我卻無法把這麼多庄稼收回來，麥子收割時，我便划船到野鹿河對岸的一家種小麥專業戶那兒賒了十麻袋小麥。磨成麵粉等待秋天動鐮時雇人之用，但動鐮開始，我很難找到打工的盲流，他們幾乎全被沿途的農戶雇走，我這裡交通不便，只好等別人收割後才能雇到人。

等待了半個月後，當附近村落的庄稼已收割完時，大雪降臨，我的小茅屋和四周的大豆、稻子全被大雪蓋上了。

我只得帶著虎子冒雪走出荒原，到一百多里外的村庄找大表姐想辦法。大表姐把親戚全動員起來，還招攬了幾個遠方來割地的盲流，我借了一輛四輪拖拉機，把這些人拉進了荒原。

每天早晨天不亮我便起床把饅頭蒸好，剛開始不會蒸，盲流們說我蒸的饅頭可以把兔子打死，後來慢慢地越蒸越好了。半個月後，我的庄稼被十幾個盲流從雪地中收割回來，一個姓王的青年農民把他的東方紅拖拉機開來，拉上用圓木做的大雪橇，把收割後的庄稼拉到了場院。

那段日子，人們的勞動到了極限，每天在風雪中勞作十幾個小時，我採取的是計件工酬，每畝地十五元人民幣，割水稻的報酬是每畝地三十元。儘管這報酬在當地已經是夠高了，但因爲大雪的緣故，割地的盲流收入並不理想。由於我和他們相處的很好，他們幹得很賣力。

當收割的庄稼上場之後，大部分盲流走了。剩下一個叫于俊的盲流，他無家可歸，想留下來和我一起生活，我同意了。

記得于俊剛來時只穿了一套破爛單衣，連內褲都沒有，我給了他一套絨衣絨褲，他人很機靈，據說文化大革命時曾當過造反派，後來鄧小平清查三種人，他坐了兩年牢，老婆離婚走了，他從此遊蕩江湖，是眞是假，我不得而知，凡來荒原的人多爲這個社會所不容者，不便多問歷史。即使問也不見得告你實情，就和我一樣，正所謂：同是天涯淪落人，相逢何必曾相識。

有于俊和我一起生活，我不再那麼孤獨了，每天他起早把飯燒好，然後我開上拖拉機，頂著風雪去打場，春節到來之前，我們終於完成了庄稼的脫粒，共二萬四千斤大豆，六千斤水稻。我們不敢賣給糧庫，只好賣給糧販子，一斤大豆賣四毛五分錢。

記得賣完大豆那一天是臘月二十一日，我坐在炕上數錢，于俊在廚房煮肉，昨天我打了兩隻麅子，把肉割下來，大部分用冰凍起來。于俊撿了一隻前腿，和內臟一起煮，我買了二十斤酒，忙碌了一年，也該享受一下了。虎子忙前忙後地跟著于俊的屁股轉，一個多月來，他和于俊已經混熟了，于俊也很疼牠，每次吃剩的飯菜，他都一點不留給了虎子。虎子胖了，皮毛發光。

我把錢分若干份，全是應該還給別人的賒債，一萬元錢除去種子、油料、機械、人工、口糧等外，只剩下三百七十元錢。我呆呆地望著這分得一份一份的錢，惟獨我自己盈利這部分最少。不由苦笑起來，如果不種這麼多地，我打魚打獵也會比這掙的多，挨了一年的勞累。

于俊安慰我：「新開的地產量太低，明年就會好的。」他見我呆呆地看著他又補充說：「其實你也知道，種地就是不掙錢，無非是吃口飯，要不然，明年咱把地賣了，出去給別人打短工，比這掙的還多。」

他說的對，今年他給我打了一個月的短工，每天平均二十五元，我應付給他七百五十元。

我把屬於他的那一疊錢推給他，說：「你說的對，你只給我打了一個月工，掙的錢比我這地一年的勞動多一倍。」

他堅決不要：「咱倆都一家人了，放你那兒吧，你是掌櫃的。」

我送到他手：「那是明年的事，今年你掙的錢是你的。買身新棉衣，省著整天被凍得哆哆嗦嗦的。」他穿著我的一個破舊軍大衣，大衣的兩排扣都在勞動中丟光了，他便找根麻繩往腰上一繫，用來擋寒。

2

第二天，我帶著虎子去遠處的村子還錢，讓他在家把魚網補一補，然後裝起來，待明年春天捕魚用。他不幹，一定要和我去村裡；「過年了，大姑娘小媳婦都穿得花花綠綠的，咱去瞅一眼。」我知道他是想找人賭錢，便告訴他，不可以玩牌九，打兩圈麻將就和我回來。他一口應承，連連稱是。天一亮，我開著四輪拖拉機上路了。

掌燈時分，我們來到了村子，我挨家還錢，最後把拖拉機還給了大表姐，給了她一千元錢。大姐說，村長知道我下山了，想找我吃頓飯。我和大表姐夫去了。村長老王擺了一大桌酒席，村黨支部書記、會計都在，大家喝完酒便打麻將，那一夜，我手氣壞透了，天快亮時，我輸了三百五十元。一年的收入一夜之間全輸光了。

村長老王問：「還有錢嗎？」

我如實回答：「沒了。」

他笑了笑：「我眞佩服老四，輸這麼多還臉不變色地坐在那，不像你，他轉身對大表姐夫說：你要是輸這麼多，保証又是摔牌又是罵娘的。」

大表姐夫嘿嘿地憨笑。

村長老王吸了口氣說：「老四，一年忙到頭，也該回去看看老婆孩子了，你種不了地，明年把地賣給我，我雇人去種，這種苦你怎麼能吃得下。」

村長大嫂端著煮好的餃子進屋說：「是啊老四，盡念書了，哪挨過這個累！」

村長老王忙打斷她的話：「哪都有你，你什麼時候看見老四盡唸書了？」

村長大嫂知道說走了嘴，忙掩飾自己。其實，這屋子裡的人都知道我是誰，只不過大家心照不宣，誰也不願意把這層紙戳破罷了。

村長老王說：「這樣吧，春節前回去看看媳婦和孩子，我們每人給你拿兩百元錢。」我堅決不要，村書記老程說：「先算借你的，明年有錢再還我們。」

我連連道謝，心裡充滿了感激之情，他們都是共產黨員，又是黨的基層幹部，明明都知道我是全國通緝的重要政治犯，不但不告發我，反而解囊相助。其實，這一年多我從他們身上得到的幫助何止這些？我想，反正還有四十多麻袋的水稻，待磨完米後，每家送二百斤大米也就成了。

我剛把錢放進衣袋，忽聽不遠處一聲槍響，接著一陣狗吠，我不慌不忙地站起來，對他們說：「你們先吃，我還有點事兒，先走一步。」

大家都站了起來，神色緊張，村長老王說：「也許是抓賭的。」他走到門口，開開門向外望去，我拿起大衣，走到門口，村長老王忽然把我攔住，小聲說：「你走不了！」

我驚愕地望著他，不知他爲什麼要這樣做。

這時，村長老王家裡的大黃狗狂吠著向大門撲去，一隊黑影已走到大門口。

村長老王小聲說：「你躲到屋裡去睡覺，不叫你不要起來。」村長大嫂忙把我拉到裡屋，讓我鑽進已經鋪好的被窩裡，我睡的是炕頭，挨著我的空著的鋪蓋肯定是村長大嫂的，他們三個女兒睡在炕梢，大女兒小秀驚恐地問：「媽，出了啥事了？」

村長大嫂說：「沒事，可能有抓賭的，你王四舅在咱家住一夜，要是他們進屋來問，你就說是你舅，記住了？」

大女兒小秀點點頭，待村長大嫂出去了，她小聲對我說：「四舅，沒事兒，他們不敢搜我家，睡吧。」

我說了聲謝謝，但哪裡睡得著，心裡懊悔不已，眞不該留在村長家打麻將，萬一把我抓到了，村長老王非坐牢不可，這一家人怎麼生活啊！

門開了，好像進來許多人，一個大嗓門喊道：「老王，哇，書記會計都在，這下讓我抓個正著，村幹部帶頭賭博，這下還有什麼說的？」

老王笑著說：「徐所長你可看好，我們是在吃餃子，如果吃餃子也犯法，那這不成國民黨了嗎？」

那麼派出所的徐所長哈哈大笑：「這麼說來的早不如來的巧，正好，同志們都餓了，再下一鍋，讓我們喝一口，暖和暖和。」

村長大嫂說：「你這死鬼，下鄉來也不提前說一聲，哪有那麼多現成的餃子給你吃？」

徐所長說：「提前說？那還不讓這些罪犯跑掉了？就這麼神秘還讓他們跑了一些。」

村長老王道：「又誰犯賭了？」

徐所長說：「村西頭老余家，全是盲流，還眞有錢，這下抄了一萬多塊。」

書記老程插嘴說：「剛賣完糧，這些盲流辛苦勞累了一個秋天，哪個不掙千八百的，掙完錢不回家，賭的哪份子錢呢？」

村長老王問：「抓到幾個？」

所長說：「七、八個。」

村長說：「人呢？」

徐所長說：。「讓我捆成一串，全扣在你們家拖拉機上了。」

村長老王說：「這怎麼行，這寒冬臘月的，還不凍死啊！」

徐所長說：「唔，這些傢伙你不凍凍他們沒記性，下次還賭！若把老婆孩子輸光了，你要凍他也晚了。」

村長老王說：「把鑰匙給我。」

徐所長說：「你這老王啊，什麼都好，就是黨性不強。」

村長老王說：「黨的政策是坦白從寬，抗拒從嚴，這些人錢也交了，打也挨了，不能給凍壞了，共產黨還講優待俘虜嘛！」

屋子裡的人哈哈大笑。

不一會，又一群人進了屋，只聽徐所長喊：「都他媽的蹲到牆邊去！」接著聽到叭叭的皮帶聲。

只聽村長老王說：「別打了，你沒看都凍木了嗎？現在打也不知道疼了，你把他們衣服都弄哪去了？」

徐所長說，都扔車上了。

我悄悄下了地，把門慢慢開了個縫，只見七八個大漢只穿著一件小褲光光地蹲在牆邊。

村長老王開口大罵，什麼難聽罵什麼：「活該，你們這些王八蛋操的，一到過年就賭，周小三你也賭？你剛娶了老婆，還欠我伍百元錢，有錢不還去賭博，你眞行啊！」

那個叫周小三的哭哭啼啼求情：「村長，我沒賭，我只是在一邊看熱鬧就讓徐所長給抓來了，求求你，給我說個情，要是坐牢，我那新媳婦非和我離婚不可。」

那個徐所長站起來就是一皮帶：「你他媽還嘴硬！」

周小三那凍得發紫的後背上又多了一條皮帶印。

村長老王攔住了徐所長說：「算了算了。」接著對村長大嫂說：「去，給他們每人舀一碗熱餃子湯，暖和暖和。」

村長大嫂對徐所長說：「你這小子眞狠，把人凍死咋辦？」

徐所長喝了一口酒說：「大嫂，你不懂，這些人像豬似的，記吃不記打，你不狠點收拾他，他一放出去還賭。」

村長大嫂說：「現在不是說十億人民九億賭，還有一億在跳舞嗎？玩玩小牌犯哪家王法了？我就不信你不賭！」

徐所長哈哈大笑：「大嫂現在越來越有詞了，人家現在說我們是四等人。」

村長大嫂說：「什麼叫四等人？」

徐所長說：「四等人，大蓋帽，吃了原告吃被告，腰裡揣著避孕套。」

滿屋的人哄堂大笑，連那些被抓的賭徒也忘了疼痛，跟著笑。

村長大嫂臉紅了，說：「小徐你越來越不學好！」

小秀把我拉回到炕上，小聲說：「四舅，不是衝你來的，你安心睡覺吧？」

我問她：「你知道我是誰了？」

小秀點點頭：「我知道，我都知道一年多了。」她的眼睛閃著善良的光。

我心裡很激動，連小秀也知道我，而她們這些孩子從未走露半點風聲。

我忽然開始擔心起于俊了，那些被捕的人臉都朝著牆，我只能看到他們後背，不知有沒有他。

小秀躺在炕上輕輕地問我：「四舅，北大一定很美，是吧？」

我說：「是的，非常美，有未名湖、有木塔、有很大的圖書館、有許多綠色的草坪和參天的松樹。小秀，好好讀書，將來考北大。」

小秀嘆了口氣：「我想都不敢想，明年高中畢業，能考上一個師範我就滿意了。」

當我感覺到了安全後，倦意立即襲來，走了一天的路，又玩了一夜麻將，躺在熱炕上，聽著小秀一會兒一句談她的理想，慢慢地睡著了。

也不知過了多久，我被村長老王推醒。

我問：「警察呢？」

村長老王說：「都走了。不過，跟你來的那個盲流出事了。」

我一骨碌跳下了炕：「怎麼？昨夜他被警察抓走了？」

村長老王和我來到客廳，邊走邊說：「昨天被他跑了，可他跑到老王家的牛欄裡，被牛給傷了。」

我忙問：「傷了？傷在哪兒？重不重。」

村長老王給了我一支煙：「說重也不重，說輕也不輕，黑燈瞎火的，他讓老牛把卵子給挑破了，現在鄉醫院縫著呢！」

我一聽，臉都嚇白了，這個老于，怎麼跑牛欄裡去呢？怎麼就讓牛給挑了呢？挑哪不好，怎麼就挑到那兒個部位呢？我把煙掐滅，穿上大衣要去醫院。

村長老王把我拉住：「你不能去，醫院離派出所很近，容易出事。你先吃飯，這事有我去處理。」

3

第二天下午，村長老王用拖拉機把老于從醫院接了出來，然後我坐上車，奔幾十里之外的鎮子去。那裡有公共汽車，我們可以坐五十里，下車後要步行幾十里才能到我的小茅屋。

老于臉色白得像張紙，見到我，咧咧嘴苦笑著。

我詢問了一下傷勢，安慰了他幾句。便驅車離開了村庄。這是我最後一次來這個村子，但當時並沒有這種預見。

村長老王把我們送上公共汽車，握握手，說了一些保重之類的話回去了。

我們下汽車時，天色已暗，老于還不能走路，好在村長老王給我們預備的雪橇派上了用場，我把大家送的粉條、豬肉、土豆裝在一個麻袋裡，讓老于坐上，拉著雪橇向雪原深處走去。

老于一再要下來自己走，都被我拒絕了。儘管深山都是積雪，但由於雪沒有踏實，雪橇在雪地趟出了一道深深的雪溝，拉起來非常沈重。

我埋怨他不小心，這麼大的人怎麼讓牛給挑了。他說，你不知道那牛有多凶。我說，那也不能讓它挑到那個部位，萬一將來有什麼後遺症怎麼辦？他說，反正也沒什麼用，除了撒尿。我說，將來還要找個老婆還要生孩子嘛。他說，像我這樣的流浪漢，找什麼老婆呀，沒人跟咱們。「你還有機會，將來熬出了頭，就是現在的老婆離婚了，也不愁找不到老婆。」兩人說著話，路途似乎縮短了很多。

兩天家中沒有人，牆壁上積滿了厚厚的白霜。我點燃木柴，開始燒火做飯，老于拿一把鐵鍬，把牆上的白霜一點一點往下削。我攔住他，讓他躺在床上休息，我告訴他這白牆很漂亮，像是一座冰宮，過年也省得買紙糊牆了。

我們有足夠的米麵，還有一些豬肉、麅子肉、粉條、土豆，可以過一個不錯的春節。把新買的電池換上，紅梅牌半導體收音機播放著輕音樂，這是我近兩年來最安定也最愜意的生活。

老于每天晚上用消毒水清洗傷口，專心致志，像是一隻受傷的野獸在舔自己的傷口，從不吭出一聲。

我每天燒兩頓飯，剩下的時間就帶著虎子，拎上破槍上山打獵，每天多少都有一點收獲，實在遇不到野獸，我會順路打幾隻烏鴉，用烏鴉肉做炸醬麵吃。

大雪把一切都掩蓋了，每天燒菜、吃水，都要把積雪清掉。一入冬，野鹿河的水又腥又臭，據說是缺氧的關係。我每天刨很多冰，放在鍋裡燒化，然後用來煮飯。這個冬天似乎特別長，我總在期盼著什麼，至於是什麼，我還不知道。

剛過完春節，大表姐和她兒子冒著大雪來到荒原。她們給我送來了一封信，信沒有屬名，但熟悉的字體使我一眼就看出是我那少年同窗寫來的。信上寫道：

想念的四哥：

知道你一切都好，我們都很高興，你能忍辱不驚，歷盡磨難，我們既心疼，又敬佩。前不久，你的一位在香港做生意的朋友找到了我們，他準備出錢和你做一筆生意，把存了兩年的貨運出去，無論是賠是賺，貨都不宜久存。你如果同意，可返回哈爾濱同他當面洽談。寶劍鋒從磨礪出，梅花香自苦寒來，相信你會時來運轉……。

一切都明白了，朋友們要營救我逃出中國。兩年的時光過去了，我東躲西藏，和共產黨的公安系統玩著這種捉迷藏的遊戲，但家人卻不得安全，我的母親、我的妻子和孩子只要我一天沒有下落，公安局就會一天不放過他們。我知道我這個朋友從來不做沒有把握的事情，我相信他，也相信自己的直覺。

於是，我決定，再試一次，北方不成，去南方，或許能從香港逃出去。

晚上，我們點上油燈，一起吃晚飯。我對老于說，想回去看一看孩子。老于明白了什麼，他一言不發，低頭喝酒，他的傷口已經癒合，這些天可以走路了。我告訴他，我先走一陣子，如果不行，再回來，如果不回來了，這地、房子、漁船、獵槍都留給他用，明年春天把地播下種，水稻和大豆種子都留好了，用不多少錢了，老于哭了，只說了一句話：「老四，我捨不得你走。」

我也很難過，我畢竟在這片荒原上生活了兩年，去年我到這裡時，荒原上只有積雪和我的虎子，什麼也沒有，這一年多我蓋了房子，造了漁船、買了魚網、開墾了土地，還有十幾個盲流留在了這片荒原，荒原有了生氣，荒原有了人煙，我創造了這一切，現在又要離開它，去創造新的天地，不免感慨萬千。

最難過的是虎子。那幾天，牠似乎知道我要遠行，而這次遠行是不可能帶著牠的，那幾天，牠什麼也不吃，白天黑夜地跟著我，寸步不離。眼看著一天一天瘦下去。煮餃子時，我先給牠撈出一小盆，吹涼後放在牠面前，牠看看那散發誘人香氣的餃子，一口不吃。仍怕我走了似的緊緊地跟著我。我把牠攬在懷裡，聽著牠的心跳，牠那雙眼睛乞求地看著我，仍和小時候的眼神一樣，這兩年，這雙乞求的眼睛始終使我不敢有厭世的念頭，牠總是告訴我，我的責任。

虎子開始搗蛋，牠常常把我收拾好的行李用嘴咬著藏起來，但一看我找不到著急的樣子，便又跑到外面的雪地裡扒出來，給我叨回來，每次我都沒有斥責牠，只是把提包放到炕裡面，讓老于看著點。老于感嘆地說：「這虎子，比我還傻，我已經想通了，你終究不是這荒原上的人，你有你的位置，像天上的星星，每顆都有自己的軌道。」

大表姐取笑他說話總甩詞。老于說：「再不行我也當過公家幹部，要是毛主席他老人家不死，說不定我當縣長了。」人都有一段難忘的時光。

4

正月初八，老于和大表姐做了幾個菜，把周圍的盲流都請到家來，徐老大、李老二、曲老三、我王老四，還有一個王老五，這荒原上的幾個盲流哥們來齊了。

大家脫鞋上炕，圍著小桌喝酒。

我向大家委婉地說出要回家看一看的意思，大家全呆住了。

徐老大問：「沒事兒吧？」

我說：「沒事兒，只是想回去看看，說不定還回來。」

大家低頭喝酒，他們知道，我一旦走出這片荒原，十有八九是不會再回來了。

李老二說：「四哥，我就佩服你這種人，大丈夫能屈能伸，能從這片荒草甸子走出去的人，今後什麼罪都能受，什麼苦都能吃。」

我感謝大家在這兩年中給我的幫助。我說：「我要走了，也沒什麼送給你們的，今年的水稻都在這，一點沒賣，誰家沒糧吃了，就找老于，灌點稻子，磨成大米，幫助大家度過春荒。」

大家齊聲說，一定一定。

曲老三說：「四哥，你要走了，把虎子殺了算了，這傢伙正肥著呢！狗肉特別好吃……」

我難過地把酒碗扔在桌上，酒濺出來，油燈的火苗跳了一下。屋子裡靜極了。大家誰也不說話，都把埋怨的眼神投向曲老三。

曲老三自知闖了禍，低聲說：「我尋思四哥走了，這虎子也沒人照顧了，還不如……」

老于把酒碗一頓：「尋死（尋思）你不去上吊？你他媽死了算了，沒看四哥這兩天正難過嗎？這虎子跟了他兩年，你說這話，算人嘛！」

曲老三辯解說：「一條狗嘛，什麼大不了？再說四哥一走　說不定哪天成了別人的下酒菜，還不如我們把牠吃了，省著白養兩年，又沒吃著。」

老于上去揪住曲老三的脖領子：「你再胡說，老子就花了你。」

曲老三也火了，順手拎起酒瓶子：「你他媽的卵子都沒了，是不是連腦袋也不想要了？」

我把身邊的虎子攬在懷裡，難過的哭了。

大表姐說：「得了，你們別打了，看老四多難過！」

大家看我哭了，都住了手，膽怯地看著我。

老于說：「老四，別哭，虎子交給我吧，我不會讓他餓著。」

大表姐說：「讓他哭吧，憋了兩年了，哭哭心裡就痛快了。」

我一手撫摸著虎子，對大家說：「其實我不說，你們也知道，這兩年，我過的是一種流浪的生活。我有父母、有妻子和女兒，由於特殊的原因，我不得不告別他們，一個人生活在這片荒原。吃多少苦、遭多少罪，是我自己願意的，但是最難忍的是感情的孤寂。當時，這片荒原還沒有你們，只有我和虎子，牠當時才剛剛斷奶，不管春夏秋冬，也不管有吃沒吃的，牠從來沒離開過我半步，牠雖然是異類，但我一直把牠當成自己的孩子，自己的朋友，這兩年牠給了我太多的溫暖和友愛，如果沒有牠，這兩年我真不知道怎樣度過，你們明白嗎？」我接著說：「我這一走，連我自己都不知道是吉是凶，凡事總該有個了結，如果我回不來，也許比現在更好，也許比現在更壞，我惟一擔心的是虎子，牠過去有我在，無論挨餓受凍，我都會讓牠感到有個家，四哥我就求你們這一件事，千萬看在我們相依爲命兩年的情份上，別殺牠，讓牠活下去。我不要求你們像我這樣待牠，只求你們給牠口殘湯剩飯，如果牠老死了，替我埋了，留個記號，等將來有一天我回來時也好能看看牠……」

大家都哭了。

曲老三說：「四哥，剛才怪我不對，你把虎子留給我吧！我保証不會虧待牠。」

老于說：「算了吧，你說不定哪天把牠當成下酒菜，還是留給我吧，我也要有個伴。」

我說：「還是留給老于吧，如果老于以後走了，就留在這片荒原上，其實，我們說不準都會有一天離開荒原，而荒原上還會有後來的人，要告訴他們，這片荒原是一個王老四和一條叫虎子的狗最先踏出的路，最先開出的地……。」

那一夜，虎子就睡在我的身邊，我輕輕撫摸著的牠的頭慢慢地睡著了，睡夢中，我夢見虎子被大火燒在房子裡，驚醒來一看，牠仍躺在我的身邊，眯著眼睛看著我。牠的眼睛濕濕的，像是剛剛哭過。我一把攬住牠的頭，輕輕地對牠說：「虎子啊虎子，我眞的捨不得離開你，我又不得不離開你，我會想你的，老于也會對你好的，你別擔心。等有一天我回來了，無論你有多老，我都不會嫌棄你，我會把你接來一起生活……」虎子難過地拱著我，嘴裡發出了悲痛的哀鳴。

大表姐醒了，輕聲說：「老四，睡吧，明天還要趕路呢。」

第二天天一亮，我和大表姐上路了，老于帶著虎子給我們送行。中午，我們走到了公路邊，等待著每天一次的公共汽車。我拿出炒乾的麅子肉給虎子，牠嗅了嗅，便把頭擺在一邊。

下午一點多鐘，公共汽車來了，我和大表姐擠上了汽車，汽車沒有座位，我擠到車廂裡面，透過車窗向後望去，汽車緩緩開動了，速度越來越快，虎子突然掙脫了老于的懷抱，箭也似地追了上來，牠追了十幾里路後，速度越來越慢，我看見牠口渴得停下來，吃了幾口路邊的雪，然後無望地望著汽車。

牠的身影越來越小，慢慢地變成了一個小黑點。淚水模糊了我的視線，我的眼前晃動著白雪皚皚上那個小黑點，我心裡說：「好好活著吧，我的虎子……」

第十九章

妻離子散

1

一年半前，我冒著風雪繞過了邊防檢查站，而今天我又冒著風雪重新繞過邊防檢查站，只不過上次的方向是向北，向中蘇邊境逃亡，而這次是向南，計劃通過香港逃出，這一北一南，整整用了近兩年的時間。

我在大表姐的掩護下，步行繞過了邊防檢查站，這次我沒有從深山上走，因爲在這裡生活近兩年，對周圍的村落已十分的熟悉。

我終於回到了那個北方的城市。下了公共汽車等待開往哈爾濱的火車。這對我來說是危險的，候車室內不可能過夜，警察在不時地檢查候車室過夜人的証件和行李包裹。然而我又不能去住旅館，旅館登記時要出示身分証，而我當時只有一張某村開的証明，那張証明是村長老王給我開的，說明我是外出找活幹的本村農民，但這張証明的效力很有限，萬一遇到認眞的警察想過關不太容易。

我和大表姐在風雪交加的馬路上徘徊，如果天一黑，在馬路上也很危險。我先帶表姐到一家個體戶餐館吃飯。這兩年養成個習慣，一遇到危險，我必設法先吃飽，無論是逃跑、還是被捕，吃飽了總沒壞處。

我點了四個菜，一壺白干，一邊喝，一邊想一個同學，他是黑龍江省的青年作家，叫王左泓，是我北大的同班同學，他的家就在這個城市。當年在北大時，我們是非常要好的朋友。這兩年我給自己定的原則是不要和任何親友接觸，以免使他們受到牽累。我雖然這樣做了，但情感上卻繞不過去，常常想起他們，幻想有一天能同他們對酒當歌，暢敘別情。當這種念頭占了上風的時候，我放下筷子，讓表姐先吃，便走到餐館的電話旁，同女老板借了電話，毫不猶豫地撥通了他家的電話。

電話通了。

一個女人接電話，她問：「喂，你找誰？」

我剛想說：「我找王左泓」，但話到嘴邊又吞回去了，接電話的一定是左泓的夫人，在北大時左泓常向我誇夫人的美麗，兒子的可愛，向我描述家庭的幸福。記得有一次開學返校，他給我們講了一件趣事，笑得大家噴飯。

在我們北大作家班的男同學中有一句黑話，叫「擺陣」，即「行房事」的意思，也不知是誰先發明的，反正被大家接受了，比如哪位同學的夫人來學校看望先生，第二天肯定有人拿他們取笑：「昨晚擺陣了沒有？」丈夫總是點頭微笑，妻子則一頭霧水，久而久之，在作家班男同學的妻子們中，「擺陣」已經不是秘密了。外地的妻子們打來電話，常常會在電話裡警告丈夫：不許和別的女孩擺陣喲！想「擺陣」回家來擺！左泓放冬假回家，猴急著要和妻子「擺陣」，小兒子跟在身旁，他想甩又甩不掉，妻子說：「急什麼？吃完飯再擺嘛。」小兒子問：

「媽媽，啥叫擺陣？爲什麼要吃完飯擺？」媽媽笑道：「你不懂，不要亂問！」兒子以爲爸爸媽媽有什麼好吃的或好玩的背著他，嘴噘得能掛油瓶子。

吃飯時，左泓夫婦和爸爸媽媽兒子圍坐一桌，爸爸不停地問他學業，他隨便應付幾句，便催促妻子：「快點吃！」爸爸不解：「好容易吃頓團圓飯，急什麼？」孫子在一旁揭發了：「我知道，爸爸他們吃完飯要『擺陣』！」老爺子更是一頭霧水：「擺陣？擺什麼陣？」

左泓夫妻哭笑不得，左泓不得不瞎編一番：「爸，這擺陣就是擺龍門陣，四川人聊天吹牛的意思……」

左泓爸爸說：「這我懂，我也願意擺陣，擺陣人多才好！兩口子關起門來怎麼擺？還不如我們就在這邊吃邊擺……。」

電話裡那個要吃過飯擺陣的少婦還在喊：「喂、喂、說話呀？你是誰呀？找誰呀……」

我慢慢地放下電話，嘆了口氣，如果是左泓接電話，我或許會衝動說出我的名字，他或許會聽出我的聲音，但這位美麗的少婦的聲音使我聯想到安寧、幸福和家庭的溫馨，也想起了他的擺陣的笑話，這一切代表著自由和幸福。我沒有權利爲自己的安全去破壞他們的一切。

我默默地回到餐桌前，默默地坐下，默默地喝一口冷酒。默默地看著跟我受累的大表姐。

大表姐問：「給誰打電話？」

我說：「一個朋友。」

「打通沒有？」

「……他不在家……」

大表姐輕輕嘆了口氣：「四兄弟，我知道你怕給別人帶來麻煩，應該這樣，主會保佑你的。」

我腦海裡浮現出耶穌受難於十字架的形象，似乎聽到祂對我說：「孩子，你相信我。我會給你平安，我知道你在世上有苦難，但我已勝了世界。」

2

我突然想到了一個地方，那既溫暖，又安全。吃過飯，我帶著表姐進了一家錄相廳。這裡通宵播放港台武打片，由於怕地痞流氓搗亂，錄相廳一般和警察的關係都很好，警察只能替老板保護觀衆，而不會隨意到這裡搜查。

我們花錢買了票，走到後面的空椅子坐下，銀幕上周潤發正和一個女人演床上戲，突然聽到了敲門聲，那女人的老公回來了，……

表姐說：「這個女人眞不正經……」

我說：「看吧，那是演電影……」，不一會兒就睡著了。

夢中，夢見了妻子李雁也和一個陌生的男人在床上纏綿，當我闖進去時，那男人不僅不回避，反而厲聲說：「你回來得正好！我是警察，等候你多時了……」我問李雁，這是怎麼回事，李雁獰笑著，突然把一把尖刀插進了我的心窩……

我驚醒了。

大表姐小聲說：「你是不是作夢了？看你輕輕喊了一聲。」

好在沒有引起其他觀衆的注意，我點燃一支煙，也給大表姐點上一支，告訴她：「我夢見李雁了。」

大表姐小聲說：「夢見孩子了嗎？」

我搖了搖頭。我想他們做那種事，孩子當然不會在。

「就夢見她一個人？她對你說了些什麼？」

我想了想：「我忘了，好像很平靜地問了一句：『你回來了。』和我以往從北京回家一樣……」

我再也睡不著了。是周潤發在銀幕上的表演引發了我這個夢魘，還是實際生活中已經如同我夢中一樣？我大膽地去設想，如果現實生活果眞如此，我會怎麼辦？我想我會理解她，我這兩年沒有接觸過女性，那是因爲我不想給別人或給自己帶來不必要的麻煩，那是因爲我在爲妻子和孩子的一種贖罪心理，然而，妻子李雁不會有這樣的心理。那麼孩子呢？我的雪兒呢？難道她眞如夢境不在媽媽身邊？

我暗自責怪自己的胡思亂想，李雁不會的，她那樣愛我，那樣愛雪兒，我們一定會重新聚首，苦盡甘來。

3

第二天早晨，我們終於買到了通往哈爾濱的車票，登上了久違的列車。車上擁擠不堪，兩個小時後，我和大表姐才分別找到了坐位。車廂很冷，我把羽絨服的帽子拉上來，趴在小桌上睡著了。

突然有人把我撥拉醒，動作極其粗暴，我猛一抬頭，一個鐵路警察站在我的面前。

他們認出我了？

我疑惑地看著這個老警察。他正仔細地審視著我。

「車票！」他冷冷地吐出兩個字。

我一邊掏車票，一邊向四處看，沒有查票，爲什麼要看我的車票？

大表姐從斜對面站起來，我示意她不要過來，但翻遍了所有衣袋沒有找到車票。

警察不露聲色地看著我，看不出他惱怒，這更使我感到威脅！大表姐忙走過來，拿出兩張車票：「同志，車票在我這兒。我兄弟他死心眼，您別見怪。」

「身份証！」警察看過車票後又冷冷地吐出三個字。

大表姐說：「同志，我們那是大草甸子，照片早就交上去了，可身份証到現在還沒發，沒有哇。」

警察冷冷地看著我。我摸了摸長長的鬍子，衝他點點頭：「是沒發。」

大表姐拿出村長老王給我開的証明：「同志，這是我們的証明，過完年了，想出去找點活幹。」

警察拿過我的証明仔細地看著，那証明上簡單的幾個字他看了五分鐘。

我不露聲色，裝作好奇地看著他。

那老警察看看我，不露聲色地把証明還給我，什麼也沒說走了，他沒有去查其他旅客的車票。這引起了我的警惕。

他認出我了？否則他爲什麼單單查我的門票和証件？如果他認出了我，他爲什麼不馬上逮捕我？是不是他只有一個人，害怕我還有其他同路人一起反抗他而回去找其它警察去了？有可能！

列車進了一個縣城車站，車速慢了下來，有幾個旅客提起行李準備下車。

我當機立斷：下車。我給表姐使了個眼色，她猶豫著但看我已經走到了車門口，忙提著小包跟了出來。

列車開走了，把我們扔在風雪交加的站台上。

大姐埋怨我：「不過查個票嘛，警察都走了，你怕啥，這咋辦？」

我告訴她，也許是我多慮。但為了安全，只有這樣做。我走進候車室，看看列車時間表，半小時後還有一列直快通過。

半個小時後，我們又上了另一列車。一直到哈爾濱，沒遇到查票或查身份的警察。

4

我和大表姐在哈爾濱之前一小站下車，然後乘坐出租的小馬車來到朋友家。在走進她家的小巷口時，我發現四周沒有什麼可疑的人，才敲開了她的家門。

我們擁抱在一起。

她破啼為笑：「伯笠，你結實多了，看來，你還不錯！」

我笑了笑：「你呢？你怎麼樣？」

她說：「我都好，只是生了個小娃娃，我們進屋說吧。」

這是一幢新蓋的紅磚房，她先生小曹抱著不到半歲的小寶寶站在客廳裡迎接我。那小娃娃臉蛋紅撲撲的，很惹人喜愛，我想起了小雪，心情不免沉重下來。

她炒了一桌菜，打開一瓶茅台酒，一邊吃，一邊告訴我已安排好的行程——七天之後，我將從這裡出發到廣州，然後找到能幫助我的人。

我什麼也吃不下，只是一杯杯地喝酒。

我問她：「李雁怎麼樣？雪兒怎麼樣？」

她說，都很好，只是李雁已經不在原來的單位工作了，換了一個什麼單位她也不知道，小雪的情況她略微知道一點，好像現在沒有和媽媽在一起。

「為什麼？」我不解地問。

「我想暫時的吧！你現在最好什麼也不要去想，待逃出中國後再同她們聯繫，條件許可，接過去團圓，這是最佳方案。」

「不，我要知道，我要見李雁和小雪！」我倔勁兒上來了。

大家放下了酒杯，誰也不說話，我緊緊地盯著她的眼睛，她裝作若無其事的樣子，但她的眼睛明明是在躲著我，我預感到她們有什麼在瞞著我。

突然，有人輕輕地敲門，我立即離開餐桌，準備躲起來，小曹說：「是爸爸，沒事，你喝你的酒。」

隨著一陣冷風，一個五十歲的男人帶著一個女人走進客廳，他穿著厚厚的黑色呢子大衣，一條大圍巾把臉捂得嚴嚴實實。

落坐後，他開門見山：「我們是專程來看你的，你們在天安門廣場上的愛國行動使我覺得中華民族是有希望的。」

我看了她一眼，責怪她不應把我的情況告訴她的公公。我知道，她的公公原是一個文革時有名的造反派，後被鄧小平定爲「三種人」下獄。

他不理睬我，繼續說：「八九年五月，我去北京，親眼看見你們在天安門廣場的請願活動，我最欣賞的是嚴家其等人的五．一七聲明，聲明說：『清王朝已經結束七十多年了，但中國還有一個沒有皇帝頭銜的皇帝！』一針見血，說出了全中國人民想說而不敢說的話。鄧小平就是慈禧太后，一個腐敗的老佛爺。」

他見我點頭稱是，突然話鋒一轉：「你對毛澤東怎麼看？」

我說：「那是一個魔鬼。」

他長嘆一聲：「看來說你們自由化沒說錯，你們反鄧小平是對的，但不該反毛主席，沒有毛主席，就沒有我們的黨，沒有新中國，沒有我們的今天。」

我說：「你說的有道理，但是，新中國和中國共產黨給中國人民帶來了什麼？不是幸福，而是苦難，從一九四九年共產黨執政到現在，八千萬人死於非命，毛澤東應負主要責任。」

他點了點頭，嘆了口氣，解開大衣，拿出一疊錢：「我們有緣，你現在困難時刻，這五千元錢你先拿去用，我有幾處房子，都閑著，你可以安心住下來，老鄧也活不了幾年了，等老鄧一死，中央不給你們平反，全國人民也不會答應的。」說著就把錢往我的手裡放。

我拒絕了。我告訴他，我非常感謝他的理解和慷慨，但錢我不能收。對於他們來說，五千元不是一個小數目，我如果能順利逃出去，就不應該再給他增加負擔。

後來，我接受了他的建議，在市區一個單獨的套房裡先暫住下來。當我第二天搬過去的時候，房間已收拾得乾乾淨淨。這是一個一居室的住房，房間裡擺著一雙人床、一小書桌、一台電視、一台收錄機，廚房裡米麵餐具應有盡有。樓下是一個繁榮的菜市場，這裡人多嘈雜，倒是一個掩護人的好住處。

夜裡，春雨淅淅瀝瀝，這是第一場春雨。我打開窗子，向外望去，街市上的小攤小販已經收攤了，只有那一個接一個的個體飯店的燈還亮著，從不斷被人推開的門噴出熱浪和香氣。

5

有人敲門，一慢兩快，重覆三次，暗號完全正確。

我打開了門，隨著冷風進來一個穿雨衣的人，他進屋後迅速把把門關上，然後把雨衣帽子摘掉：一個漂亮的女武裝警察。一身筆挺的毛料警官制服使她在嫵媚中又增添了些英氣。

我不認識她。

是抓我的？不會，如果抓像我這樣重要的犯人，不可能只讓一名女警官出面。是朋友？我又不認識，況且如是朋友，我的朋友會提前打招呼或同她一起來。

她看我正在懷疑，便主動伸出手：「我們認識一下，我叫吳格格，是你朋友的好朋友。」

我笑了：「警官小姐，你認錯人了，我什麼朋友的朋友？您把我搞糊塗了。」

她微微一笑：「你現在叫何東方，去年叫王老四，兩年以前叫張伯笠，北京大學中文系作家班學員，沒有錯吧？」

我看著她那嬌小的身體，暗自想，她一個人是敵不過我的，但嘴上卻說：「我什麼時候跟你走？」

「跟我走？」她突然咯咯笑了起來，「你眞逗，像電影裡的地下工作者似的。不過，你很鎮靜，早聽說你是條硬漢子，我這次穿警服來完全是看你是不是眞的，不錯，你及格了。」

「這麼說你不是警察？」我放心地問。

她又笑了：「你錯了，我是警察，而且是專抓你們這些陰謀推翻政府的高級警官！」說著，從衣袋裡掏出派司遞給我。

我接過一看：省武裝警察總隊參謀部偵察員吳格格，一張嚴肅的照片同眼前這個笑聲飛揚的女警官形成了鮮明的對照。

她拉過一把椅子坐下來，把大蓋帽摘下，放在小桌上，一頭秀髮披到肩上，她是一個漂亮的姑娘。

她從塑料袋裡拿出幾樣小菜和幾罐啤酒，然後又到廚房拿來杯子和碗筷，她的熟悉程度不亞於自己的家。

我看她像一個家庭主婦似的忙碌著，自己反而傻呼呼的站在地中央，有些不好意思，忙幫她開酒瓶，但又找不到開瓶蓋的起子。

她走進廚房，拿出了起子。笑著說：「你感到奇怪吧？我告訴你吧，這房子不久前是我住的，你來了，我才搬到另一個地方，你瞧，連床單、被子、碗筷全是我的。」

我只好說：「太感謝了！」

她一邊往杯子裡面倒酒，一邊說：「別謝我，要謝呢，就謝你的朋友，她向我借這房子用，我問她借多長時間，她說只借十幾天，我問她幹什麼用，她說給一個朋友暫住；我問她是男朋友女朋友，她說是男朋友；我問她是不是有婚外戀，她罵我胡說，那我就說：如果不把眞情告訴我，我是不會把房子借給你的。」

「於是，她就在你的逼供之下屈服了。」我說。

「才沒呢！我沒逼她，我們倆多個腦袋差個姓，是好姐妹，她當然不會瞞我。」

我笑道：「我好慘，被朋友賣給警察，還矇在鼓裡。」

她把長髮一甩：「如果我脫掉警服，換上連衣裙，你會怎麼看我？」

「一個美麗又而活潑的女孩子。」我答道。

「完全正確！你這樣想就對了，我下次來看你不再穿警服，以免你心理緊張。」她喝了一口啤酒。

我的警惕並沒有完全放下，我知道她不會抓我，也許她說的都對，但我要和朋友核實後才能作出結論，也許她在套我這兩年誰幫了我，現在如何打算，是否想偷偷逃出中國，哪些人幫忙等等。待把這些全都摸清楚後，再一網打盡。

果然，她開口了：「哎，何東方，說說你這兩年怎麼過來的？」

我回答：「吃飯、睡覺，睡覺、吃飯，很簡單。」

她也不怪我：「能吃飽嗎？」

我回答：「有時吃不飽。」

「有人幫你忙嗎？」

我回答：「有。」

「是誰對你幫助最大？」

「是上帝，是祂尋找到了我，幫我走到今天。」

「你是基督徒？」

「還不是，但我相信這個世界有上帝存在。」

沈默，我們各自默默地喝著酒。她突然發現我放在桌上的一疊白樺樹皮。那軟軟的白樺樹皮上是我寫給妻子李雁的思念。在荒原上，我用樺樹皮點火，每當發現完整的小白樺樹，我都全把皮剝下來，在上面可以寫很漂亮的鋼筆字，也可以寫上內心的感受和思念。

「皚皚白雪、莽莽荒原，颯颯北來風，朋友，你是在盼望春天嗎？那滿山的野花覆蓋了白雪時，你會在野花中找到我的蹤影嗎？……」她獨自吟著：「寫給你的妻子的嗎？」

我點了點頭。

她的眼睛溢滿了淚水，輕輕地說：「我知道你這兩年是怎樣度過的了……」

她的眼睛使我開始信任她，那一天，我們談得很晚，也喝了很多酒。這是我兩年來第一次與一個漂亮的姑娘談話，它使我似乎又回到了未名湖畔。

她要走了，扔給我一句話：「我會安排你和妻子見面的。」

我一夜，我久久不能入睡。我會和妻子見面嗎？我能見到日夜思念的女兒嗎？這兩年，她們是怎樣熬過來的？我在想像見到妻兒的激動，兩年了，七百多個日日夜夜，我是多麼思念她們，我不能想像李雁那柔弱的肩膀是怎樣挑起這個家的重擔的。

我又想到了吳格格，那位女警察，她那麼漂亮，那麼活潑，又那麼富有同情心，可是，她能幫助我聯絡到妻子和女兒嗎？

以後的幾天，她幾乎每天都來看我，每次手裡都拎著買來的日用品，有蔬菜、水果、魚肉、有時還有一簇漂亮的鮮花，她把花兒插在灌滿水的瓶子裡，嘴裡打著口哨欣賞著。但每當我問她李雁和雪兒的消息時，她總是說：「忙什麼？兩年都等了，還在乎這兩天！」

我一想，求人辦事，又是很危險的事，也不好總去催促。

6

一個星期天的早晨，格格來找我，春天剛至，乍暖還寒，她在外面套了一件夾克。一進屋她就拉我走。我問她去哪，她說，去松花江划船。

我說：「這很危險。」

她說：「不會有危險的，有我這個偵察員在看誰敢抓你？」

我想了想，還是去了，她騎著摩托車帶著我，呼嘯著向江邊開去。我告訴她，一旦發現有危險，就說是她已經將我逮捕，以便使她脫身。

她火了，把車停下來，對我厲聲說：「下車！」

「你幹嘛！」

「你把我看成了什麼人！」她要哭。

我最見不得女人哭，過去和李雁戀愛到結婚，哭是李雁的利器，無論什麼事，只要她一哭，我就會無條件投降。

路上的行人在看我們，以爲是一對戀人鬧彆扭。

我怕被人發現，低聲央求：「我向你道歉好不好？你要一哭，待風把眼淚吹乾，你就會成老太婆的。」

她又破涕爲笑。

我們在江邊租了條船，我划著船飛快地向江心前進，我儘量想離開遊人遠一點。

當經過幾個小伙子划的小船旁時，他們向我們吹口哨。格格把手往嘴裡一放，「吱——」淒洌的口哨聲傳得很遠很遠，把幾個小伙子給吹愣了。

她看我愣愣地看著她，便大笑起來。

我說：「沒想到你還有這一手，千萬不要再吹了，別讓別人注意我們，萬一有人認出我就麻煩了。」

她笑著說：「好好，不吹了。哎，你說我今天這打扮漂亮嗎？」

我隨口說：「漂亮。」

她很高興：「謝謝，你說我像不像江姐？」

我瞧了瞧：「有一點，不過更像孫明霞。」這是小說《紅岩》中的兩名女主角。

「你像許雲峰?!」她突然說：「神態、精神、意志都像。」

「對人進出的門緊鎖著，
對狗爬出的洞敞開著，
一個聲音高叫著，
爬出來吧，給爾自由！」

她輕輕地朗誦。我接著她的朗誦低吟著：

「我渴望自由，
但人的軀體怎能從狗洞中爬出！」

她突然握住我的手：「東方，我愛你、這樣的男子漢……」

我平靜地說：「謝謝你，我愛我的妻子和孩子。」

她坐回船中：「如果你妻子已經另有所愛呢？」

我低下頭：「不會的，我了解她……」

她說：「你不敢正視現實！你在自己安慰自己！」

難道她知道了什麼？那她為什麼不告訴我？我不敢看她，低頭看著船艙內的一汪水。

她厲聲說：「抬起頭來看我！」

我沒有抬起頭。

她說：「你如果不抬頭我可吹口哨啦！」

我急忙制止，她咯咯地笑起來，但還是吹了起來。

我很不高興地看著她，她不管我，又連吹了兩聲，一條小船向我們飛快划來，我小聲說：「求求你，不要吹了好不好！你瞧，有人注意我們了！」

她說：「你看看，那條船上的人是誰？」

我抬頭一看，兩名警察划船向我們駛來，要躲已經來不及了？

我冷靜極了，死死看著她：「這就是你精心安排的？」

她得意地說：「沒錯，不過，好戲在後面，這是我的傑作！」

我在考慮脫身，然而那艘小船越來越近，脫身已不可能了，我平靜地點燃一支煙，等待著命運的安排。

兩艘船靠在了一起。我抬起頭來，看那艘船的警察，我突然愣住了，那個警察竟然是我的岳父！

老人從船上伸出雙手，緊緊地抓住我，淚流滿面。

我哽咽著問：「爸爸，您好嗎？媽媽好嗎？李雁好嗎？雪兒好嗎？」

老人一個勁兒地點頭：「都好都好，你還好嗎？」

我說：「我很好……」

岳父說：「今天早晨，一輛吉普車停在家門口，幾個小伙子什麼也不說，非讓我上車，我以爲是公安局問你的情況，就跟來了，在車上，問他們什麼也不說，只說到了地方你就知道了，車到了江邊，又上船，把我搞糊塗了，我哪有心情划船玩，見到你，我才明白了是怎麼回事。」

那個划船的年輕小伙子和我點了點頭。

我同他說：「謝謝你們。」

他說：「不用謝，你也沒法謝，我們只能見這一面，我不認識你，你也不認識我，對嗎？時間不多，快點談吧。」

我點了點頭。問岳父：「李雁和小雪怎麼樣，我想見她們一面。」

岳父說：「李雁被原來的單位開除了，現在上海做化妝品的生意，小雪現在黑龍江一個親戚那兒。」

我急切地問：「爲什麼李雁不把小雪帶在身邊，爲什麼？」

岳父面有難色，猛吸了幾口煙：「伯笠，我對不起你，雁是大人了，做父母的說的話也不見得聽，不過，等你有了自由那一天，我保証把孩子完整地交給你……」

我的頭轟的一聲，眼冒金花，岳父再說什麼，我根本聽不見了。這不可能，這不可能，這怎麼會……

我一遍一遍地說：「爸爸，我要見李雁，我要見李雁，我要當面和她談談，我要當面和她談談……」

岳父說：「她現住在哪兒我也不知道，不過，我會和她聯繫的，你該走就快點走，這不是久留之地啊！留有青山在，不怕沒柴燒……」

我喃喃著：「不、不、不！我一定要見李雁，如果見不到她，我就不走，我寧可坐牢，我寧可被處決，我一定要見她！」

岳父無奈地說：「好吧，我試試看，可怎麼同你聯繫呢？」

「怎麼聯繫？」我抬頭看著格格，向她求援。

她平靜地說：「這樣吧，他的住處也總變化，還是我想辦法同你聯繫。不過，千萬不要走漏風聲，爲伯笠的安全，也爲您的安全。」

「這我懂。」岳父擦擦眼淚：「那我走了，你要多保重。」

我突然抓住老人的手：「爸爸，我對不起你們，讓你們爲我擔驚受怕，我對不起你的女兒，讓她遭這麼多的磨難，謝謝你這兩年對雪兒的撫養，我會報答的。」

岳父說：「別說這個，只要你安全，多保重啊！」

格格從隨身帶的小包裡拿出一疊錢：「伯父，這是一千元錢，帶上，買煙抽吧。」
岳父堅決拒絕，格格說：「這是你女婿的錢，拿著吧！」
我把錢接過來，塞進岳父的衣袋。
那年輕人划動了小船。
岳父一邊和我揮手再見，一邊擦眼淚。
看著老人遠去的影子，我眞想哭。
「想哭嗎？」格格問。
我點了點頭。
「那就放聲哭吧，這除我以外，沒人聽見。」
「我不在外人面前哭。」我說。
「那就別哭，把船划回去吧，我下午還有任務。」
我疑惑地看著她：「今天不是星期天嗎？」
她笑了笑：「偵察員沒有星期天，我要去抓人，這是我的工作。」
「你太可怕！」我說。
「是魔鬼？」她弄了弄被江風吹亂的頭髮：「我要抓那些危害社會的壞人。」
「那把我抓起來吧！我是反革命首犯。」

她笑了笑：「我不抓反革命，這個社會反革命要多起來就會更進步！我爸爸是軍隊老幹部，文革時也是反革命。但我知道，他是眞正的好人，可惜，他不在了……」

我說：「對不起，我不是故意想……」

她擺了擺手：「沒關係，都過去了，你接下來的工作是把船划到岸上去，我發現你的船划得特別瀟洒！」

我苦笑著說：「瀟洒什麼？這兩年打漁是我的生活手段之一。是逼出來的。」

「那我以後叫你漁夫好了。」

「隨便。」

她把我送到了家門口，騎在摩托車上對我說：「今天早晨我買的凍餃子在你冰箱裡，還有啤酒，你自己煮著吃吧，我今晚沒時間看你了，不過別著急，我會讓你見到李雁的。」

我點點頭，現在，我對她是言聽計從了。

她見我遲遲地不上樓，便問：「還有事嗎？」

我輕聲說：「小心點，執行任務時注意安全，有些壞人是有槍的……」

她調皮地看著我：「認識你這麼多天，第一次聽到這麼令人感動的話……你是個好男人！」

7

以後的幾個星期，吳格格再也沒有來過。我很擔心她，既怕她在抓人時出危險，又怕她和我的聯繫被特務發現，這半個多月來，她給我的幫助是不能用謝謝兩個字就能概括的。

半個多月過去了，只有我的朋友來看過我兩次，送些生活必需品，她催促我上路，怕夜長夢多，但我堅持要等見上李雁一面。她嘆了口氣：「伯笠，別等了，這種女人不值得你做這麼大犧牲，況且你等來的說不定不是好消息。」

我堅持，無論怎樣，她要給我一個交代，還有小雪，她究竟怎麼樣！

一九九一年五月十三月，是八九年天安絕食兩周年紀念日，我同去年一樣，絕食一天，爲紀念那個黑色的日子。

晚上，我望著天上的繁星，又想起了兩年前的這一天。那天，改變了多少人的命運啊。我的好友，詩人駱一禾就在這一天死在廣場絕食同學的懷裡，我永遠忘不了他妻子張玞的呼喊：「老駱，你怎麼了？老駱，你怎麼了」

突然，有人敲門，一快兩慢，是吳格格！

我跳起來，爲她開門，她穿一身警服，走了進來。

「吃飯沒有？」她邊脫風衣邊問。

我說：「今天我不吃飯。」

「絕食？爲李雁？」

「不是，爲我自己，一種追思。」

「你爲什麼不問我爲什麼這麼長時間沒來？」她問。

「也許你工作忙吧。」

「我要送你一樣東西。」她拿出一卷錄音帶：「這是電視連續劇《渴望》的主題音樂和歌曲，給你解悶兒。」

她按下錄音機PLAY，錄音機裡傳來了那令人心碎的歌聲：

悠悠歲月，預說當年好困惑，

亦眞亦幻難取捨，

悲歡離合都曾經有過，

這樣執著究竟爲什麼……

「這音樂好悲涼。」我喃喃地說。

她說：「給你營造一下氣氛。」

「你是不是有什麼不好的消息要告訴我。」我試探著說。

「不，是好消息！」她從衣袋中拿出一封信：「李雁來信了！」

「眞的！」我一把搶過來，急切地拆開信。

她說：「別那麼著急，說不定是壞消息。」

我沒理她，急切地讀信。

那熟悉的字體映入我的眼帘，但我卻難以相信這是我曾經愛過而又常常思戀的妻子寫的。

信的原文是這樣的：

伯利：（我的乳名）

你好！最近身體好嗎？

父親帶來了你的消息，近兩年的時間，你歷盡波折，受盡苦難，但知你現狀後，由衷地爲你感到高興，希望你保重身體，增強信心，我相信，你的今後一定會苦盡甘來的。

有很長一段時間了，我的身體狀況很糟，而幾乎每一天要爲生活而四處奔波，尤其是心情十分壓抑，爲我們平凡而又特殊的婚姻而痛苦煩躁。

雖然我也曾暗暗考慮過我們的未來，但總是被我們年幼的孩子、你的處境和我們的夫妻感情所困擾，現在最危險、最困難的日子已經過去了，而你又有了平安的消息，所以經過一段時間反覆的考慮，我決定將我今後生活的打算告知你，望你理解。

伯利，雖然我們婚前了解的時間較爲短暫，婚後思想交流的又很少，而且性格志趣各方面的差異很大，但我們夫妻一場，相信對彼此都是有一個正確的評價。在你的回憶裡，也許我永遠只是一個溫柔單純，思想簡單卻又有些固執的女人，但是在近兩年的時間裡，我所經歷的風風雨雨，溝溝坎坎，包括世態炎涼、人情冷暖、病痛折磨、撫育孩子和保護自己的責任，使我對生活有了新的認識。我們都很年輕，應該擁有屬於自己實實在在的幸福和快樂。作爲一個妻子，我不圖地位、不圖物質，雖然我努力去做一個賢妻良母，但我自身所具有的條件使我很難成爲你事業的幫手，而且作爲一個平凡得近於庸俗的女人，我多麼希望在生活上得到愛人的體貼和關懷，在精神上得到理解和安慰……。然而，這些年來，我得到的只是冷漠和漠不關心。但是，無論過去還是現在我都不怪你，我們薄弱的感情基礎和各種志向不一，首先就決定了這一點。

伯利，我很贊成你的觀點，我也認爲出國去是很有必要的，因爲在這裡，在情況沒有允許時你沒有機會發揮自己。你是個有主見、有志向的人，如果行動，你應該做最後的決定了。

當然，我知道你最牽掛的是我們的孩子。這點你就放心吧。雪兒是我們共同的生命，也是我惟一的精神財富，在她的身體裡有我的血液、在她的眉宇間有你的影子……無論今後我是否能找到眞正的屬於自己的實實在在的生活，我一定會盡我所有的能力全心全意地教育和撫育她。鑒於目前的處境和你的情況，雪兒必須由我撫養，當她懂事之後，你若爲了她的前途而有什麼其他打算，我可以將她交給你。

伯利，很慚愧，不能去見你，這點你應該理解我的心情。至於我們共有的家庭財產，我很想知道你的意見。

祝你千萬珍重！

李雁草　四月

我茫然地看著李雁那熟悉的簽名，大腦一片空白。我沒有哭，而眼淚卻大滴大滴地滴在那雪白的信紙上。

格格伸出手來，輕輕地說：「我可以看看嗎？」

錄音機裡的唱出了斷腸般的音樂：

有過多少往事，
彷彿就在眼前，

有過多少朋友，
彷彿就在身邊，
也許心情沉重，
相逢是苦是甜。
如今舉杯祝願，
好人都一生平安。
誰能與我同醉，
相聚年年歲歲。
咫尺天涯皆有緣，
此情溫暖人間……

我哭了，我極力壓抑自己的哭聲，那聲音像是荒原上一隻孤獨的狼在嗚咽。兩年多的流浪生活，我第一次感到是這樣的孤獨，荒原上的日子再苦，我有李雁、有雪兒、有一個家、有一個溫暖和幸福的企盼。而今天，家沒有了、妻子沒有了、孩子沒有了，我像是一個被扒光了身子而被人把衣服又拿走的孤兒，被孤伶伶、赤裸裸地扔在了無人的荒野上……

格格哭了，她拿著那封信慢慢地走到我身邊，慢慢地把我的頭攬在自己的懷裡，慢慢地撫摸著我的頭髮，像母親一樣慢慢地爲我擦掉流不盡的淚水……我像孤兒又找到了母親。她的淚水一滴滴地滴在我的脖子裡，順著我的脖子流到我的背上，流到我胸前。

「哭吧，我知道，這兩年你從未哭過……男兒有淚不輕彈，只是未到傷心處……她雖然辜負了你的一片深情，可你要理解她……她有她的難處……一個年輕的女人，自己帶著孩子……你千萬別恨她……」

錄音機裡傳來高亢激昂的歌聲：

茫茫人海，終生尋找，

一息尚存就別說找不著，

希望還在，明天會好，

歷盡艱辛也別說經過了……

我拿起火柴，把書桌上的白樺樹皮點燃，那厚厚的一疊白樺樹皮，那密密的鋼筆小字，那一份份思念，都變成了灰燼，像一隻隻灰白色的蝴蝶，在空中飛騰，又慢慢地墜落在塵埃中……

我的婚姻，我的愛情，隨著六四的屠殺，隨著我被無情的追捕，也就成爲了歷史。

8

幾天後，格格帶來了雪兒的消息，半年前，李雁將雪兒送到一個叫北坡的山溝裡，給一個親戚撫養。

我執意要在臨行前見一見雪兒。

格格想了想，答應了：「這事我去安排吧。」

五月中旬的一天早晨，格格來接我，我隨她上了一輛北京牌吉普車。開車的是一名年輕人。

格格把我的手握在自己的手中，小聲說：「自己人。」

現在，我完完全全地信任她，我覺得她很了不起，這個世界上沒有她辦不成的事。

四個多小時的車程，中午，我們駛進了一個山鄉小鎮，這個地方以野果子而聞名。正是中午吃飯時間，路邊的小餐館中熙熙攘攘，吉普車離開了熱鬧的集鎮，駛到鎮郊一個小院旁停了下來。

這是一個典型的山鄉小院，圍牆是用木材圍成，座落在一個小坡下，雖進五月份，山坡上還可看到未融盡的白雪，我拉開車窗，冷風迎面撲來，我不由打了個寒噤。

驀然，我發現一個小女孩站在小院中，她大約四歲左右，胖胖的小手拿著一個麵包，一邊吃，一邊餵身邊的三隻小狗還有十幾隻母雞。

格格說：「你看，那小女孩是不是雪兒？」

我眼睛一眨不眨地看那小女孩：「還看不清，小雪今年四歲，也該這麼高了。」

格格說：「這就是李雁的親戚家，我看肯定是小雪，你要答應我，千萬不要告訴她你是她父親，萬一她說出去，你有麻煩。」

我點點頭，表示同意，格格說的有道理。

格格開門下車，她那一身警裝很耀眼。她開門進院，同那小女孩說了幾句什麼，便領著小女孩出了院子。

車門開了，一個髒兮兮的小女孩被格格送到我的座位，她怯怯地看著我。我也仔細地打量她，這是我的女兒小雪嗎？她穿著一件髒髒的紅毛衣，頭髮上有幾根草，兩只細細的小辮，一個是用紅色的頭繩繫的、一個是用橡皮筋繫的，圓圓的小臉又黑又髒。這是我第一次憎恨李雁，一個做母親的竟然連自己的親生女兒都不要，她為什麼不把雪兒帶在身邊？如果不願意帶應該把雪兒送給爺爺奶奶帶，總歸他們是在城市，雪兒該是接受啓蒙教育的時候了，這樣放在農村會影響她的成長。我也恨自己一個堂堂男子漢連照顧女兒的能力都沒有！

我難過地把雪兒冰涼的手握住，輕聲問：「你是張小雪嗎？」

她點了點頭，好奇地看著我。

我問：「媽媽叫什麼名？」

「李雁。」她小聲地回答。

「爸爸呢？」

「……張伯笠。」她猶豫了一下說。

我的心猛地顫動了一下。雪兒把我的名字說得那樣清晰。

我輕輕地對她說：「爸爸爲什麼不來看你？」

「爸爸沒時間。」她像背書似地回答：「爸爸在北京大學讀書，他沒放假。」

她突然抓緊我的手：「叔叔，您認識我爸爸嗎？」

我淚水溢滿雙眼，肯定地對她點了點頭。

雪兒又說：「你騙我，你們是警察，是抓我爸爸的，我爸爸在北京大學，好遠好遠，你們抓不著……叔叔，你哭了，叔叔，你也想你爸爸嗎？……」

我淚如雨下，一把把雪兒攬在懷裡，痛哭失聲。

雪兒喃喃地對我說：「媽媽說，我長大也要考北京大學，那樣我就能見到我爸爸啦……」

吳格格輕輕地撫摸著我的頭髮，哽咽著對我說：「東方，千萬冷靜……」

「不——」我吼叫一聲，甩開她，慢慢捧起雪兒那涼涼的小臉：「雪兒，我就是你爸爸！我就是張伯笠！雪兒，爸爸對不起你……」

突然，車子開動了。吳格格吃驚地問：「怎麼啦？」

司機說：「後面開過來一部警車。」

一輛警車飛速地從我們車後邊超過來，掀起一陣土灰開過了。

雪兒呆呆地看著我，那酷像我的眉宇緊緊地鎖著，但她的眼神卻是那樣清朗，我感覺到她對我的信任。也許血緣的關係，父女的心是相通的。

我問她：「媽媽看你來了嗎？」

她搖搖頭：「媽媽不要我了，她不來看我……」

我對司機說：「開車吧，我們回哈爾濱，我要帶小雪一起走！」

格格嘆了口氣：「東方，你不能意氣用事，我理解你的心情，可你帶著孩子，目標更顯眼，況且出國境時什麼事都會發生，萬一雪兒有什麼危險怎麼辦？」

我想起當年逃往蘇聯的情景，是啊，萬一遇到軍隊，萬一過海時遇到颱風，萬一……我不敢想下去，但情緒卻穩定了許多。

我對雪兒說：「雪兒，爸爸不能帶你走，爸爸還沒畢業，等爸爸畢業時再來接你。那時，我們再不分開。」

雪兒點點頭。

我把一千元錢和一包水果、玩具拿出來，把錢塞進她的小口袋：「這些錢交給姨姥，就說是一個叔叔給你買水果吃的，千萬不要說爸爸來過，記住了嗎？」

雪兒又點點頭。

吉普車轉了一圈又回到那木籬笆的小院前，司機面無表情地說：「我們的時間差不多了。」

我的心像被刀刺了一下，就這麼短又要分離？兩年來的綿綿思念只換來這短短的相見。但我又為他們想，萬一有危險，他們都會和我一起坐牢，我沒權力這樣做。

我擦乾眼淚，輕輕對雪兒說：「雪兒，叫聲爸爸吧！」

我腦海裡浮現出當年她剛剛吐話的情景，她會說的第一個字是「不」。會說的第一個詞是「爸爸」，每當我從北京返回家，李雁總是抱著雪兒站在走廊等著，我一推開門，雪兒就會伸出兩只小手，像燕子似地叫「爸爸、爸爸……」

兩年多沒有聽到這醉人的呼喊了。我企求地看著女兒，多希望她能喊一聲這久違的稱呼啊。

雪兒的嘴動了動，沒有說出這兩個字。

我失望地看著她，格格已打開車門，把雪兒抱下車。

雪兒突然把著車門對我說：「爸爸，這是你的小吉普車嗎？你會開這個吉普車來接我回家嗎？」

上帝！你給了我一個多麼聰明的女兒！我點了點頭：「記住，雪兒，爸爸會再開著小吉普車來接你的。」

汽車緩緩開動了，把雪兒甩在這荒涼的山間裡，望著那抱一包玩具和水果孤伶伶的雪兒，我肝腸俱斷，淚水又從臉上淌下。以後的幾年裡，每當我睡夢中醒來，腦海裡都會出現那個孤伶伶的小女孩和她那雙疑惑的眼睛。睡夢中常常又聽到一個小女孩的聲音：「爸爸，這是你的小吉普車嗎？爸爸、爸爸、爸爸……」

我那苦命的女兒……。

第二十章

再見吧，親愛的媽媽

1

我該走了。

格格不同意我走，她為我弄到了張身份証，她說她可以幫助我找一個鄉鎮企業「換成另外一個人生活」。

我堅持要走。

她說她不會讓我委屈的，「我可以養著你，總有一天會給你們平反的。」

我還堅持要走，我知道，這絕不是一朝一夕的事情，而危險時刻伴隨我，如果我被抓到，會連累許多朋友，我的態度使她很失望，她生氣走了。

兩天之後的一個黃昏，她來了，面色慘白。

我問她是不是病了，她苦笑著搖了搖頭，拿出一張車票，哈爾濱開往北京的特別快車的臥鋪票：「明天，我來送你。」她冷靜地說。

我很難過，想和她說些感謝的話，但又覺得一切語言都是多餘的，這些天，她所承擔的風險是不能用謝謝兩個字所能代替的。我突然發現，此時，我有些離不開她了，但我抑制了自己的情感，我有愛她的一萬個理由，但我沒有權利這樣做，這只會給她帶來災難，而不會帶來別的什麼。

從哈爾濱到廣州，這萬里行程充滿了未知的變數，也許我中途便會被逮捕或者擊斃，還是什麼也不要說，不要讓我爲她更痛苦。

「我會去看你。」她沒頭沒腦的說了一句。

「去哪兒看我？」我問

「去監獄……如果你被捕。」

「多帶些香煙，沒煙的日子很難熬……」

「嗯，我會帶很多……」

「萬一我逃出去，自由了，你會來看我嗎？」

她搖搖頭：「你自由了，到了美國，我們一個天上，一個地上，太遙遠了，你會把我忘掉的……我有時常常冒出一個卑鄙而殘忍的想法，就是把你抓進監獄，當然不是我親自抓或出賣你，那樣我良心會不安……我希望你在路上被捕，那樣子你就會永遠屬於我……。」

我把她輕輕地擁在懷裡，輕輕地撫摸她的秀髮。

她揚起臉，眸子裡閃著淚花：「我太壞了是不是？可是我是眞實的。」

我說：「萬一我被抓住坐牢，我會拒絕你的感情，我現在離婚了，不再感覺到對妻子的歉疚。現在可以輕鬆地去坐牢，我不可能再去找這種歉疚的感覺。」

「那愛呢？愛情呢？」

「愛是要給對方帶來快樂，而不是痛苦。」

「要是我不感覺到痛苦呢？」

「你會的，痛苦是一個漫長的感覺，它會毀了你。」我話題一轉：「如果我幸運地話逃出了中國，你會愛我嗎？」

她搖搖頭：「我不會，你一旦自由了，你就不屬於我，況且我不會離開中國，我不能想像離開中國我會變成什麼樣。我熱愛這片土地，也熱愛我的工作，我去美國能做什麼呢？還不如這樣，讓這段經歷給我留下美好的回憶……。」

就在這次談話後的一個月後，我在美國新澤西州的普林斯頓大學校區給她撥了電話，為了安全，她又跑到公共電話同我交談，當她知道我是在美國給她打電話時，她哭了，哭得很傷心，我問她是否想辦法來美國，她說不會。幾天以後，我再給她打電話時，她的電話號碼被取消了，此後，我再也沒有她任何消息……

2

一九九一年五月三十日，我尾隨格格到了哈爾濱三棵樹車站。我順利地登上了開往北京的列車。

我事先告訴格格，讓她在車站送我時和我保持一段距離，我們裝作素不相識的樣子。但當列車開動後，在送行人攘攘的站台上，我都找不到她的身影，我佇立在車窗旁，心裡不免悵悵的。

突然有人拍我的肩，我驀地回頭，不料是吳格格，她笑咪咪地站在我的面前。

我忙把她拉到兩節車廂連結處，這裡沒有人。我小聲說：「你不應該不下車，這很危險。」

她爭辯說：「正因爲危險，我才要送你一程。」

我想了想：「好吧，到長春再下車吧。」

她點了點頭。

我們回到我的鋪位，對面鋪上的兩個人在吃燒雞，看上去像是作生意的，我稍微放心了一些。

車到長春，停十分鐘，她仍不下車。她告訴我，她買的票是到北京的，她要送我進山海關。

我感動地握著她的手，我們談了很多，她告訴我她的童年、她的戀愛、她的一切，我們像是一對夫妻去旅行，似乎危險離我們很遠很遠。

午夜，列車馳過了山海關，北京離我越來越近了。

我勸她下車，我知道北京對我是多麼危險。

她終於同意了。

列車在一個大站停下來，我送她下車，夜裡，站台上很冷，我擔心她會著涼，她說不會，十五分鐘後有一輛開往哈爾濱的快車會經過這裡。

「這是你計劃好的？」我問她

她點了點頭：「我還有一個計劃現在要告訴你。」她說：「你將在北京見到你的母親。一切都安排好了，時間、地點都在這上面。」她把一張紙條塞進我的手心。「不過，你不能認她，也不能讓她發現你……」

「她知道我要見她嗎？」我關切地問。

格格點了點頭：「不過，老人家爲了你的安全會克制自己的。」

我猛地把她抱在懷裡，一股柔情漫過心頭。

她吻了我，然後冷靜地推我上車。

車開動了，她隨車前進的方向跑了幾步，然後停下來。

列車捲起的風掀起她的裙角，把她扔在站台上，我的眼睛又一次濕潤了。

我感謝吳格格，感謝這個在我最困難的時候給過我莫大幫助的姑娘。在臨離別時，她送給了我這麼貴重的禮物，如果沒有意外，我將在北京豐台區一家電影院門前見到分離兩年的母親。這兩年來，我最擔心母親的身體，母親能承受這樣的打擊嗎？她身體如何？她一定蒼老了許多。

我躺在臥鋪上，思緒隨著列車向母親的身邊飛馳。

3

在我的人生旅途中，母親對我的影響最大，這不僅因爲她給了我生命，更重要的是她影響我怎樣去做人，怎樣能使生命更有意義。

母親生在一個地主的家庭，在日本人的學校讀完了「國民優級」。日本投降後，共產黨搞土地改革，不僅沒收了母親家所有的財產，而且將外祖父活活打死。就在那個血雨腥風的年代，母親嫁給了父親，她不僅要孝敬婆婆，伺候丈夫，還撫育了我們兄弟姐妹，使我們在艱難的日子裡感受到家庭的溫馨和快樂。

我是母親四個兒子中最小的，母親非常疼愛我。我上小學時，毛澤東發動了文化大革命，生活卻變得更加艱難。儘管母親精打細算，但配給的糧食仍不夠吃。那時學校在冬季讓學生帶中飯，因爲東北冬季天氣寒冷，中午只能休息一個小時。我的中飯給母親帶來了很多困難，她怕我帶的飯不好，傷了我的自尊心，總是精心安排我的午餐。幾顆烤得黃橙橙的馬鈴薯、包裹著凍蘿蔔的玉米餅，在母親的巧手下都成了香甜可口的佳餚。

一次，母親病了，早晨沒能給我準備午餐，我吃了一口剩飯便頂著風雪去上學了。上完第三節課後，老師便把同學們帶的乾糧放在了爐子上烤熱，當老師問我爲什麼沒帶午餐時，我的臉紅了，我感覺到同學們那各種不同的目光都射向我，我有一種被剝光被羞辱的感覺。第四節課下課後，同學們開始吃午餐，饑腸轆轆的我把頭低低地垂在課桌上，用背唐詩打發時光、打發饑餓，同時也打發難堪和尷尬。突然有人敲門，當老師把門打開時，母親披著一身雪花出現在門口，她對老師說：「老師，我是張伯笠的媽媽，來給他送中午飯的。」那女老師很不高興地說：「還有十五分鐘就要上下午課了。」母親連連道歉：「對不起老師，我早來了，怕影響你們上課，沒敢敲門，對不起了。……」

原來媽媽站在風雪中等了好長時間，可是她正在生病啊！

我忙從座位上跑了出去。媽媽微笑著從懷裡拿出一個鋁製的飯盒給我：「餓了吧。快吃吧，還熱著呢……。」

我伸出手去，媽媽那冰冷的手中的飯盒還是熱烘烘的，那是母親的體溫啊！我打開飯盒，是難得吃到的掛麵條，上面除澆著雞蛋汁外還有兩根母親釀製的醬黃瓜。我知道，媽媽爲我準備這一餐的辛苦，那年代，我們一個月才吃上一兩次白麵。我感激地看著媽媽，下意識地用手爲她拍打身上的雪花。母親說：「快吃吧，吃飽了好上課，我得回去了。」望著母親的背影慢慢地消失在門外的風雪中，我的眼睛濕濕的，而那帶著母親體溫和愛心的鋁製飯盒卻把溫暖、幸福和自尊傳遍了我的全身。

母親對我的影響是巨大的。這主要是她把我當成朋友，她是世界上最理解我的人。我讀中學時是學校文藝活動中的活躍的人物。一次班裡搞歌詠比賽，我們中學的歌詠隊選我任指揮，當時學校要求參加歌詠比賽的學生必須穿毛藍褲子白上衣和白球鞋，我回家和母親講了，母親把姐姐的白上衣和毛藍褲子給我改了改，洗燙乾淨，但是鞋卻無法解決。那時候我們家平均每人的生活費才六元錢，而買一雙白網球鞋要五元多錢，相當於一個人一個月的生活費。我從小到讀中學從來不買鞋的，穿的都是媽媽親手做的布鞋，或哥哥們穿舊了的鞋。三哥從學校拿回來一把白粉筆給我，說可以把鞋塗成白色，看到別的同學都能穿上嶄新的網球鞋，我委屈地哭了，母親安慰我並答應一定讓我穿上新鞋去指揮合唱隊。

在我們演出的前一天，母親把她餵養的準備過年的豬綁在手推車上，她讓我和她一起去賣豬。

那天雨下得好大好大，車輪常常陷進泥水中，母親在前面拼命拉著車，纖繩深深地凹進她那柔弱的肩膀，我在後面拼命地推著，想讓母親能輕鬆一點。

在屠宰場，母親賣掉了才剛剛養了半年多的豬。拿到錢後，她領我去百貨商店，然後爲我選了一雙雪白的網球鞋。當我從母親手中接過仍散著橡膠芬芳的新鞋，看著母親那慈祥的眼光和滿身的泥水時，我禁不住淚水奪眶而出。

我穿上母親爲我買的這雙新鞋，走上舞台，揮手指揮著百人合唱隊，我感到從未有過的激動，歌聲在我揮動手臂下流淌：

讓我們蕩起雙槳，
小船兒推開波浪……

那一天，我們學校得了第一名，我本人也被評爲優秀指揮，從那天開始，我覺得我長大了許多，母親使我懂得了一個人的價值不在他的服飾和外表。而她的愛使我感受到人生的美好，並努力學習奮鬥，回饋社會和親人。

母親愛讀書，無論辛勞一天後怎麼累，她睡覺之前都要躺在床上讀上幾頁。她最喜歡的書是《紅樓夢》和《清宮秘史》，那兩本書她從少女時代就開始讀，一直讀到現在。她有驚人的記憶力，在我還讀不懂這些「大書」的時候，母親常常一面做家務一面給我講書中的內容，從寶黛的愛情故事講到康有爲、粱啓超，母親最崇拜的是譚嗣同，認爲他最有骨氣。母親最嚮往的城市是北京，她總想能去北京看看，看看故宮，看看譚嗣同斷頭的菜市口。當我大學畢業從事新聞記者工作後，我家也從黑龍江搬到了河北的石家莊。我把母親和父親接到北京，陪兩位老人去頤和園、故宮參觀，母親總是看得很仔細，她把故宮每個房間發生的故事講給我聽，我眞驚嘆她那驚人的記憶能力。

4

五月三十一日上午十一點鐘，列車停靠在北京站站台，我隨著人流走出車站，「六四」兩周年要到了，北京市格外加強了戒備，警察和秘密警察在車站附近像獵犬似地嗅著。我戴一副時髦的變色眼鏡，提一小公文包，裝作悠閒的樣子來到我們約好的地點。

我的朋友在那裡等著我，兩年不見，他仍是那股書卷氣，我們沒有握手，也沒有擁抱，他把一輛自行車推到我面前，小聲說：「跟我走。」

我騎上自行車，隨他湧入滾滾車流中。我暗自讚嘆朋友的細心，自行車把前裝的筐裡，裝滿了剛買的新鮮蔬菜、水果，還有一條活魚。所有的人不會懷疑我是剛下車進京的外地人。

一個小時後，我們來到一個大院。四周都是很高的住宿樓。我們放下自行車，從樓梯爬上三樓，他打開了一單元的屋門。

我仔細打量這套房子。這是一居室的房子，家中陳設簡單、寫字桌上擺著一對夫妻照，想必是房子的主人了。

朋友告訴我，這一對夫妻是勞動模範，所以很簡樸，他向他們借這房子時，他們不知道派何用場。「但他們是我的朋友，你也只住兩天，但願別出事。」

他打開幾瓶罐頭，我燒了兩個菜，我們一邊喝酒，一邊聽他談這兩年的情況。

他告訴我：「六四」鎮壓後，你們逃的逃、抓的抓，各學校都在搞清查，和文化大革命沒什麼兩樣，好在學校的老師都保護自己的學生，慢慢地也都過關了。「六四」一周年時，北京大學的學生又在校園裡遊行，後來軍警包圍了校園，據說後來又抓了兩個學生，判了刑。

我們回憶起當年那轟轟烈烈的民主運動，都唏吁不已，一番感慨。我對他說：「這兩年在山裡想了許多問題，曾思考最深的一個問題是八九年那場民運，我們是否會做得更好。」

我們不願意去面對這個問題，總覺得統治者殺人是不對的，但作爲反對派，停留在仇恨和譴責是遠遠不夠的。用屠殺換取穩定是統治者最廉價也最有效的辦法。在血腥和暴力面前，人會變得膽怯，說句白露的話，統治者把人民殺得膽顫心驚，也使中國的民主力量元氣大傷，要恢復需要一段相當的時日，如果我們不吸取教訓，就會有更大的失誤。作爲成熟的反對派應該懂得用最小的代價換取最大的成果。八九年那場運動我們沒有做到，這是一個遺憾。

朋友看了看錶，神祕地朝我笑了笑。

「你有事？」我問

「一個小時後我得去車站接個人，給你一個驚喜。」他說

「是我媽？」

「是的，我會把老人家帶到這兒來。」

篤篤篤……有人敲門。

他警覺起來：「不對，這個地方沒人知道。你得藏一藏。」

我環視了一下這個小屋，無處可藏。

敲門聲一陣緊似一陣。

我示意他去開門。

門開了，兩個戴紅袖標的老年人出現在門口，不用說，這就是人們習慣稱呼「小腳偵緝隊」的街道聯防人員。

兩個老人警覺地審視著我，一個年紀大一些的老者說：「我們是街道辦事處，這間房子的主人已經幾個月沒住了，他讓我們幫著照看，你們跟他什麼關係？從哪裡來的？要去哪裡？」

「噢，我是房東的表弟，這是我的老同事，從東北來談點生意。」我和朋友一邊熱情地讓座，一邊介紹。

那兩個老者懷疑地看著我：「我看你有些眼熟……你的身份証拿出來給我們看看。」

我拿出身份証給他，笑著說：「我在北京當了幾年兵，常來這邊玩，也許見過。」

老人把身份証還給我，「怪了，按道理你們要來住，房東也該打個電話通知我們一下，現在是『六四』兩周年敏感期，上面有命令，要防止六四份子回北京搞事兒，這樣吧，你們先吃飯，我們回去通知公安派出所的人來認一認，沒事最好……」

我笑著送兩位：「二老慢走，你們對工作這種負責精神眞是感人，令人佩服！」

一個老人說：「世界上怕就怕認眞二字，共產黨最講認眞。」

我點頭稱善：「是啊，還是毛主席他老人家說的對。」

腳步聲遠了，但我感到危險在一步步迫近。

「也許他們只是說一說，不會去找派出所。」朋友點燃了一只煙。

我說：「不行，不能有僥倖，這兩年，我寧可信其有，決不信其無，一會兒如果我媽媽來了，被公安局一鍋燴了，我這一生會永遠不安的。」

「那咱們趕緊離開這個地方。」朋友把煙掐滅，拿起衣服。

「不，你不能走！如果我們一起走，他們會封鎖車站、機場，我就會被困在這個城市。」

「那怎麼辦？」

我想了想，告訴他：「你留在這裡，因爲你是不怕檢查的，他們問起我，你就說出去談生意，要明天才回來，今天午夜我已經離開北京了，他們還不知道我是誰，不會輕易布置大的行動。」

「那你媽媽怎麼辦？」

「我去車站接。」

「這很危險。」

「車站人多，我多注意就是了，你應該知道，我這兩年也不是就這一次遇到麻煩，但每次我都闖過去了。」

「我相信你，願上帝保佑你！」

我匆匆與他擁抱告別，戴上眼鏡，離開了這棟樓。我走過了幾條小巷，發現並沒有跟蹤，便走上馬路，叫了一部計程車，直奔火車站。

二十分鐘後，計程車經過天安門廣場。

我心跳加快，望著那熟悉而又久別的廣場，我強烈地遏止自己的衝動，透過車窗，透過眼帘的迷霧，我似乎又看到了同學們那一張張激動的面孔，耳畔又響起了那熟悉的歌聲：

五月的鮮花，開遍了原野，

鮮花映紅了志士的鮮血……

驀地，一個痛心疾首的聲音在我身邊不斷地迴響：「同學們，你們要記住，今天是六月四日啊！」

那是兩年前六月四日的凌晨，一個青年背著一個渾身是血的青年人來到前門附近的急救站，醫生用白藥棉把傷者臉上的血輕輕擦掉後，卻找不到他的傷口在哪兒，燈光下，那是一張年輕而英俊的臉，仍在淡淡地微笑，我發現，那像大理石般的面孔的下巴處有一顆小洞，血從小洞中滲出，醫生將他的身體翻過去後，我驚呆了，他的後腦已被子彈炸掉……那個搶救他的青年抱著死者的身體像一隻受傷的狼一般嗚咽，我輕輕地扶起他，他捶打著我的肩，痛心疾首地喊道：「同學們，你們要記住這一天，這是六月四日啊！」

六月四日，一九八九年的六月四日，我將這一天嵌在我的骨髓裡了。我永遠告誡自己，不要忘記這一天。

5

黃昏，我站在北京火車站廣場，等待著即將下車的母親。

半個小時後，母親隨著潮水般的人流走出車站。

我不露聲色地尾隨母親，當我確信她沒被跟蹤後，我快步趕上她，我目視前方，輕輕地說：「媽媽，別說話，若無其事地跟我走。」

媽媽的身體微微一震，但馬上冷靜下來，保持一段距離地跟著我。

我在一所電影院附近的小公園站住了，這裡人很多，正在等待下一場電影，媽媽坐在公園的條椅上，由於走的急，她呼吸急促。我輕輕地坐在她身邊，拉起她的手。

母親昂起頭來看著我，兩眼布滿了淚花。

我輕輕呼喚一聲：「媽媽，你好嗎？」

母親哽噎著點著頭。

我努力讓自己平靜下來，輕聲說：「媽媽，您千萬別哭，這裡不是哭的地方，媽媽……」自己這樣說著，已淚流滿面了，好在天已黑下來，行人們並沒注意到。

媽媽努力地控制自己，兩隻手把我抓得緊緊的。

「媽媽，眞對不起，讓您爲我操心。」我說

媽媽長嘆了一口氣，摸著我的臉說：「別說這些，只要你好好活著，媽就放心了。」

我問：「爹爹好嗎？家裡人都好嗎？」

媽媽說：「家裡都好，你不用惦記著，你眞要走了嗎？」

我說：「是的，媽媽，我要走，也許成功，也許失敗，我只求您一件事，無論如何，您都要看得開，只要您身體好，我們就有再相見的那一天。」

媽媽輕輕地說：「這兩年每天做夢也盼望著和你見面，剛見了面又要分別，我這心不好受。」

我勸她說：「媽媽，這次見面對我們母子來說已經夠奢侈了，多少朋友在安排這次見面，他們擔著很大的風險。如果有一天我自由了，再不和媽媽分開，好嗎？」

媽媽嘆了一口氣：「我知道你的心，我也不知道我這一生還能不能再見到你。你已是大人了，有許多事等著你做，別惦著媽媽，你放心走吧，雪兒你放心，在我有生之年，我會把她帶好的，過些天我就想辦法把她從農村接回來。」

我點了點頭說：「媽媽，萬一我被捕坐牢，您千萬要挺得住啊！別愁壞了身體。」

媽媽說：「你放心吧，要坐牢就好好坐，別做對不起別人的事，無論多難，都要撐住，媽會爲有你這樣的兒子驕傲！」

我說：「媽媽，您在我小時候就常給我講文天祥：『人生自古誰無死，留取丹心照汗青』，媽，我記住了您的話，決不會讓您失望。」

媽媽點了點頭，站起身來，從手提包中拿出一部影集：「帶幾張照片吧，想我們的時候就看看照片。」

我選了一張媽媽抱著雪兒的照片，雪兒在奶奶懷裡，伸著小手似在呼喚著什麼。後來這張照片同我的專訪發表在法國的《巴黎競賽》畫報上，編輯部卻沒再退還我。

媽媽看著我在月光下凝視著照片，嘆了一口氣：「孩子，你受苦了，這兩年你吃多少苦，媽能想到……唉，妻離子散的……」媽媽又哭了，瘦削的肩膀在抽動著。我輕輕地把媽媽擁在懷裡，抱著她瘦弱的身體，安慰著她：「媽媽，您別難過，我很富有，我還有您、還有雪兒，你們永遠屬於我。」

電影院開始放人入場了，人們飛快地向電影院門口湧去，兩名武裝警察例行公事地在公園巡邏，此地不宜久留，我立即截住一輛計程車，告訴司機開往媽媽要休息的朋友家。

驕車在北京街頭疾馳，一路上，我和媽媽誰也沒有說話，四隻手緊緊地握著，我們母子都珍惜這逝去的每一分鐘。

計程車在一片高聳入雲的住宅樓前停下了。

媽媽遲疑了一下，還是打開了車門，我要下來，媽媽輕輕地按了一下我的手，示意我不要下車。她將一個塑料帶放在我懷裡，輕聲說：「帶著，路上吃。」說著下了車，將門關上。

我低頭一看，千層酥餅！這正是我小的時候最愛吃的。媽媽有很好的手藝，只是那年代只有逢年過節或我過生日媽媽才能做給我們吃。那幾十只千層酥餅，是媽媽給我的愛心啊，我強忍著淚水向車窗外望去。媽媽正站在路燈下凝視著我，初夏的晚風吹亂了老人家花白的頭髮……

司機問我：「還去哪？」

「去火車站！」

說完我無力地靠在座背上，任無聲的淚水縱橫流淌。

第二十一章

逃離中國

1

一九九一年六月七日，我順利地抵達了中國的南方重鎮——廣州。

計程車把我帶進了一個熱鬧的小巷裡，我下了車，從皮夾裡拿出一個地址。××巷五一九號，當我找到五一九號時，發現這是一個理髮店。

我擦了一把臉上的汗水，推開店門。正當中午，沒有顧客，兩個妙齡小姐聽著音樂，昏昏欲睡。

冷氣開得很足，衝刷著我身上散發的熱氣。

一個小姐在鏡子裡發現了我，懶散地問：「理髮嗎？」我看了看鏡子裡面的我，頭髮是有些長了，便坐了下來。

小姐一邊給我圍圍裙，一邊用廣東話問：「要什麼髮式？」

我回答：「廣東青年人流行的髮式。」

她改用普通話：「你不是廣東人？」

「我是北方人。」

她一邊爲我理髮一邊問：「來做生意？」

「是的。」

「先生是做哪方面生意的？在哪發財？」

我告訴她我在北京做小生意，但這次來廣州想做一筆國際大生意。

她看了看我：「進貨還是出貨？」

我回答她：「出貨。」

她小聲問：「能否問先生大名。」

我回答：「黃明智。」

她手中的剪刀停了一下，便再也沒有說話，我知道，她已經知道了我是誰，也就不再問。

理過髮後，她拿起吹風機爲我吹平頭髮，輕輕問我：「要不要按摩一下，可以消除旅途疲勞的！」

我點了點頭。

「跟我來」，她一擺頭，我便拿起手提包隨她向後面走去。走出裝潢典雅華麗的理髮廳，後面卻另一番景象，走廊裡又髒又亂，光線很暗，我隨她走上一個吱吱直響的木板樓梯，上了二樓。

她推開一個房間的門，打開燈，走了進去。

我環視著這個只有八平方米的小房間，一張雙層的單人床、一個小桌、一台電視、兩只藤條沙發、屋裡還算乾淨，只是沒有窗子。

「我姓白。」她自我介紹。

「你就是白小姐？」

她笑了：「叫我白姐好了，這樣隨便一些。」

我知道了，這位就是我要接頭的白小姐，她做的是偷渡生意，看來理髮店是她的保護傘。

她給我一只煙，自己也點上一支，吐了一個煙圈，向我伸出了一只精心修理過指甲的手。我明白了，打開皮包：「要多少？」

「兩萬。」

我愣住了：「不是說五千嗎？」

她吸口煙說：「現在風緊，爲了安全起見，要先到香港拿到身份証和回鄉証，這需要錢。」

我出了一身冷汗，我只帶了一萬元錢，我不明的問：「不是偷渡嗎？爲什麼還要身份証呢？」

「爲了你的安全呀，你想想，如果你偷渡成功，沒有身份証，到香港你怎麼活？讓皇家警察抓了，送回來，不是前功盡棄嗎？」

「我不怕皇家警察……」我發現自己說走了嘴，便立即打住。

她沒太在意：「都說不怕，可不怕一萬，就怕萬一嘛！」

我打趣說：「我不怕一萬，也不怕萬一，我就怕兩萬，我沒帶那麼多錢。」

她咯咯笑了：「你這人說話滿風趣的。不過，一萬只能渡半個人，總不能把你上半身偷渡出去下半身留在中國吧？」

她這個人打扮得雖然太嬌野了點，笑起來倒滿眞實的。我也開玩笑說：「那也好，只要腦袋出去就好了，留個屁股在中國我還怕什麼？如果我這張臉可以變個樣子我上半身也不用出去的！」

「你這張臉怎麼了？長得蠻帥嗎！還不是爲了發財，將來成了香港人回國光宗耀祖，你想想，兩萬塊，多値呀！」她打開冰箱，扔給我一罐強力啤酒。

我喝了一口啤酒，把一萬塊錢交給她：「好吧，你說値就値，這是一萬，先給你，等臨走時我再給你另一半。」

「那不行！」她半點不讓，堅持原則。

我讓步了：「好吧，但你得給我兩天時間，就是搶銀行也得籌劃兩天吧？」

她笑了：「好吧。你先住在這，沒有我同意不要四處亂走，你一口北方話，出去容易出危險。我就住在你對面房間，吃飯一起吃吧。」她說完，專心致志地點起錢來。

我實在累了，倒在床上就想睡，坐了七十多小時火車，連眼都不敢眨一下。

她點完錢後，將錢在手上拍了拍：「好吧，你先睡吧，我先忙去，下班後再叫你吃飯。」

她走到門口又把頭伸了進來：「今晚要不要個小姐陪陪？」

我搖了搖手：「謝謝，我不感興趣！」

她笑著說：「不另收費的，你別害怕。」

我說：「忙你的去吧，我沒這個愛好。」

她愣了一下：「看不出，你還是個老實人。」

我把鞋脫了，放在床下：「那是，百分之百的布爾什維克，拒腐蝕，永不沾。」

她笑著推門走了。

2

我看見了大海，一隻小船在等著我，白姐將我推下去，當我降落在小船上時，那船卻變成了中共的巡邏艇，我被捕了。於是，我被押上刑場，是用許雲峰那種沉穩的步子拖著腳鐐向監獄外的圍牆走著，那嘩啦嘩啦的腳步聲使我興奮，像電影一樣，身邊響起了「戴鐐長街行，告別衆鄉親」的音樂，好像李雁抱著雪兒也在圍觀的人群中，雪兒伸著手喊爸爸，而李雁好像在訓斥雪兒，告訴她我不是爸爸，一個陌生的男人從李雁的懷裡接過了雪兒，三個人在幸福地微笑，像是在看電影一樣看我走上刑場，我想對她們說點什麼，但卻沒有聲音，噢，想起來了，我的喉管已被割斷，於是舉起戴手銬的雙手，向她們揮了揮，算是告別。

天很藍，空氣也新鮮，一排士兵像白楊樹似的站在大牆邊，一個士兵端起火箭炮對準了我，我挺了挺胸，想做出英勇就義的樣子，想說：「十八年之後又是一條好漢。」突然一個女人衝了進來，拉著我的手就跑，突然，她又不管我了，只顧自己跑，我戴著腳鐐，跑不動，眼看追趕的士兵又要抓住了我，我突然喊出了聲音：「白姐，等等我……」

我被人推醒了，燈光下，白姐就站在我的床邊，她笑著：「你要去哪兒？還喊我等你？」

原來是夢魘，我擦了擦額頭的冷汗，坐起來，呆呆地看著她。

她已經脫掉了工作服，換上了一條淡藍色的裙子，妝淡了些，比白天淑女了。

我問她：「幾點了，我是不是睡得很久。」

她笑著說：「八個小時了，你一定是餓了。走吧，我們去吃點什麼。」

我不願意出去，怕有危險，但又不能跟她說，只說：「算了吧，我提包裡還有餅，我媽媽做的，你不是說我們一起吃飯嗎？」

她笑了：「我從來不做飯的，走吧，我們去唱卡拉ＯＫ！」

「卡啦ＯＫ？」我不知道那是什麼東西，還能唱。

「卡啦ＯＫ你都不知道？北京沒有卡拉ＯＫ嗎？」她不解地問。

爲了不引起她懷疑，我忙說：「有的，我太忙，沒時間去，再說，很貴的！」

她笑了：「還第一次看到你這個做生意的人，沒玩過卡拉ＯＫ。」

我忙把話題扯開：「那是因爲我太忙，生意上又賠錢。」

她扔給我兩件衣服：「換上，只要你不講話，沒人看出你是北方人。」

我打開，一件西褲，一件Ｔ恤，還都是名牌。我猶豫著：「不去不行嗎？」

她正色道：「要去的，有正經事要談。」

我只有換上衣服隨她走。

計程車在燈火輝煌的大街上疾馳，白姐一句話也不和我講，偶爾用廣東話和司機說著什麼，我感觸很深，現在，他們就是商量把我送到警察局我也不知道。遂又想起了剛才的夢。逃了兩年來，多靠運氣好，這最後一關運氣如何？我不敢想，只有把自己交給上帝了。

下了計程車，白姐挽著我胳膊往一個卡拉ＯＫ廳裡走，我極不習慣，她感覺到了：「你以爲我不是好女人？」

我怕得罪於她，忙說：「沒有，沒有，你這麼漂亮，又緊挽著我，我怕我萬一衝動幹出對不起你的事。」

她哈哈大笑：「看不出，你滿會哄女孩子的，哎，你過去是幹什麼的？」

我想說：你連我現在去幹什麼都不知道，還想知道我過去是幹什麼的？如果你知道我是全國通緝的六四要犯，你還敢挽我的胳膊嗎？但話到嘴邊卻變成了：「我過去是農民。」

她側臉看看我：「農民？你不像。」

屋內燈光很暗，一個女孩子用廣東語在唱歌，唱的是什麼歌我也聽不出來，只覺得很難聽，一個大屏幕上一男一女脈脈含情，下面打出字幕，好像寫的歌詞是：「所有的愛情只能有一個結果，我深深知道，那絕對不是我……」

我們走到一個點著蠟燭的桌前，兩個年輕的男人已經坐在那裡，白姐熱情地用廣東話和他們寒暄，然後把我介紹給他們：「這是偉哥，香港來的。」然後小聲告訴我：「他是你的救星。」

我和「救星」握手：「您好，偉哥。」

他只簡單地敷衍了我一下，便又坐了下來，低著頭看菜單，另一男人拿起一瓶洋酒，那酒瓶子很怪，扁扁的、圓圓的，商標上寫了兩個英文字：XO

白姐忙接過來，先給「救星」倒滿，然後給我們自己倒滿，示意我敬「救星」一杯。

我端起酒杯時，對「救星」說：「偉哥，小弟初來貴地，有勞您費心，請多關照。」然後一口將酒喝下，只覺那酒的味道怪怪的。

三個人看著我，突然都大笑起來，我不知所措，以為說錯了什麼，惶恐地不敢坐下。

「救星」說：「坐下說話啦——」他的那個「啦」字拉得長長的。

我坐下來，提醒自己不要得罪他們，現在小命在人家手中，弄不好他不幫忙，一萬塊錢丟了是小事，我回東北都回不去。

白姐又給我倒了半杯酒，小聲說：「你眞是農民！」

我不解地看著她。

她拿起鐵夾子夾起幾塊冰塊放到我的酒杯中，說：「喝XO要放冰塊。」

我明白了，他們爲什麼要笑我，心裡想：土點好，土點以免他們看出破綻。

白姐和那個男人點了一個男女聲對唱，到台前唱歌去了。桌子上只剩下了我和「救星」。

「救星」點燃一只香煙，毫無表情地對我說：「那一萬塊錢兩天之內必須交給我。」

我點了點頭：「我能不能問一下，我們要從哪條路去香港？」

「走深圳啦——」他的「啦」又拉得很長。

「怎麼走法？」

「坐計程車啦——你放心啦——一切由我們安排啦——」

「要經過邊防檢查站嗎？」

「當然啦——沒問題啦——邊防站也認錢啦——」

我心想，邊防站是認錢，可他們也認人，據我所知，中國所有的邊境檢查站的電腦裡都有我的照片和詳細資料，經驗告訴我，不可冒這個風險。

我告訴他，我不想走檢查站，能否有其他的路可走，比如走水路。

他認眞地看了我一會：「你有別的麻煩嗎？」

我搖搖頭，我還不想告訴他我的眞實身份，「我只想安全一些。」

他點了點頭：「你放心，很安全的，實在有問題，出了意外，我們會花錢把你從廣東的收容所買出來，再偷渡一次，你可不必付錢。」

我心想，張伯笠恐怕是你們買不出來的。

3

白姐和那個男人唱歌回來，點了幾樣小菜，我點了一碗海鮮麵，吃飽再說，這兩年我無論經過多少風險，總是先把肚子塡滿再去想別的事。

白姐讓我點歌，我不想上台去亮相，誰知道這裡面有沒有安全部的人，儘管我覺得我會唱得比他們都好。

回家的路上，白姐問我：「和我們老板談的怎麼樣？」

我說還好：「他讓我兩天之內給他另外一萬塊錢。」

她問我：「有困難嗎？」

我說：「我還不知道。」

她嘆了口氣：「看你還眞是個好人，連價都不還，其實一萬塊錢足夠了，我不應該告訴你。」

我問她：「那你爲什麼還告訴我？」

她看著我說：「我總覺得你不是一般的偷渡客。」

我笑道：「何以見得？」

她說：「直覺，直覺告訴我的，女人感覺很準。一般偷渡客總是鬼鬼祟祟的，到廣州不是讓我們幫忙找女人，就是海吃海喝，你和他們不一樣，你像要完成一件使命性很強的事情，怎麼說呢？我只是感覺了。」

我說：「不要感覺那麼多，我們只是一筆生意而已。」

一輛計程車停在我們身邊，我們上了車。

「喜歡廣州嗎？過去來過嗎？」

我多次來廣州採訪，廣州有我許多朋友，還有一個同班同學叫張欣，她是一個很不錯的女作家。但我知道，我不會和她聯絡。我告訴她：「我是第一次來廣州。」

她問我：「你有太太和孩子嗎？」

我說有。

她說：「你捨得離開她們嗎？」

我想起了李雁的那封冰冷的信，想起了可愛的女兒，我喃喃地說：「也許暫時離別是為了以後的永遠相聚吧……」

她說：「好像個哲學家。」

夜深了。一萬元錢在折磨著我。此時，誰可以拿出這麼多錢幫助我呢？我在腦海裡搜索所記的電話號碼，廣州有十幾個朋友，有的關係很近，但經濟條件都不算太好，只有一個做生意的，原在北京，搬到廣州辦公司已經有幾年了，但並不是那種可以在關鍵的時候提著腦袋為朋友那種人，況且已近四年未見，電話是否已變不得而知。有病亂投醫，我拿起了電話，猶豫了一下，還是撥了他的號碼。

「嘟——」通了。

對方響起了他熟悉的聲音。

我說：「請問，是『旗杆』嗎？」

對方立即警覺：「你是誰？」

「是我，聽不出來嗎？」

「對不起，我聽不出來。」

「我是——雪兒的爹。」

電話裡沒了聲音，他肯定嚇壞了。當年因爲他又瘦又高，幾個要好的朋友都叫他「旗杆」，而我每次被他請去打麻將或玩橋牌時，總藉口要回家照顧雪兒，被冠上了「雪兒的爹」的美譽。

「喂，如果不願講話放下好了，沒關係。」我冷靜地說。

對方長嘆了口氣：「操，你還眞活著。」

「你怎麼樣，混的好嗎？」我問。

「還可以，你在哪？」

「你別問，我有事求你。」

「說吧！」

「我做一筆小生意，缺點錢。」

「你還做小生意？你他媽儘做大生意了，說，缺多少？」

我就猶豫了一下：「缺一萬，不過你要不方便先借我五千也可以，我再找別人借。」

他立即說：「你別再找別人了，就一萬吧，什麼時候用？」

「明天。」

「明天？你在廣州？」

「你別問了，明天吧，花園賓館咖啡廳，中午十二點整。」
他果斷地說：「我不想見你，我會讓別人把錢交給你。」
我有些難過，還是說了一聲：「謝謝你，旗杆。」
對方把電話掛了。
第二天中午，我和白姐到了花園賓館咖啡廳，到時白姐會去和一個陌生人接頭，只要那人拿出「旗杆」的名片和錢，她接過後會單獨走開，看是否有警察跟蹤。
但當我走進豪華的花園賓館咖啡廳時，驀地愣住了。「旗杆」正和夫人坐在一架大型三角鋼琴旁喝咖啡，他已經看到了我。
原來的設想都落空了，我警覺地向四周看去，除幾名遊蕩的年輕女郎外，沒有什麼可懷疑的。心想，「旗杆」不至於出賣我吧。我想讓白姐迴避，但她誤會了我的意思，已走到「旗杆」身邊，問：「您是劉先生派來嗎？」
「旗杆」向我打了個手勢，對白姐說：「我是劉先生。」
白姐吃驚地看著我。
老朋友相見，不能擁抱，也沒有握手，我坐在他們對面，微笑地看著他們。
「旗杆」還那麼瘦，夫人比過去黑了許多，也許廣州的太陽太毒的關係。
「旗杆」給我和白姐每人要了一杯咖啡，然後遞我一支煙。說：「你嫂子非要見見你，看你變了沒有。」

夫人說：「胖了，也黑了，走大街還眞認不出來你了。你妻子和孩子好嗎？還在太原是吧。」

我道聲謝謝，說她們很好。

「唁——」夫人長嘆了一口氣：「眞難爲了你。」說著眼圈紅了。

「旗杆」忙把話題扯開：「別介意，你們女人眞是的，動不動就哭。」他拿出一個紙袋交給我：「這是你需要的。」

我拿過來，交給了白姐，很感動，說：「謝謝你，『旗杆』，我以後還你。」

「旗杆」把咖啡杯往桌上一頓：「你說這話還叫人嗎？你知道嗎？昨天接到你的電話後，我第一次覺得這一生沒白活，你都到這份上了還能信任我，這比錢珍貴。」

我怕他說得太多，讓白姐聽到，便打斷了他的話：「好，那就不還了，小弟心領了。」我站了起來：「我還有事，先走一步。」

「旗杆」和夫人都站了起來，「旗杆」握著我的手，小聲說：「你他媽的要好好活著，終有一天咱還會在一起打麻將！」說著，眼睛竟然也是濕濕的。

我點了點頭，什麼也沒說，轉身便走，白姐拿起裝錢的紙袋跟在後邊。邊走邊問：「你的朋友滿豪爽的嘛，就是你們有些怪怪的。」

我一路無話。

4

回到家後。我對她說：「你把錢點一點，看夠不夠。」
她認眞點過後說：「多了五千。」她將多餘的錢交給了我。好奇地看著我說：「我還第一次看到借一萬塊錢多給了五千的。」
我只好敷衍她：「我這朋友錢多，沒地方用。」
她沈思著：「你這個人……我越來越感到神秘。」
她的BB機響了，她看了一下，下樓去回電話。我點燃了一支煙，心裡說：「旗杆」，眞謝謝你。
不一會兒，白姐跑上樓來，神色緊張，我預感有什麼對我不利的事情發生。果然，她香汗淋漓一屁股坐在沙發上，有些惆悵地看著我說：「老板說，這個生意他不做了。」
我似乎早有預感地說：「是嗎？爲什麼？」
她說：「他電話裡沒說，他只勸我讓你趕快走，你告訴我，這究竟是爲什麼？」
我說：「我怎麼知道，你應該問你的老板嘛。」嘴上這麼說，心裡早就明白了，她的老板已開始懷疑我的身份，說不定已經知道我是張伯笠，他只要拿出我們二十一人的通緝令，細細辨別一下，不難。

白姐說：「老板的決定是更改不了的，你看這事怎麼辦？」

我說：「很簡單，買賣不成情義在，把錢退我，我另找買家。」

她有些不好意思：「老板說，錢退不了，他已經爲你買了香港身份証和回鄉証，用掉了。」

我清楚地知道，和我打交道的是黑社會組織，和他們搞僵後果會是什麼。我冷靜地說：「既然錢已經爲我花掉了，退不了就算了。」

白姐說：「那你怎麼辦？」

我說：「請今天再讓我住一夜，明天我就走，我不是還有錢嗎？回北京足夠了。」

「你不能回北京，那很危險。」白姐著急地說：「你別瞞我了，老板懷疑你是天安門學生領袖。」

「我？」我用手指著鼻子：「你看我像嗎？你看我像王丹還是像吾爾開希？」

白姐急頭白臉地說：「什麼時候了你還開玩笑？我不管你是誰，朋友托到我了，錢又用了，這事如果辦不成，讓我以後還有什麼信譽可言。」

我說：「那倒是，不過你也別爲難，責任不在你。」

她說：「好了，你先別管，只管住下去，我再替你想辦法。」

我認眞地看著她，覺得這個女人眞的很善良。於是很認眞地說：「白姐，謝謝您。」

以後的幾天，白姐四處奔忙，我則每天像困獸一樣躲在那沒有窗子的房間裡，我清楚地知道，在這裡困的時間愈長，危險愈大，現在，只有把希望寄托在白姐的身上了。

一九九一年六月十一日的晚上，白姐興沖沖地推開了我的房門：「老板要見你！」

「哪個老板？」我問。

「就是偉哥。」

我隨白姐走進一個餐館的包廂裡，偉哥早已等待在那裡，他熱情地和我握手，然後點了許多名貴的菜。我沉靜地看著他，不知他下一步要幹什麼。

偉哥指著卓上的菜說：「吃吧，別不好意思，這些菜是你的錢買的。」

我喝了一口啤酒問：「偉哥，您找我還有別的事嗎？」

偉哥低聲說：「張先生，我告訴你一個好消息，我們老板交待了，就是拚了命也要救你出中國。」

「你們老板？」我不解地問：「他怎麼知道我？」

「黃明智先生當然不知道了，但要說張伯笠先生他不會不知道的。」

看來，他的確什麼都知道了。

我問他：「有什麼條件呢？」

他說：「您誤會了，我們不會再向你要一分錢。」他接著說：「你要知道，像你這樣重要人物，不是兩萬塊錢，而需要四十六萬港幣。」

我笑道：「這是誰定的價？」

他也笑了：「不是誰定的，是市場調控的價碼。老木都值四十六萬，你難道不值嗎？不過我不會再向你要這些錢。我們老板說，我們做一次好事，救人一命，勝造七級浮屠，我們雖然做這種生意，但我們也有良心，你不信？就是那些想偷渡到國外的普通人，我們賺他們的錢的同時，也救他們出了苦海，這也算解救苦難同胞吧？」

我說：「你們不僅有良心，還有理論。」

他說：「當然，理論指導行動嘛。所以，這次老板讓我專程護送你，不過說起來也夠可怕的，如果我和你一起被捕，那判個五年六年的，老婆孩子就慘了。」

我由衷地說：「偉哥，我謝謝你。」

偉哥把杯中的啤酒一飲而盡，說：「其實，做生意有賺也有賠，四十六萬看起來是一筆大數，如果大家平安還好，如果有一兩個弟兄和你一起被抓，老婆孩子就得養到從牢房放出來，那就賠了。不過你這次不算這帳，這是一筆良心帳，老板說了，他們（指中共）抓一個是一個，我救一個是一個，這是公平競爭，符合市場規律。」

我忍不住哈哈大笑，這話說得太精采了！多長時間沒有這樣笑過了，笑得我暢快淋漓。

偉哥說：「你先別笑，我現在正愁呢！不知怎麼把你運進深圳，實在不行，我們只好走另外兩條路線，一條從汕尾去香港，一條從福建去台灣，那兩個地方沒有深圳嚴格，但是海路太長，怕生意外。」

我突然想到了鐵路，在中國鐵路系統做了幾年記者，使我對鐵路的情況非常了解。一九八六年我曾在廣州深圳的廣深鐵路採訪過一段時間，當時常住在樟木頭車站，經常坐火車來往於廣州深圳之間。因此，我知道，雖然每個車廂都有一個警察，但列車上沒有海關的電腦，「六四」也過去兩年了，人們對我們的印象也淡忘了，不大容易聯想到這一點。

於是，我建議從鐵路走，當我把自己的想法說完後，偉哥竟然當即答應，他說：「這是你選擇的路，既使出事也別怪我們，就這樣決定吧。」

晚上，白姐又要給我理髮。她說要把我打扮成和香港人樣。明天就要分手了，我對她充滿了感激之情，沒想到一個參加黑社會組織的女子能這樣講義氣。

白姐爲我梳理著頭髮，她梳得很細。

「白姐明天不能送你了。」

「嗯！」

「一路上要聽偉哥的話，他們不是壞人。」

「嗯！」

「你會游泳嗎？」

「一點點。」

「唉！願上帝保佑你吧，其實，船是翻不了的，海那麼大，船那麼小怎麼能翻呢？瞧我，亂說些什麼……」

「白姐，放心吧，海那麼大，船那麼小，怎麼會翻呢？」

她的手停住了：「姐知道。我要是有你這個弟弟多好。」

「那就把我當成親弟弟吧。」

「姐有個親弟弟，就一個，他現在監獄服刑，還有五年……。」

「……姐。」

我從鏡子裡看到她哭了，她在無聲地哭，淚水從濃妝的臉上流下。

「姐，別難過，我理解你的心情……。」

頭理完了，白姐說：「去洗個澡，明天穿的衣服在你床上。早晨我叫你，你只管睡吧。」

那一夜，我一夜未合眼，眼睛盯著屋頂，想像著可能出現的各種危險，想著應該注意的每一個細節，越想越睡不著，天亮了，得出的結論是兩個，一是被捕了，那就像媽媽說的那樣，好好坐牢。另一個結論是成功逃離了，那就好好享受自由。我突然覺得兩個結局對我已沒什麼區別了。坐牢了，肉體禁錮，但精神卻自由了；逃出去了，肉體自由了，而失去了家園，思想飄浮在空中，那嚴酷的精神酷刑不知何時結束。一個哲人說過，人生有兩大悲劇，一種是想要得到的得不到，另一種是想要得到的得到了……

5

翌日凌晨，我告別了白姐，告別了那個無窗的小屋，獨自坐計程車來到了廣州車站，偉哥帶著兩個女孩子已等待在那裡。他們走到我身邊，像不認識似的，但偉哥看著天空卻在和我說話：「還有半個小時我們登車，左邊的女孩子是你的女朋友，表現親密一點，我和你一個車廂，但有距離，如果出現意外，你不要向我的座位看。」

「那我的『女朋友』呢？怎麼解脫。」

「這要看她的運氣了，她拿了錢，不知道你是誰。」

夠狠的，我憐憫地看了一眼我的「女朋友」，她典型的香港人，瘦瘦黑黑的，但穿著時髦。

她過來挽住我的胳膊，莞爾一笑：「親愛的，我們該進站了。」

列車停在站台上，每個車門都排著長長的隊伍，每個車廂門口都有一個警察和一個女乘務員，他們在仔細地檢查每個旅客的身份証和回鄉証。這和我昨晚想像的情景一樣。我的「女朋友」一只手攬著我的腰，偶爾和我做一個親密的小動作，我們排在隊伍的最後，偉哥和另一個女孩子排在和我們有一段距離的前面。

我看著他們登上了列車，心裡不免咚咚直跳。

就在這時，開車的鈴聲響了，列車員和警察已不再細心檢查每一個旅客了，他們讓我們迅速登車。當我們走到警察面前時，將車票、香港身份証以及回鄉証一起遞給了他，他只草草看了一下，便讓我上車了。

列車緩緩地開動了。「女朋友」爲我買了一份香港文匯報和一瓶可口可樂，告訴我只管看報，不要講話，她靠在我的肩上，身上也不知灑了什麼香水，刺得我打了兩個噴嚏。

車開了不久，一位警察過來收車票，他竟然連仔細看我一下都不願意便過去查另外的旅客了。

「女朋友」得意地看我一笑，此刻我覺得她笑得很美。

於是，我靠在車窗旁，想輕鬆一下，卻竟然睡著了。昨天黑夜的種種設想都未出現，我卻又有點遺憾。

車到了深圳。

6

我們順利地下了車，隨著人流走出車站，「女朋友」把我送上一輛計程車，替我關上車門，連個再見都沒說便一扭一扭地走了。

司機是一個陌生的小伙子，一路上他沒和我講一句話。我也不敢冒然問他什麼，只覺得車子大概行駛了一個多小時，已經開到了大海邊，在一個高樓林立的城市裡穿行。這時他發話了：「這是蛇口。」

他直接將我帶到一個花園洋房前停了下車，兩個小伙子從洋房走出來，上了另一輛轎車。司機讓我換那輛車，當我走到那輛車旁時，看見車牌子是某公司專用的。

車子平穩地駛出住宅區，沿著海邊公路駛上一個建築工地。天空晴朗，能見度很好，我已經望到了海面上停留的大小船隻。

車子在一個建築工地停了下來，另一輛大卡車也從對面駛來停在轎車旁邊，從車上下來三個年輕的女孩子。

一個英俊的小伙子從轎車上下來，兩輛車立即開走了。

英俊的小伙子吐出了簡短的兩個字：「上船。」

「船在哪？」近處的海岸根本就不見一隻船。

「往下看！」他還是那麼簡短。

我走到海邊，向懸崖下望去，一條快艇藏在懸崖下。

「怎麼下去呢？」我問他。

「跳！」他更簡短了。

我對準船身，毫不猶豫地跳了下去，準確地落在了船上。接著，三個女孩子也跳了下來，我一一接住，讓他們坐穩，那英俊的小伙子最後一個跳了下來。當那個小伙子的腳剛剛站穩，快艇箭一般地向遼闊的海面飛去。

那小伙子大聲對我喊：「你安全了——。」

這時我看到一艘公安巡邏艇快速從海中間向我們阻截而來。

「巡邏艇！」我大聲說。

那駕艇的小伙子微微一笑，飛艇在海面上划了個優美的弧向另一個方向飛去。

「別擔心，他們沒我們的速度快！」小伙子說。

「他們會開槍嗎？」我大聲問。

「白天不會，他們的望遠鏡裡只是幾個女孩而已！」

我明白了他們爲什麼白天偷渡，我也明白了他們爲什麼安排三個女孩子和我一起偷渡。

飛艇速度越來越快，它拍打著海浪，像一只野鹿在海面上跳躍，我第一次坐這麼快的飛艇，還眞有些害怕，怕飛艇萬一從浪尖上沒入了大海深處。這時，我竟然想起了白姐的話：「海那麼大，船那麼小，怎麼會翻呢？」上帝啊，保守我吧，我在不停地禱告。

我緊緊地抓住船上的安全帶，把自己的命運交給了上帝也交給了這小小的船隻和茫茫的大海。

7

一九九一年六月十三日中午十二點零九分，我登上了香港海岸。

從一九八九年六月十三日中共政府全國通緝我到現在，整整兩年，一天不多，一天不少，難道這是偶然的巧合？爲此，我感謝神。

我站在這片自由的土地上，看著遠處的那片國土，百感交集，只是沒有欣喜。

我想起了媽媽，想起了已離婚的妻子和年幼的女兒，我想起了天安門廣場的日日夜夜，我想起了掩護我的那些眞誠的老百姓。我哭了，淚水縱橫，止也止不住。

我緩緩地跪下，對著我的親人們生活的那片國土。

我哽咽著說：媽媽，我會回來的……

一九九三年於台北　一九九五年五月定稿於華盛頓

後記

我不敢遺忘

我不敢遺忘

一九九七年二月十九早晨，加州的太陽格外燦爛。我剛剛走進辦公室，美國女秘書Jane送來一束盛開的鬱金香和一紙傳眞，友人除寫著Happy Birthday外，另寫了一行字：

「伯笠，今天是你的生日，而獨裁者鄧小平死在這一天，這是不是上帝送給你的生日禮物？」

其實，早在幾個小時之前，我已經從自由亞洲電台的訪問中得知了這一消息。我決定，不在這一天慶賀我的生日。八年的時光過去了，我那飽經憂患的心已如湖水般平靜，無論是鄧小平死還是共產黨垮台，也只是一顆石子投入湖中，引起一小小的漣漪而已。

我不再仇恨，但我卻不能遺忘。

人們習慣於遺忘。人們習慣於忘掉痛苦而把幸福珍藏著，人們習慣於忘掉死去的和過去的一切，而珍惜現在的、憧憬未來的。八年前灼熱的鮮血早已凝固、變淡，在人們匆忙的腳步下抹平了痕跡；八年前，那滾滾的熱淚已變成了卡拉ＯＫ歌舞廳中的冷飲。生活變化之快令人目不暇接。我自己也從一個民主人權的戰士變成了一個飢渴慕義的基督徒。我相信神默示給我們的每一句話。我相信神說過「不可殺人」，祂就會審判殺人的兇手。一九八九年那場血腥屠殺的所有兇手（包括死去的鄧小平），沒有一個能逃脫那公義的審判。

爲了那不能忘卻的回憶，在那個雙手沾滿了人民鮮血的獨裁者離世的時候，我決定出版這部書。

當這本書最後要送達印刷廠時，「六四」十周年已逼近了，而《逃離中國》這部書已經寫完六年了。這六年來，我無論搬過多少次家，都把厚厚的一盒書稿保存著，唯恐失掉或少了一頁。這些年來一直未讓此書問世的原因很多，但有一條是最重要的，那是在我六年前要出版此書時，家母從「特殊」渠道知道了，她反對我出這本書，理由是爲了書中所記敘幫助我的所有人的安全。另一原因是許多出版社認爲「六四」過時了，怕這本書沒人買，怕賠錢……

爲此，這本書一放就是六年。每當我在回憶往事時便翻開書稿，每次翻讀我都熱血澎湃，過去的歲月又在眼前展現。在出版前，我曾又做了修改，對書中人物的名字、地點、時間，在不影響事件眞實性的情況下做了相應的調整，相信讀者會給予諒解。但我相信，終有一天他們的眞實名字會還原給讀者。

《逃離中國》記錄了我三十年的生命歷程，一半多的篇幅記錄了我從一九八九年六月被通緝到一九九一年六月期間兩度逃出中國的全部過程。在這漫長而又痛苦的兩年中，我得到了許多人無私的幫助，他們有政府官員，有工人、農人、警察、盲流、知識份子、商人、有香港人、蘇聯人、美國人和英國人；如果沒有他們，我不可能逃出中國，甚至不能活到今天。我相信他們都是上帝派來幫助我的使者。

在我逃出中國不到三個月，我身患重病，被診斷爲晚期肝癌，我把自己交給了耶穌基督。我不再害怕死亡，在醫院裡開始寫這部書，爲的是留給我那幼小的女兒一點可供她長大後對我回憶的文字。感謝神，當我快要寫完這本書時，祂也讓我的「肝癌」消失了。我常常想，如果我那段時間是健康的，我不會有時間完成此書，也寫不出這樣眞情實感的文字。

於是，我決定自己籌資出版此書，也算是我獻給「六四」十周年的禮物。當《逃離中國》快要問世時，我想更多的感謝應該給兩位我最尊敬的人。一個是原聯合報董事長王惕吾老先生，一個是普林斯頓大學教授余英時先生，是他們在精神上、生活上無私的支持和幫助，使我能戰勝死亡病痛。完成這本書，亦可告慰王惕吾老人家的在天之靈，儘管王惕吾老人家在活著的時候未能讀到此書。

在這部書出版之時，我更應該感謝的是我的母親宮艷茹和我的女兒張小雪，以及我所有的親人們，是對她們的愛和思念，使我能熬過苦難，活到今天。

捷克著名作家米蘭·昆德拉曾說過：遺忘和不能遺忘是統治者與知識分子的持久戰。

自一九八九年六月四日凌晨我揮淚離開天安門廣場，轉瞬間已經九年的時光過去了。九年了，我們逐漸成熟起來，中國也發生了很大的變化，而這些變化很多是我們當年走向廣場的心願。我相信不會有第二個九年，正義會得到伸張，兇手逃不掉公義的審判。終有一天，所有死難者和仍被關押的民主運動的先驅們會得到昭雪，所有流亡海外的天安門孩子可以回到自己的祖國，與我們的親人聚首，在那塊熟悉的土地上重新播種愛的種子。

我期待著這一天，並爲這一天恒切的祈禱。

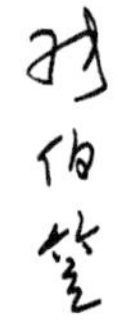

一九九八年七月二十五日改於美國加州

逃離中國——一個當代魯賓遜的故事

作　　者：　張伯笠
出 版 者：　譚建
發　　行：　博力書屋
美國地址：　2901 Yucatan PL #C
Diamond Bar CA 91765
U.S.A
電　　話：　(909)612-0970
傳　　真：　(909)612-0970
E-mail　：　Jiantan@compuserve.com
美國帳戶：　Boli Zhang

台灣總代理：貿騰發賣股份有限公司
地　　址：　台北縣永和市永和路一段六十九號八樓
電　　話：　(02)2231-3503
印　　刷：　嘉雨印刷股份有限公司
一九九八年八月初版一刷
二〇〇一年六月二版三刷

定價：三六〇元

ISBN 957-97302-1-0